证券业从业人员一般从业资格考试辅导教材（最新版）

《证券市场基本法律法规》模拟试卷

证券从业资格考试辅导教材编写组　编

中国财经出版传媒集团
中国财政经济出版社

《证券市场基本法律法规》模拟试卷一

一、单选题（共50题，每题1分，共50分。以下各选项中，只有一项符合题目要求，不选、错选均不得分）

1. 下列有关有限责任公司股权转让的说法中，错误的是（　　）。

A. 有限责任公司的股东之间可以相互转让其全部或者部分股权

B. 股东向股东以外的人转让股权，应当经其他股东过半数同意

C. 其他股东半数以上不同意转让且不购买该股权，该股东不得转让

D. 经股东同意转让的股权，在同等条件下，其他股东有优先购买权

2. 按照《证券公司监督管理条例》和《证券法》的要求，以下关于证券公司治理的基本要求中有关不得侵犯客户合法权益的说法，错误的是（　　）。

A. 证券公司不得挪用客户交易结算资金

B. 证券公司不得挪用客户委托管理的资产

C. 证券公司可以根据实际情况将客户托管在公司的证券挪用

D. 证券公司的股东和实际控制人不得占用客户资产，损害客户合法权益

3. 按照《证券法》的规定，满足下列哪一情形，属于公开发行证券（　　）。

A. 向不特定对象发行证券的

B. 向特定对象发行证券累计达到200人的

C. 向特定对象转让股票，未经中国证监会核准，转让后公司股东累计超过200人

D. 采用广告、电话、传真、信函、推介会、说明会、网络、短信等方式向社会公众非公开进行股权转让

4. 证券账户应当主动申请注销的情形，不包括（　　）。

A. 发生自然人投资者死亡的

B. 法人以及合伙企业等非法人组织因依法被解散导致主体资格丧失、产品

到期的

C. 法人以及合伙企业等非法人组织因依法被破产清算等原因导致主体资格丧失、产品到期或其他终止情形的

D. 特殊机构与产品开户后 3 个月内出现没有进行交易、产品终止、合同失效或被撤销等情形的

5. 按照《证券公司治理准则》的要求，以下关于证券公司和控股股东、实际控制人及其关联方之间开展业务竞争和关联交易的说法正确的是（　　）。

A. 证券公司的关联方可以与其所控制的证券公司开展同类业务

B. 证券公司控制其他证券公司的，可以开展与该证券公司相同的同类业务，以竞争的形式促进双方发展

C. 证券公司的股东、实际控制人与证券公司的关联交易可以一定程度牺牲证券公司的利益

D. 证券公司章程应当对重大关联交易及其披露和表决程序作出规定

6. 下列说法错误的是（　　）。

A. 对于依法进行的财产分割情形，中国证券登记结算有限责任公司暂仅受理离婚涉及的过户登记申请

B. 对于法人资格丧失情形，中国证券登记结算有限责任公司仅受理法人已处于解散状态涉及的过户登记申请

C. 客户交易结算资金不能全部存入具有从事证券交易结算资金存款业务资格的商业银行，单独立户管理

D. 客户交易结算资金三方存管，是指证券公司客户交易结算资金存放在指定的商业银行，并以每个客户名义单独立户管理，商业银行负责资金存取，发挥第三方监督作用，以保障客户资金安全为目的资金存管模式

7. 下列关于委托指令的说法错误的是（　　）。

A. 客户委托指令成交与否以成交即时回报为准

B. 证券公司接受客户对其委托成交及账户资金和证券变化情况的查询，并应根据客户的要求提供相应的清单

C. 客户对有异议的查询结果可以书面方式向证券公司提出质询

D. 客户逾期未办理查询或对有异议的查询结果以书面方式向证券公司提出质询的，视同客户对该委托结果无异议

8. 独立董事最多可以在（　　）家证券公司担任独立董事。

A. 2　　　　B. 3

C. 4　　　　D. 5

9. 董事会表决有关关联交易的议案时，与交易对方有关联关系的董事应当回避。该次董事会会议由过（　　）的无关联交易董事出席即可举行，董事会会议所做决议须经无关联关系董事过（　　）通过。

A. 半数；半数　　B. 2/3；2/3

C. 2/3；半数　　D. 半数；1/3

10. 按照《证券监督管理条例》和《证券公司治理准则》的要求，证券公司董事会决议内容违反法律、行政法规或者中国证监会的规定的，（　　）应当要求董事会纠正，（　　）应当拒绝执行。

A. 监事会；股东会　　B. 监事会；经理层

C. 股东会；经理层　　D. 股东会；监事会

11. 人民法院依照法律规定的强制执行程序转让有限责任公司股东的股权时，应当通知公司及全体股东，其他股东在同等条件下有优先购买权。其他股东自人民法院通知之日起满（　　）不行使优先购买权的，视为放弃优先购买权。

A. 15 日　　B. 20 日

C. 30 日　　D. 45 日

12. 下列说法中，错误的是（　　）。

A. 沪港通指两地投资者委托上海证券交易所会员或者香港联合交易所参与者，通过上海证券交易所或者香港联合交易所在对方所在地设立的证券交易服务公司，买卖规定范围内的对方交易所上市股票

B. 沪股通是指香港投资者委托香港经纪商，经由香港联合交易所设立的证券交易服务公司，向上海证券交易所进行申报，买卖规定范围内的上海证券交易所上市的股票

C. 港股通是指内地投资者委托内地证券公司，经由上海证券交易所设立的证券交易服务公司，向香港联合交易所进行申报，买卖规定范围内的香港联合交易所上市的股票

D. 沪港通包括深股通和港股通两个部分

13. 以下属于投资银行类业务内部控制的是（　　）。

A. 项目组诚实守信、勤勉尽责开展执业活动，业务部门加强对业务人员的管理，确保其规范执业

B. 建立相关部门、相关岗位之间相互制衡、监督的防线

C. 建立重要一线岗位双人、双职、双责为基础的防线

D. 建立独立的监督检查部门对各项业务、各部门、各分支机构、各岗位全面实施监控、检查和反馈的防线

14. 关于非金融机构开展基金托管业务的条件，下列说法中错误的是（　　）。

A. 准入条件中要求部门有满足营业需要的固定场所，及具备安全高效的清算、交割系统

B. 在从业人员方面规定拟从事基金清算、核算、投资监督、信息披露、内部稽核监控等业务的职业人员不少于 8 人，并具有基金从业资格。其中，核算、监督等核心业务岗位应当具备 3 年以上托管业务从业经验

C. 在制度建设方面，需具备完善的稽核监控制度和风险控制制度

D. 非银行金融机构需满足最近 3 年无重大违法违规记录，并符合其他法律、行政法规以及中国证监会定的其他条件

15. 证券公司应建立健全相对集中、权责统一的投资决策与授权机制，则（　　）是证券公司自营业务的最高管理机构。

A. 投资决策机构　　B. 自营业务部门

C. 董事会　　D. 分支机构

16. 下列说法错误的是（　　）。

A. 证券经纪业务的风险是指证券公司在开展证券经纪业务过程中因种种原因而导致其自身利益遭受损失的可能性

B. 按风险承受能力不同，经纪业务的风险主要包括合规风险、管理风险和技术风险

C. 按风险起因不同，经纪业务的风险主要包括合规风险、管理风险和技术风险

D. 证券经纪业务的合规风险主要是指证券经纪公司在经纪业务活动中违反法律、行政法规和监管部门规章及规范性文件、行业规范和自律规则等行为，可能使证券公司受到法律制裁、被采取监管措施、遭受财产损失或声誉损失的风险

17. 证券公司应当建立合理的内部控制监督、检查与评价机制，确保内部控制的有效性。其中，（　　）负责督促、检查和评价证券公司各项内部控制制度的建立与执行情况，对内部控制的有效性负最终责任；（　　）应对违反职责范围内的内部控制导致的风险和损失承担首要责任。

A. 股东会；高级管理人员

B. 董事会；业务部门和分支机构的负责人

C. 股东会；直接从事业务经营活动的业务部门和分支机构的相关人员

D. 董事会；直接从事业务经营活动的业务部门和分支机构的相关人员

18. 下列有关《公司法》的说法，错误的是（　　）。

A. 我国公司法法律体系以《公司法》为核心

B. 最高人民法院历次司法解释都是根据公司法制定的，但不属于公司法

C.《宪法》《刑法》《民法通则》《反垄断法》《合同法》等法律法规中涉及公司的规定包含在实质意义上的公司法中

D. 实质的公司法包含了形式《公司法》和其他一切调整公司的法律

19. 下列关于私募投资基金登记备案的说法错误的是（　　）。

A. 私募基金子公司应当具备一定数量的高级管理人员和投资管理人员，具有5年以上投资管理或资产管理经验的人不得少于2人

B. 私募基金子公司应当具备具有2年以上投资管理或资产管理经验的投资管理人员不得少于2人

C. 私募基金子公司具有相关经验的高级管理人员和投资管理人员最近1年应当无不良诚信记录，未收到行政、刑事处罚、被采取监管措施或自律处分，且不存在因涉嫌违法违规正在被有关机关调查的情形

D. 私募基金子公司下设的特殊目的机构原则上不得再下设任何机构

20. 上市公司就并购重组事项出具盈利预测报告的，在相关并购重组活动完成后，凡不属于上市公司管理层实现无法获知且事后无法控制原因，上市公司或者购买资产实现的利润未达盈利预测报告或者资产评估报告预测金额（　　）的，中国证监会可以同时对财务顾问及其财务顾问主办人采取监管谈话、出具警示函、责令定期报告等监管措施。

A. 90%　　B. 80%

C. 60%　　D. 50%

21. 以下说法中错误的是（　　）。

A. 未经证监会许可，擅自从事证券投资咨询业务的，由证监会派出机构责令停止，并除没收违法所得和违法所得等值以下的罚款

B. 证券投资咨询机构向证券监管部门报送的文件、资料有虚假陈述或者重大遗漏的，由证监会派出机构处1万元以上5万元以下的罚款

C. 同时在两个或者两个以上证券、期货投资咨询机构执业的，由证监会派出机构处1万元以上5万元以下的罚款；情节严重的，证监会派出机构应当向中国证监会报告，由中国证监会作出暂停或者撤销其业务资格的处罚

D. 与报刊、电台、电视台合办或者协办证券、期货投资咨询版面节目或者与电信服务部门进行业务合作时未向证监会派出机构备案的，由证监会派出机构单处或者并处警告、没收违法所得、1万元以上10万元以下罚款

22. 公司的发起人、股东在公司成立后，抽逃其出资的，由公司登记机关责

令改正，处以所抽逃出资金额（　　）的罚款。

A. 5%以上10%以下　　B. 5%以上15%以下

C. 10%以上15%以下　　D. 15%以上20%以下

23. 董事会应当至少每（　　）举行一次全面的内部控制检查评价工作。

A. 年　　B. 半年

C. 季度　　D. 月

24. 按照《证券公司合规管理实施指引》的要求，某证券公司设立合规部门，作为合规负责人王某领导的办事机构承担合规管理职责。以下关于合规部门的说法错误的是（　　）。

A. 合规部门对王某负责

B. 合规部门不得承担与合规管理相冲突的其他职责

C. 证券公司应当将合规部门与承担稽核、风控、内审、法务职责相关的部门进行区分

D. 合规部门中具备3年以上证券、金融、法律、会计、信息技术等有关领域工作经历的合规管理人员数量不得低于公司总部人数的1.5%，且不得少于3人

25. 下列关于证券公司分类监管的评价指标体系及评价方法的说法正确的是（　　）。

A. 证券公司分类监管评价设定正常经营的证券公司为120分

B. 分类评价每季度进行一次

C. 分类监管评价的评价期为上一年度4月30日到本年度5月1日

D. 证券公司在基准分的基础上，根据证券公司风险管理能力评价指标与标准、市场竞争力、持续合规状况等方面的情况，进行相应加分或扣分

26. 证券公司经营经纪业务的，其净资本不得低于人民币（　　）。

A. 1 000万元　　B. 2 000万元

C. 5 000万元　　D. 1亿元

27. 某一证券投资者融资买入1 000只股票，每股买价为20元，并以每股50元的价格卖出，交付的保证金为50 000元，那么买入的融资保证金比例为（　　）。

A. 500%　　B. 250%

C. 100%　　D. 50%

28. 以下关于对集资诈骗罪和非法吸收公众存款罪刑事立案追诉标准的理解，错误的是（　　）。

A. 个人集资诈骗，数额在 10 万元以上的

B. 单位集资诈骗，数额在 50 万元以上的

C. 个人非法吸收公众存款或者变相吸收公众存款数额 10 万元的

D. 单位非法吸收公众存款或者变相吸收公众存款给存款人造成直接经济损失数额达到 50 万元以上

29. 按照《证券法》第二百零二条的规定，某负责承销的证券公司工作人员非法获取某证券发行的信息并在该信息公开前买卖该证券的，对其（　　），没收违法所得，违法所得不足（　　）万元的，处以 3 万元以上 60 万元以下的罚款。

A. 给予警告；10

B. 处 3 年以下有期徒刑或者拘役；5

C. 暂停或者撤销证券、基金从业资格；6

D. 责令依法处理非法持有的证券；3

30. 按照《证券公司风险控制指标计算标准规定》，下列证券公司自营业务的指标中，错误的是（　　）。

A. 自营权益类证券及其衍生品的合计额不得超过净资本的 100%

B. 自营非权益类证券及其衍生品的合计额不得超过净资本的 500%

C. 持有一种权益类证券的成本不得超过净资本的 20%

D. 持有一种非权益类证券的规模不得超过其总规模的 20%

31. 下列选项中，合伙企业与公司的区别不包括（　　）。

A. 资本投入不同　　B. 法律地位不同

C. 财产独立性不同　　D. 承担的责任不同

32. 证券公司的净资本等风险控制指标与上月相比发生不利变化超过 20% 的，应当在该情形发生之日起（　　）个工作日内，向中国证监会及其派出机构报告，说明基本情况和变化原因。

A. 3　　B. 5

C. 7　　D. 10

33. 根据《证券公司全面风险管理规范》，（　　）的职责包括：任免、考核首席风险官，确定其薪酬待遇；建立与首席风险官的直接沟通机制。

A. 监事会　　B. 经理层

C. 董事会　　D. 风险管理部门

34. 证券公司流动性风险管理应遵循（　　）原则。

A. 全面性、审慎性和合规性　　B. 全面性、独立性和合规性

C. 全面性、审慎性和预见性　　D. 全面性、独立性和预见性

35. 同时符合下列条件的法人或者其他组织是第二类专业投资者：最近 1 年末净资产不低于（　　）万元；最近 1 年末金融资产不低于（　　）万元；具有 2 年以上证券、基金、期货、黄金、外汇等投资经历。

A. 1 000；1 000　　B. 2 000；1 000

C. 2 000；2 000　　D. 1 000；2 000

36. 证券公司不需要于下列行为发生之日起 1 个月内将相关情况报送至中国证券业协会的是（　　）。

A. 入股区域性股权市场运营机构

B. 取得区域性股权市场中介机构资格

C. 持股情况、中介机构资格发生变化

D 证券公司从业人员的履职情况

37. 监管对象不服全国股份转让系统公司作出的纪律处分决定的，可自收到处分通知之日起（　　）个工作日内向全国股份转让系统公司申请复核，复核期间该处分决定不停止执行。

A. 5　　B. 10

C. 15　　D. 20

38.（　　）是指证券金融公司将自有或者依法筹集的资金和证券出借给证券公司，以供其办理融资融券业务的经营活动。

A. 融资融券业务　　B. 转融通业务

C. 股票质押式回购业务　　D. 股票约定式回购业务

39. 仅计算现金及信用证券账户内证券市场总和的维持保证金比例超过（　　）时，客户可以提取保证金可用额度中的现金或冲抵保证金的证券，但提取后仅计算现金及信用证券账户内证券市场总和的维持担保比例不得低于（　　）。

A. 250%；300%　　B. 250%；250%

C. 300%；300%　　D. 300%；250%

40. 下列有关合伙企业财产的分割、转让和处分的说法，错误的是（　　）。

A. 合伙企业的财产包括由合伙人的出资、以合伙企业名义取得的收益和依法取得的其他财产

B. 合伙人在合伙企业清算前私自转移或者处分合伙企业财产的，合伙企业可以此对抗善意第三人

C. 合伙人转让其合伙企业中的全部或者部分财产份额时，应当通知其他合

伙人；除合伙企业另有规定的，须经其他合伙人一致同意

D. 合伙人以其在合伙企业中的财产份额出质的，其行为无效；除非经其他合伙人一致同意

41. 有限合伙人可以按照合伙协议的约定向合伙人以外的人转让其在有限合伙企业中的财产份额，但应当提前（　　）日通知其他合伙人。

A. 10　　B. 15

C. 20　　D. 30

42. 获得批准的证券公司应当按照规定，向公司登记机关申请业务范围变更登记，向（　　）申请换发经营证券业务许可证。

A. 证券行业协会　　B. 证券交易所

C. 中国证监会　　D. 证券登记结算机构

43. 以下证券公司分支机构可以做的是（　　）。

A. 经总部批准向客户融资融券　　B. 自行决定签约

C. 自行决定开户　　D. 决定保证金的收取

44. 按照《最高人民检察院　公安部关于公安机关管辖的刑事案件立案追诉标准的规定（二）》第二十八条的规定，非法吸收公众存款或者变相吸收公众存款，扰乱金融秩序，涉嫌下列哪一情形的，应予立案追诉（　　）。

A. 单位非法吸收公众存款或者变相吸收公众存款数额达到 20 万元的

B. 个人非法吸收公众存款或者变相吸收公众存款 20 户的

C. 单位非法吸收公众存款或者变相吸收公众存款给存款人造成直接经济损失数额达到 100 万元的

D. 个人非法吸收公众存款或者变相吸收公众存款给存款人造成直接经济损失数额达到 5 万元的

45. 按照《证券法》第一百八十九条的规定，欺诈发行股票、证券罪因承担的法律责任中，错误的有（　　）。

A. 发行人不符合发行条件，以欺骗手段骗取发行核准，尚未发行证券的，处以 100 万元的罚款

B. 发行人不符合发行条件，以欺骗手段骗取发行核准，已经发行证券的，处以非法所募资金金额 3% 的罚款

C. 对直接负责的主管人员和其他直接责任人员处以 5 万元的罚款

D. 发行人的控股股东、实际控制人指使从事骗取发行核准，且已发行证券的，处以 30 万元的罚款

46. 公司申请公司债券上市交易，下列条件中不符合规定的是（　　）。

A. 公司债券的期限为 1 年以上

B. 公司债券发行额不少于人民币 4 000 万元

C. 公司股本总额不少于人民币 3 000 万元

D. 公司申请债券上市时仍符合法定的公司债券发行条件

47. 基金托管人应当对所托管的不同基金财产分别设置账户，确保基金财产的完整与独立。基金托管人违反上述规定，未对基金财产实行分别管理或者分账保管，责令改正，处（　　）的罚款。

A. 5 万元以上 30 万元以下　　B. 5 万元以上 50 万元以下

C. 3 万元以上 10 万元以下　　D. 10 万元以上 100 万元以下

48. 按照《最高人民检察院　公安部关于公安机关管辖的刑事案件立案追诉标准的规定（二）》第三十九条的规定，涉嫌下列哪一情形时，应予操纵证券、期货市场罪立案追诉（　　）。

A. 与他人串通，以事先约定的时间、价格和方式相互进行证券或者期货合约交易，且在该证券或者期货合约连续 15 个交易日内成交量累计达到该证券或者期货合约同期总成交量 30% 以上的

B. 单独或者合谋，当日连续申报买入或者卖出同一证券、期货合约并在成交前撤销申报，撤回申报量占当日该种证券总申报量 40% 以上的

C. 在自己实际控制的账户之间进行证券交易，或者以自己为交易对象，自买自卖期货合约，且在该证券或者期货合约连续 20 个交易日内成交量累计达到该证券或者期货合约同期总成交量 20% 以上的

D. 单独或者合谋，持有或实际控制期货合约的数量超过期货交易所业务规则限定的持仓量 30% 以上，且在该期货合约连续 30 个交易日内联合或者连续买卖期货合约数累计达到该期货合约同期总成交量 30% 以上的

49. 按照《证券法》第二百零三条的规定，违反本法规定，操纵证券市场的，责令依法处理非法持有的证券，没收违法所得，违法所得不足（　　）万元的，处以（　　）万元以上（　　）万元以下的罚款。

A. 50；30；100　　B. 30；30；300

C. 100；50；300　　D. 50；50；300

50. 基金管理人的股东、实际控制人未按照国务院证券监督管理机构的规定及时履行重大事项报告义务的，没收违法所得，并处违法所得（　　）罚款。

A. 1 倍以上 3 倍以下　　B. 1 倍以上 5 倍以下

C. 3 倍以上 5 倍以下　　D. 3 倍以上 10 倍以下

二、多选题（共50题，每题1分，共50分。以下各选项中，至少有一项符合题目要求，不选、错选均不得分）

51. 下列有关合伙企业清算的说法，正确的有（　　）。

①清算人自被确定之日起10日内通知债权人，并于30日内在报纸上公告

②清算人自被确定之日起10日内通知债权人，并于60日内在报纸上公告

③债权人自接到通知书之日起30日内，未接到通知书的自公告之日起60日内，向清算人申报债权

④债权人自接到通知书之日起30日内，未接到通知书的自公告之日起45日内，向清算人申报债权

A. ①③　　B. ①④

C. ②③　　D. ②④

52. 证券公司治理基本要求有（　　）。

①建立健全组织架构、明确职责划分

②不得侵犯客户合法权益

③建立完备的内部控制体系

④实时监控有关账户的交易行为

A. ①②④　　B. ①②③

C. ①③　　D. ①②③④

53. 证券公司经营证券经纪业务、证券资产管理业务、融资融券业务和证券承销与保荐业务中两种以上业务的，其董事会应当设立（　　）。

①专门委员会　　②薪酬与提名委员会

③审计委员会　　④风险控制委员会

A. ①②③④　　B. ①②③

C. ②③④　　D. ①③④

54. 以下各项属于证券经纪业务特点的有（　　）。

①业务对象的广泛性业务　　②证券经纪商的中介性

③客户指令的权威性　　④客户收益的保证性

A. ①②③　　B. ①②④

C. ①③④　　D. ②③④

55. 按照《证券经营机构投资者适当性管理实施指引（试行）》，适当性管理主要包括以下（　　）安排。

①全面了解客户　　②全面计算收益

③对产品或服务分级　　④适当性匹配

A. ①②③　　B. ①②④

C. ①③④　　D. ①②③④

56. 按照《证券交易委托代理协议指引》的规定，以下事项中，（　　）属于客户可以委托证券公司代理的事项。

①接受并执行客户依照《证券交易委托代理协议》约定的方式下达的合法有效的委托指令

②代理客户进行资金、证券的清算、交收

③代理保管客户买入或存入的有价证券

④接受客户对其委托、成交及账户内的资产及变化情况的查询，并应客户的要求提供相应的清单

A. ①②③　　B. ①②③④

C. ①③④　　D. ①②④

57. 按照《最高人民检察院　公安部关于公安机关管辖的刑事案件立案追诉标准的规定（二）》第五条的规定，公司因欺诈发行股票、债券，以下哪些选项中的情形应予立案追溯（　　）。

①利用募集的资金从事公司活动的

②发行数额达到 300 万元的

③转移或者隐瞒所募集资金的

④伪造、变造国家机关公文、有效证明文件或者相关凭证、单据的

A. ①②　　B. ②④

C. ①③　　D. ③④

58. 法律关系是以法律规范为基础形成的、以权利和义务为内容的社会关系。法律关系的基本构成要素包括（　　）。

①法律关系的目标　　②法律关系的客体

③法律关系的内容　　④法律关系的主体

A. ①②④　　B. ②③④

C. ①②③④　　D. ①③④

59. 下列有关子公司和分公司的说法，正确的有（　　）。

①分公司的重大决策需要母公司决定；子公司的重大决策可由自己决定

②分公司不具有法人资格，不能独立享有权利、承担责任，其一切行为的后果及责任由公司承担；子公司具有独立的法人资格，能独立承担公司行为所带来的后果和责任

③分公司没有独立的公司名称及章程，其对外从事经营活动必须以总公司的名义，遵守总公司的章程；子公司拥有独立的公司名称和公司章程

④分公司在人事、经营上没有自主权，其主要业务活动及主要管理人员由总公司决定并委任，并根据总公司的委托或授权进行业务活动；子公司能够以自己的名义开展经营活动，从事各类民事活动

A. ①②④　　B. ②③④

C. ①②③④　　D. ①③④

60. 证券公司经营经纪业务、证券资产管理业务、融资融券业务和证券承销与保荐业务中两种以上业务的，其董事会应当设立（　　）。

①薪酬与提名委员会　　②审计委员会

③风险控制委员会　　④董事会秘书

A. ①②④　　B. ①②③

C. ①③④　　D. ①②③④

61. 以下（　　）属于某证券公司的高级管理人员。

①合规负责人李某　　②副总经理王某

③独立董事孙某　　④财务负责人周某

⑤董事会秘书陈某　　⑥执行委员会成员钱某

A. ①②③④⑤　　B. ②③④⑤⑥

C. ①②③④⑥　　D. ①②④⑤⑥

62. 以下（　　）属于应重点监控的异常交易行为。

①大笔申报、连续申报或者密集申报，以影响证券交易价格

②频繁申报或频繁撤销申报，以影响证券交易价格或其他投资者的投资决定

③巨额申报，且申报价格明显偏离申报时的证券市场成交价格

④一段时期内进行大量且连续的交易

A. ①②③④　　B. ①②③

C. ①②④　　D. ②③④

63. 下列关于科创板的说法中，正确的有（　　）。

①科创板主要服务于符合国家战略、突破关键核心技术、市场认可度高的科技创新企业

②科创板的具体行业范围由上海证券交易所发布并适时更新

③个人投资者可直接申请开通科创板股票交易权限

④投资者仅需向其委托的证券公司申请，在已有沪市 A 股证券账户上开通科创板股票交易权限即可，无须在中国证券登记结算有限责任公司开立新的证券

账户

A. ①②④　　B. ①②③

C. ①③④　　D. ①②③④

64. 上海证券交易所在科创板推出不同于主板的交易机制改革措施包括（　　）。

①引入盘后固定价格交易　　②优化融券交易机制

③新增两种市价申报方式　　④收紧涨跌幅限制

A. ①②④　　B. ①②③

C. ①③④　　D. ①②③④

65. 存托人应当承担的职责包括（　　）。

①安排存放存托凭证基础财产

②存托凭证基础财产因托管人过错而受到损害的，存托人承担连带赔偿责任

③建立并维护存托凭证出有人名册

④办理存托凭证的签发与注销

A. ①②③　　B. ①②④

C. ①③④　　D. ①②③④

66. 下列事项中，属于有限责任公司监事会职权有（　　）。

①检查公司财务

②对董事、高级管理人员执行公司职务的行为进行监督

③当董事、高级管理人员的行为损害公司的利益时，要求董事、高级管理人员予以纠正

④提议召开临时股东会会议

⑤对公司增加或者减少注册资本作出决定

⑥向股东会会议提出提案

A. ①②③④⑥　　B. ②③④⑤

C. ①③④⑤⑥　　D. ②③④⑤⑥

67. 下列选项中，属于《证券投资基金法》立法宗旨的有（　　）。

①促进证券投资基金和资本市场的健康发展

②规范证券投资基金活动

③保护投资人及相关当事人的合法权益

④提高基金的投资效率

A. ①②③　　B. ②③④

C. ①②④　　D. ①②③④

68. 按照《证券公司内部控制指引》的要求，证券公司内部控制的组织结构要求设立严密有效的三道业务防线，其中，第一道防线、第二道防线和第三道防线依顺序分别有（　　）。

①建立相关部门、相关岗位之间相互制衡、监督的防线

②建立重要一线岗位双人、双职、双责为基础的防线

③建立独立的监督检查部门对各项业务、各部门、各分支机构、各岗位全面实施监控、检查和反馈的防线

A. ①②③　　B. ②③①

C. ②①③　　D. ③①②

69. 以下叙述中，属于证券公司合规管理基本制度的有（　　）。

①明确合规管理目标、基本原则、机构设置及职责、合规考核及风险隐患报告、责任追究等问题

②审慎评估公司合规经营管理行为对证券市场的影响

③证券公司应结合本公司实际经营情况，制定指导经营活动依法合规开展的具体管理制度或操作流程，切实加强对各项经营活动的合规管理

④证券公司应当制定工作人员执业行为准则，引导工作人员树立良好的合规意识和职业道德行为规范，确保工作人员执业行为依法合规

A. ①②③④　　B. ①②④

C. ①③④　　D. ②③④

70. 融资融券的标的证券为交易型开放式基金（ETF）的，应当符合的条件有（　　）。

①上市交易超过5个交易日的

②最近5个交易日内的日平均资产规模不低于3亿元

③基金持有户数不少于2 000户

④交易所规定的其他条件

A. ①②③　　B. ①③④

C. ②③④　　D. ①②③④

71. 下列关于证券公司设立的另类投资公司说法错误的有（　　）。

①另类子公司下不得再下设任何机构

②证券公司应当将另类子公司的合规与风险管理纳入公司统一体系

③另类子公司可以从事投资以外的业务

④证券公司应当清晰划分证券公司与另类子公司的业务范围

A. ③　　B. ②④

C. ②③　　D. ①④

72. 证券经纪业务合规风险的防范措施包括（　　）。

①证券公司要加强合规文化建设，从高级管理人员到普通员工都要增强法制观念和合规意识

②要建立健全各项规章制度，严格按经纪业务内部控制的要求完善内部控制机制和制度

③对客户交易结算资金实行第三方存管，对经纪业务账户管理、交易、清算、核算、操作权限、风险控制等实行集中统一管理；对风险程度和重要性不同的业务，实行实时复核、分级审批。加强对经纪业务主要环节和风险点的控制

④建立客户投诉处理及责任追究机制

A. ①②③　　B. ①③④

C. ①②④　　D. ①②③④

73. 根据有关合伙企业法律制度的规定，下列各项中，属于普通合伙企业特点的有（　　）。

①由普通合伙人组成

②除法律另有规定外，合伙人对合伙企业的债务承担无限连带责任

③普通合伙人可以是自然人、法人和其他组织

④对普通合伙人承担责任的形式有特别规定的，从其规定

A. ①②④　　B. ②③④

C. ①②③④　　D. ①③④

74．下列选项中，属于操纵证券市场行为的有（　　）。

①禁止任何人以下列手段操纵证券市场：单独或者通过合谋，集中资金优势、持股优势或者利用信息优势联合或者连续买卖，操纵证券交易价格或者证券交易量

②以其他手段操纵证券市场

③与他人串通，以事先约定的时间、价格和方式相互进行证券交易，影响交易价格或者证券交易量

④在自己实际控制的账户之间进行证券交易，影响证券交易价格或者证券交易量

A. ①②③　　B. ①②③④

C. ②③④　　D. ①③④

75. 按照《证券公司合规管理实施指引》的要求，证券公司董事会、监事会或监事、经营管理主要负责人、其他高级管理人员、下属各单位负责人及其他工

作人员均有自己的合规管理职责。下列关于合规管理职责归属表述正确的有（　　）。

①董事会负责在日常经营中培育公司合规文化

②监事会对发生重大合规风险负有主要责任或领导责任的董事、高级管理人员提出罢免建议

③经营管理主要负责人在经营决策过程中，充分听取合规负责人及合规部门的合规意见

④董事会组织制定公司规章制度，并监督其实施

A. ①②③④　　B. ①②③

C. ②③　　D. ①④

76. 证券公司违反《证券公司和证券投资基金管理公司合规管理办法》规定的，对直接负责的董事、监事、高级管理人员和其他责任人员，可以采取以下（　　）行政监管措施。

①出具警示函　　②责令参加培训

③责令定期报告　　④监管谈话

⑤认定为不适当人选　　⑥拘留

A. ①②④⑤　　B. ②③④⑤

C. ①③④⑤　　D. ①②⑤⑥

77. 证券公司申请融资融券业务资格应具备的条件有（　　）。

①具有证券经纪业务资格

②公司最近 3 年内不存在因涉嫌违法违规正被中国证监会立案调查或者正处于整改期间的情形

③财务状况良好，最近 2 年各项风险控制指标持续符合规定

④公司治理健全，内部控制有效

A. ①②③　　B. ①③④

C. ①②④　　D. ①②③④

78. 证券公司设立私募基金子公司应当符合下列哪些要求（　　）。

①最近 6 个月各项风险控制指标符合中国证监会及协会的相关要求，且设立私募基金子公司后，各项风险控制指标仍持续符合规定

②最近一年未因重大违法违规行为收到监管部门和有关机关调查的情形

③公司章程有关对外投资条款中明确规定公司可以设立私募基金子公司，并经注册地中国证监会派出机构审批

④证券公司应当以自有资金全资设立私募基金子公司，不得采用股份代持等

方式变相与其他投资者共同出资设立私募基金子公司

A. ①②③④　　B. ②③④

C. ①②④　　D. ①②③

79. 按照《最高人民检察院　公安部关于公安机关管辖的刑事案件立案追诉标准的规定（二）》第三十六条的规定，利用未公开信息交易案，涉嫌下列情形之一的，应予立案追诉（　　）。

①证券交易成交额累计达到30万元的

②期货交易占用保证金数额累计达到20万元的

③获利或者避免损失数额累计达到20万元的

④多次利用内幕信息以外的其他未公开信息进行交易活动的

A. ①②　　B. ①③

C. ②③　　D. ③④

80. 资产管理业务的基本要求包括（　　）。

①勤勉尽责　　②客户利益至上

③审慎经营　　④业务融合

A. ①③　　B. ①②③④

C. ①②③　　D. ②③④

81. 下列有关证券登记结算机构的说法，错误的有（　　）。

①投资者委托证券公司进行证券交易，可以不开立证券账户

②证券持有人持有的证券，在上市交易时，应当全部存管在证券登记结算机构

③证券账户应当以证券公司的名义开立

④证券登记结算机构按照业务规则收取的各类结算资金和证券，必须存放于专门的清算交收账户

A. ①②③　　B. ②④

C. ①③④　　D. ①③

82. 以下内容，属于证券公司分类监管的评价指标体系及评价方法中加分项的有（　　）。

①证券公司上一年度营业收入位于行业前20名

②证券公司上一年度代理买卖证券业务收入位于行业前20名，且营业部平均代理买卖证券业务收入位于行业中位数以上或证券公司上一年度营业部平均代理买卖证券业务收入位于行业前20名

③证券公司最近1个、最近2个评价期内主要风险控制指标持续达标的

④证券公司净资本达到规定标准的5倍以上的

⑤证券公司上一年度净利润为正且成本管理能力位于行业前20名的

A. ①③④⑤　　B. ①②③⑤

C. ②③⑤　　D. ①②⑤

83. 证券公司净资本或者其他风险控制指标不符合规定标准的，派出机构应当责令公司限期改正；整改期内，中国证监会及其派出机构应当区别情形，对证券公司采取的措施有（　　）。

①停止批准新业务

②停止批准增设、收购营业性分支机构

③限制分配红利

④限制转让财产或在财产上设定其他权利

⑤限制债务担保

⑥限制股权结构的重大变化

A. ①②③④　　B. ②③④⑤

C. ③④⑤⑥　　D. ①②③⑥

84. 证券投资顾问执业行为准则包括（　　）。

①证券投资顾问不得为公司及其关联方的利益损害客户利益

②证券投资顾问应当根据了解的客户情况，在评估客户风险承受能力和服务需求的基础上，向客户提供适当的投资建议服务，并提示潜在的投资风险

③提供投资建议应具有合理依据

④不得参与媒体证券节目

A. ①②③　　B. ①②

C. ①③④　　D. ③④

85. 中国证监会及其派出机构依据（　　）对证券公司、证券投资咨询机构发布证券研究报告行为以及从事证券投资顾问业务实行监督管理。

①《证券、期货投资咨询管理暂行办法》

②《证券分析师执业行为准则》

③《证券登记结算管理办法》

④《证券经纪人管理暂行规定》

A. ①②③　　B. ①②

C. ①③④　　D. ①②③④

86. 以下关于融资融券业务合同的说法，不正确的有（　　）。

①合同应约定乙方清偿债务的范围、方式、期限

②合同应约定甲方强制平仓的各类情形

③合同应约定甲方从事融资融券交易的信用额度

④合同应载明乙方对主体资格、交易资产来源的声明与保证

A. ①②③　　B. ①③④

C. ①②④　　D. ①②③④

87. 中国证券业协会发布的《融资融券业务交易风险揭示书必备条款》基本内容包含（　　）。

①提示客户注意融资融券交易具有普通证券交易所具有的政策风险、市场风险、违约风险、系统风险等各种风险

②提示客户在开户从事融资融券交易前，必须了解所在的证券公司是否具有开展融资融券业务的资格

③提示客户在从事融资融券交易期间，如果其信用资质状况降低，证券公司会相应降低对其的授权额度

④提示客户应妥善保管信用账户卡、身份证件和交易密码等资料

A. ①②③　　B. ①③④

C. ①②④　　D. ①②③④

88. 全国股份转让系统是经国务院批准，依据证券法设立的全国性证券交易所，主要为（　　）中小微企业发展服务。

①创新型企业　　②创业型企业

③成长型　　④成熟型企业

A. ①②④　　B. ①③④

C. ①②③④　　D. ①②③

89. 从事证券投资基金活动，应当遵循的原则有（　　），不得损害国家利益和社会公共利益。

①自愿　　②公正

③公平　　④诚实信用

A. ①②④　　B. ②③④

C. ①②③④　　D. ①③④

90. 证券公司净资本或者其他风险控制指标不符合规定标准的，派出机构应当责令公司限期改正；证券公司未按期完成整改的，自整改期限到期的次日起，派出机构应当区别情形，对其采取下列措施（　　）。

①限制业务活动

②责令暂停部分业务

③限制向董事、监事、高级管理人员支付报酬、提供福利

④责令更换董事、监事、高级管理人员或者限制其权利

⑤责令控股股东转让股权或者限制有关股东行使股东权利

⑥认定董事、监事、高级管理人员为不适当人选。

A. ①②③④⑤　　B. ②③④⑤⑥

C. ①③④⑤⑥　　D. ①②③④⑤⑥

91. 以下有资格由普通投资者申请转化为专业投资者的有（　　）。

①最近一年末净资产 800 万元，最近 1 年末金融资产 500 万元，且具有 3 年黄金投资经验的王某

②最近一年末净资产 1 000 万元，最近 1 年末金融资产 500 万元，且具有 2 年期货投资经验的张某

③金融资产 500 万元，且具有 2 年外汇投资经历的赵某

④最近 3 年个人年均收入 50 万元，且具有 2 年金融产品设计工作经历

A. ①②　　B. ③④

C. ①③　　D. ②④

92. 经营机构违反《证券期货投资者适当性管理办法》下列（　　）情形的，应当给予警告，并处 3 万元以下罚款；对直接负责的主管人员和其他直接责任人员，给予警告，并处 3 万元以下罚款。

①未按规定划分产品或者服务风险等级的

②未按规定录音录像或者采取配套留痕安排的

③未按规定制定或者落实适当性内部管理制度和相关制度机制的

④未按规定对专业投资者进行细化分类和管理的

⑤未按规定展开适当性自查的

⑥未按规定妥善保存相关信息资料的

A. ①②③④⑥　　B. ②③④⑤⑥

C. ①③④⑤⑥　　D. ①②③⑤⑥

93. 全国场外市场运行管理的基本制度框架包括（　　）。

①《全国中小企业股份转让系统业务规则（试行）》

②《非上市公众公司监督管理办法》

③《证券公司柜台交易业务规范》

④《全国中小企业股份转让系统有限责任公司管理暂行办法》

A. ①②④　　B. ①③④

C. ①②③④　　D. ①②③

94. 在投资者准入方面，针对创新创业型中小企业风险较高的特征，全国中小企业股份转让系统实行严格的投资者适当性管理制度，并设定较高的投资者准入标准；对自然人投资者从以下（ ）等方面设置准入要求。

①财务状况 ②投资资质

③投资经验 ④专业知识

A. ①②④ B. ①③④

C. ①②③④ D. ①②③

95. 根据《全国中小企业股份转让系统业务规则（试行）》等规定，主办券商是指在全国股份转让系统从事以下哪些业务的证券公司（ ）。

①推荐业务

②经纪业务

③做市业务

④全国股份转让系统公司规定的其他业务

A. ①②④ B. ①③④

C. ①②③④ D. ①②③

96. 国务院证券监督管理机构可以要求下列（ ）单位或者个人，在指定的期限内提供与证券公司经营管理和财务状况有关的资料、信息。

①证券公司及其董事、监事、工作人员

②证券公司的股东、实际控制人

③证券公司控股或者实际控制的企业

④证券公司的开户银行、指定商业银行、资产托管机构、证券交易所、证券登记结算机构

⑤为证券公司提供服务的证券服务机构

⑥证券公司的客户

A. ①②③④⑤ B. ②③④⑤⑥

C. ①②③④⑥ D. ①②④⑤⑥

97. 申请从事一般证券业务应当具备的条件包括（ ）。

①已取得证券从业资格

②被证券公司、基金管理公司、基金托管机构、基金销售机构聘用

③最近1年未受过刑事处罚

④未被中国证监会认定为证券市场禁入者，或者已过禁入期的

A. ①②③ B. ②③④

C. ①③④ D. ①②④

98. 按照《证券业从业人员资格管理实施细则（试行）》，执业证书的申请程序有（　　）。

①申请人登录中国证券业协会执业证书管理系统，填写执业证书申请表，连同打印的书面申请表及其他申请材料提交所在机构

②机构资格管理员对执业证书申请表进行初审并确认，书面申请表由机构保管备查，电子申请表提交中国证券业协会

③中国证券业协会对机构提交的执业证书申请表进行审核，必要时可要求机构提交书面申请表及有关证明材料，协会在收到完整申请材料后30日内审核完毕

A. ①②③　　B. ②③①

C. ①③②　　D. ②①③

99. 下面属于私募基金宣传推介规范的有（　　）。

①募集机构应当向特定对象宣传推介私募基金，未经特定对象程序，不得向任何人宣传推介私募基金

②在向投资者推介私募基金之前，募集机构应当采取问卷调查等方式履行特定对象确定程序，对投资者风险识别能力和风险承担能力进行评估

③不得公开宣传

④募集机构应当要求投资者提供必要的资产证明文件或收入证明

A. ①④　　B. ①②④

C. ②③④　　D. ①②③④

100. 证券公司、证券投资咨询机构发布证券研究报告，应该遵守（　　）。

①独立原则　　②客观原则

③效率原则　　④审慎原则

A. ①②③　　B. ①②④

C. ①③④　　D. ①②③④

参考答案与解析

1. 参考答案：C

考点：本题考查有限责任公司的股权转让。有限责任公司中，其他股东半数以上不同意转让的，不同意的股东应当购买该转让的股权；不购买的，视为同意转让。

2. 参考答案：C

考点：本题考查证券公司治理基本要求的有关规定。证券公司不得侵犯客户的合法权益，不得挪用客户托管在公司的证券。

3. 参考答案：A

考点：符合下列情形之一的，为公开发行证券：

（1）向不特定对象发行证券的；

（2）向特定对象发行证券累计超过 200 人的；

（3）法律、行政法规规定的其他发行行为。

4. 参考答案：D

考点：本题考查主动申请注销证券账户的情形。选项 D 中的时间应为 6 个月内。

5. 参考答案：D

考点：本题考查证券公司和股东之间关系的特别规定。如不得开展业务竞争，关联交易不得损害公司利益。

6. 参考答案：C

考点：本题考查证券账户的非交易过户和客户交易结算资金存管制度。按照《客户交易结算资金管理办法》，客户交易结算资金必须全额存入具有从事证券交易结算资金存款业务资格的商业银行，单独立户管理，选项 C 错误。

7. 参考答案：A

考点：本题考查委托指令。客户委托指令成交与否以证券登记结算机构发送的清算数据为准，成交即时回报仅供参考。

8. 参考答案：A

考点：独立董事最多可以在2家证券公司担任独立董事。

9. 参考答案：A

考点：董事会表决有关关联交易的议案时，与交易对方有关联关系的董事应当回避。该次董事会会议由过半数的无关联交易董事出席即可举行，董事会会议所做决议须经无关联关系董事过半数通过。

10. 参考答案：B

考点：本题考查证券公司董事会的设置、议事规则等有关规定。证券公司董事会决议内容违反法律、行政法规或者中国证监会的规定的，监事会应当要求董事会纠正，经理层应当拒绝执行。

11. 参考答案：B

考点：本题考查有限责任公司股份转让。人民法院依照法律规定的强制执行程序转让股东的股权时，应当通知公司及全体股东，其他股东在同等条件下有优先购买权。其他股东自人民法院通知之日起满20日不行使优先购买权的，视为放弃优先购买权。

12. 参考答案：D

考点：本题考查沪港通和深港通的相关概念。沪港通包括沪股通和港股通。

13. 参考答案：A

考点：区分证券公司的三道业务监控防线与投资银行类业务三道内部控制防线。

14. 参考答案：B

考点：本题考查非金融机构开展基金托管业务的条件。在从业人员方面规定拟从事基金清算、核算、投资监督、信息披露、内部稽核监控等业务的职业人员不少于8人，并具有基金从业资格。其中，核算、监督等核心业务岗位应当具备2年以上托管业务从业经验。

15. 参考答案：A

考点：本题考查证券自营业务的决策与授权。投资决策机构是自营业务的最高管理机构，董事会是自营业务的最高决策机构。

16. 参考答案：B

考点：本题考查证券经纪业务的主要风险，按风险起因不同，经纪业务的风险主要包括合规风险、管理风险和技术风险。

17. 参考答案：D

考点：本题考查证券公司内部控制监督、检查与评价机制的有关规定。董事会负责督促、检查和评价证券公司各项内部控制制度的建立与执行情况，对内部控制的有效性负最终责任；直接从事业务经营活动的业务部门和分支机构的相关人员应对违反职责范围内的内部控制导致的风险和损失承担首要责任。

18. 参考答案：B

考点：本题考查公司法法律体系的组成。我国的公司法法律体系以《公司法》为核心，由相关法律、行政法规、部门规章等共同组成；最高人民法院历次司法解释和《公司登记管理条例》都是根据《公司法》制定的，属于公司法的一部分；实质的公司法包含了形式《公司法》和其他一切调整公司的法律，因此，《宪法》《刑法》《民法通则》《反垄断法》《合同法》等法律法规中涉及公司的规定包含在实质意义上的公司法中。

19. 参考答案：B

考点：

私募基金子公司应当具备具有 2 年以上投资管理或资产管理经验的投资管理人员不得少于 3 人。

20. 参考答案：D

考点：上市公司就并购重组事项出具盈利预测报告的，在相关并购重组活动完成后，凡不属于上市公司管理层实现无法获知且事后无法控制原因，上市公司或者购买资产实现的利润未达盈利预测报告或者资产评估报告预测金额 80% 的，中国证监会责令财务顾问及其财务顾问主办人在股东大会及中国证监会指定报刊上公开说明未实现盈利预测的原因并向股东和社会公众道歉。利润实现数未达到盈利预测 50% 的，中国证监会可以同时对财务顾问及其财务顾问主办人采取监管谈话、出具警示函、责令定期报告等监管措施。

21. 参考答案：C

考点：本题考查监管部门对证券投资咨询业务的监管措施。C 选项，同时在两个或者两个以上证券、期货投资咨询机构执业的由中国证监会派出机构单处或者并处警告、没收违法所得，以及 1 万元以上 10 万元以下罚款。

22. 参考答案：B

考点：本题考查公司抽逃出资的法律责任。公司的发起人、股东在公司成立后，抽逃其出资的，由公司登记机关责令改正，处以所抽逃出资金额 5% 以上 15% 以下的罚款。

23. 参考答案：A

考点：本题考查证券公司内部控制监督、检查与评价机制的细节规定。

24. 参考答案：D

考点：本题考查证券公司合规部门的有关规定。合规部门中具备3年以上证券、金融、法律、会计、信息技术等有关领域工作经历的合规管理人员数量不得低于公司总部人数的1.5%，且不得少于5人。

25. 参考答案：D

考点：本题考查证券公司分类监管的评价指标体系及评价方法。证券公司分类监管评价设定正常经营的证券公司为100分；分类评价每年进行一次；分类监管评价的评价期为上一年度5月1日到本年度4月30日。

26. 参考答案：B

考点：本题考查证券公司从事相关证券业务的净资本标准。

27. 参考答案：B

考点：本题考查融资融券保证金比例的计算。

$$\text{买入证券的融资保证金比例} = \frac{\text{保证金}}{\text{融资买入证券数量} \times \text{买入价格}} \times 100\%$$

28. 参考答案：C

考点：本题考查《最高人民检察院　公安部关于公安机关管辖的刑事案件立案追诉标准的规定（二）》第二十八条的规定，个人非法吸收公众存款或者变相吸收公众存款数额在20万元以上的，应予立案追诉。

29. 参考答案：D

考点：本题考查《证券法》第二百零二条的规定，证券交易内幕信息的知情人或者非法获取内幕信息的人，在涉及证券的发行、交易或者其他对证券的价格有重大影响的信息公开前，买卖该证券，或者泄露该信息，或者建议他人买卖该证券的，责令依法处理非法持有的证券；没收违法所得，并处以违法所得1倍以上5倍以下的罚款；没有违法所得或者违法所得不足3万元的，处以3万元以上60万元以下的罚款。

30. 参考答案：C

考点：本题考查证券自营业务的风险控制指标。持有一种权益类证券的成本不得超过净资本的30%。

31. 参考答案：A

考点：本题考查合伙企业与公司的区别。合伙企业与公司的区别主要有：

（1）法律地位不同。公司具有独立的法人主体资格，是企业法人；合伙企业不是法人，是非法人企业。

（2）财产独立性不同。公司的财产独立于股东；合伙企业的财产与合伙人仅相对独立，合伙企业的财产属于合伙人共有。

（3）承担的责任不同。股东对公司的责任以出资额为限，承担有限责任；而合伙企业中，普通合伙人对合伙企业承担无限责任。

32. 参考答案：A

考点：本题考查风险控制指标报告的有关要求。

33. 参考答案：C

考点：本题考查全面风险管理的责任主体。

34. 参考答案：C

考点：本题考查证券公司流动性风险管理应遵循的原则。

35. 参考答案：B

考点：本题考查专业投资者的范围。

36. 参考答案：D

考点：本题考查证券公司在区域股权市场提供业务服务的相关规定。

37. 参考答案：C

考点：本题考查全国股份转让系统的自律监管措施。监管对象不服全国股份转让系统公司作出的纪律处分决定的，可自收到处分通知之日起 15 个工作日内向全国股份转让系统公司申请复核，复核期间该处分决定不停止执行。

38. 参考答案：B

考点：本题考查转融通业务的概念。

39. 参考答案：C

考点：本题考查维持保证金比例的有关内容。仅计算现金及信用证券账户内证券市场总和的维持保证金比例超过 300% 时，客户可以提取保证金可用额度中的现金或冲抵保证金的证券，但提取后仅计算现金及信用证券账户内证券市场总和的维持担保比例不得低于 300%。

40. 参考答案：B

考点：本题考查合伙企业财产的分割、转让和处分。根据《合伙企业法》第二十一条的规定，除法律另有规定外，合伙人在合伙企业清算前，不得请求分割合伙企业的财产。合伙人在合伙企业清算前私自转移或者处分合伙企业财产的，合伙企业不得以此对抗善意第三人。选项 B 说法错误。

41. 参考答案：D

考点：本题考查有限合伙企业财产份额的外部转让。有限合伙人可以按照合伙协议的约定向合伙人以外的人转让其在有限合伙企业中的财产份额，但应当提前 30 日通知其他合伙人。

42. 参考答案：C

考点：本题考查证券公司业务范围变更的申请。

43. 参考答案：A

考点：本题考查证券公司总部和分支机构的权限。分支机构在公司总部的集中监控下，按照公司的统一规定和决定，具体负责客户征信、签约、开户、保证金收取和交易执行等业务操作禁止分支机构自行决定签约、开户、授信、保证金收取等应当由总部决定的事项。

44. 参考答案：C

考点：本题考查《最高人民检察院　公安部关于公安机关管辖的刑事案件立案追诉标准的规定（二）》第二十八条的规定，单位非法吸收公众存款或者变相吸收公众存款给存款人造成直接经济损失数额在50万元以上的，应予立案追诉。

45. 参考答案：A

考点：本题考查《证券法》第一百八十九条的规定。发行人不符合发行条件，以欺骗手段骗取发行核准，尚未发行证券的，处以30万元以上60万元以下的罚款；已经发行证券的，处以非法所募资金金额1%以上5%以下的罚款。对直接负责的主管人员和其他直接责任人员处以3万元以上30万元以下的罚款。发行人的控股股东、实际控制人指使从事前款违法行为的，依照前款规定处罚。

46. 参考答案：B

考点：本题考查债券上市的条件。公司申请公司债券上市，应当符合下列条件：（1）公司债券的期限为1年以上；（2）公司债券发行额不少于人民币5 000万元；（3）公司申请债券上市时仍符合法定的公司债券发行条件。公司股本总额不少于人民币3 000万元属于股票上市的条件。

47. 参考答案：B

考点：基金托管人应当对所托管的不同基金财产分别设置账户，确保基金财产的完整与独立。基金托管人违反上述规定，未对基金财产实行分别管理或者分账保管，责令改正，处5万元以上50万元以下的罚款。

48. 参考答案：C

考点：本题考查《最高人民检察院　公安部关于公安机关管辖的刑事案件立案追诉标准的规定（二）》第三十九条的规定，涉嫌下列情形之一的，应予立案追诉：

（1）单独或者合谋，持有或实际控制证券的流通股份数达到该证券的实际流通股份总量30%以上，且在该证券连续20个交易日内联合或者连续买卖股份数累计达到该证券同期总成交量30%以上的；

（2）单独或者合谋，持有或实际控制期货合约的数量超过期货交易所业务规则限定的持仓量50%以上，且在该期货合约连续20个交易日内联合或者连续买卖期货合约数累计达到该期货合约同期总成交量30%以上的；

（3）与他人串通，以事先约定的时间、价格和方式相互进行证券或者期货合约交易，且在该证券或者期货合约连续20个交易日内成交量累计达到该证券或者期货合约同期总成交量20%以上的；

（4）在自己实际控制的账户之间进行证券交易，或者以自己为交易对象，自买自卖期货合约，且在该证券或者期货合约连续20个交易日内成交量累计达到该证券或者期货合约同期总成交量20%以上的；

（5）单独或者合谋，当日连续申报买入或者卖出同一证券、期货合约并在成交前撤销申报，撤回申报量占当日该种证券总申报量50%以上的；

（6）上市公司及其董事、监事、高级管理人员、实际控制人、控股股东或者其他关联人单独或者合谋，利用信息优势，操纵该公司证券交易价格或者证券交易量的；

（7）证券公司、证券投资咨询机构、专业中介机构或者从业人员，违背有关从业禁止的规定，买卖或者持有相关证券，通过对证券或者其发行人、上市公司公开作出评价、预测或者投资建议，在该证券的交易中谋取利益，情节严重的；

（8）其他情节严重的情形。

49. 参考答案：B

考点：本题考查《证券法》第二百零三条的规定，违反本法规定，操纵证券市场的，责令依法处理非法持有的证券，没收违法所得，并处以违法所得1倍以上5倍以下的罚款；没有违法所得或者违法所得不足30万元的，处以30万元以上300万元以下的罚款。

50. 参考答案：B

考点：本题考查《证券投资基金法》第二十三条及第一百二十四条的规定。基金管理人的股东、实际控制人未按照国务院证券监督管理机构的规定及时履行重大事项报告义务的，责令改正，没收违法所得，并处违法所得1倍以上5倍以下罚款；没有违法所得或者违法所得不足100万元的，并处10万元以上100万元以下罚款；对直接负责的主管人员和其他直接责任人员给予警告，暂停或者撤销基金或证券从业资格，并处3万元以上30万元以下罚款。

51. 参考答案：D

考点：本题考查合伙企业清算程序。清算人自被确定之日起10日内通知债权人，并于60日内在报纸上公告；债权人自接到通知书之日起30日内，未接到通知书的自公告之日起45日内，向清算人申报债权。选项D正确。

52. 参考答案：B

考点：证券公司治理基本要求是：建立健全组织架构、明确职责划分；不得侵犯客户合法权益；建立完备的内部控制体系。

53. 参考答案：C

考点：证券公司经营证券经纪业务、证券资产管理业务、融资融券业务和证券承销与保荐业务中两种以上业务的，其董事会应当设立薪酬与提名委员会、审计委员会、风险控制委员会。

54. 参考答案：A

考点：本题考查证券经纪业务的特点。证券经纪业务的特点包括业务对象的广泛性、证券经纪商的中介性、客户指令的权威性、客户资料的保密性。

55. 参考答案：C

考点：本题考查客户适当性管理。适当性管理主要分为三大安排：全面了解客户，对产品或服务分级，适当性匹配。

56. 参考答案：B

考点：本题考查用户可以委托证券公司代理的事项，选项①②③④均正确。

57. 参考答案：D

考点：本题考查《最高人民检察院　公安部关于公安机关管辖的刑事案件立案追诉标准的规定（二）》第五条的规定。欺诈发行股票、证券案，涉嫌下列情形之一的，应予立案追诉：

（1）发行数额在500万元以上的；

（2）伪造、变造国家机关公文、有效证明文件或者相关凭证、单据的；

（3）利用募集的资金进行违法活动的；

（4）转移或者隐瞒所募集资金的；

（5）其他后果严重或者有其他严重情节的情形。

58. 参考答案：B

考点：本题考查法律关系的构成要素。法律关系由主体、客体与内容三个要素构成，选项B正确。

59. 参考答案：B

考点：本题考查分公司和子公司的独立性。子公司一定比例以上的资本被另一公司持有或通过协议方式受到另一公司实际控制，其重大决策仍需母公司决定。选项①错误，选项②③④说法正确。

60. 参考答案：D

考点：本题考查证券公司独立董事制度设置和董事会专门委员会设置的有关规定。无论经营何种业务的证券公司，都应当设立董事会秘书。

61. 参考答案：D

考点：本题考查证券公司高级管理人员的定义。高级管理人员是指证券公司的总经理、副总经理、财务负责人、合规负责人、董事会秘书以及实际履行上述职务的人员。

62. 参考答案：A

考点：本题考查异常交易行为管理，上海证券交易所和深圳证券交易所对可能影响证券交易价格或者证券交易量的异常交易行为，予以重点监控。重点监控交易行为包括：

（1）可能对证券交易价格产生重大影响的信息披露前，大量买入或者卖出相关证券。

（2）以同一身份证明文件、营业执照或其他有效证明文件开立的证券账户之间，大量或者频繁进行互为对手方的交易。

（3）委托、授权给同一机构或者同一个人代为从事交易的证券账户之间，大量或者频繁互为对手方的交易。

（4）两个或两个以上固定的或涉嫌关联的证券账户之间，大量或者频繁进行互为对手方交易。

（5）大笔申报、连续申报或者密集申报，以影响证券交易价格。

（6）频繁申报或频繁撤销申报，以影响证券交易价格或其他投资者的投资决定。

（7）巨额申报，且申报价格明显偏离申报时的证券市场成交价格。

（8）一段时期内进行大量且连续的交易。

（9）在同一价位或者相近价位大量或者频繁进行回转交易。

（10）大量或者频繁进行高买低卖交易。

（11）进行与自身公开发布的投资分析、预测或建议相背离的证券交易。

（12）在大宗交易中进行虚假或其他扰乱市场秩序的申报。

63. 参考答案：A

考点：2019 年 3 月上海证券交易所发布《上海证券交易所科创板股票交易特别规定》，明确投资者参与科创板股票交易的具体条件：个人投资者申请权限开通前 20 个交易日证券账户及资金账户内的资产日均不低于人民币 20 万元，并且参与证券交易 24 个月以上；符合法律法规及上海证券交易所规定的机构投资者，可直接申请开通科创板股票交易权限。

64. 参考答案：B

考点：交易机制的特别规定包括：引入盘后固定价格交易、优化融券交易机制、新增两种市价申报方式、放宽涨跌幅限制、调整单笔申报数量、可以根据市场情况调整微观交易机制、调整交易信息公开指标、交易行为监督方面。

65. 参考答案：D

考点：存托人应当承担以下职责：

（1）与境外基础证券发行人签署存托协议，并根据存托协议约定协助完成存托凭证的发行上市。

（2）安排存放存托凭证基础财产，可以委托具有相应业务资质、能力和良好信誉的托管人管理存托凭证基础财产，并与其签订托管协议，督促其履行基础财产的托管职责。存托凭证基础财产因托管人过错受到损害的，存托人承担连带赔偿责任。

（3）建立并维护存托凭证持有人名册。

（4）办理存托凭证的签发与注销。

（5）按照中国证监会规定和存托协议约定，向存托凭证持有人发送通知等文件。

（6）按照存托协议约定，向存托凭证持有人派发红利、股息等权益，根据存托凭证持有人意愿行使表决权等权利。

（7）境外基础证券发行人股东大会审议有关存托凭证持有人权利义务的议案时，存托人应当参加股东大会并为存托凭证持有人权益行使表决权。

（8）中国证监会规定和存托协议约定的其他职责。

66. 参考答案：A

考点：本题考查有限责任公司监事会的职权。其中，选项①②③④⑥属于监事会职权，而选项⑤属于股东会职权，因此应选 A。

67. 参考答案：A

考点：本题考查《证券投资基金法》的立法宗旨。《证券投资基金法》的立法宗旨体现在：（1）规范证券投资基金活动；（2）保护投资人及相关当事人的合法权益；（3）促进证券投资基金和资本市场的健康发展。选项④不属于其立法宗旨。

68. 参考答案：C

考点：本题考查证券公司内部控制组织结构要求的有关规定。记忆点：第一道防线、第二道防线和第三道防线分别是重要一线岗位、部门之间和岗位之间、各项业务和各岗位等。

69. 参考答案：C

考点：证券公司合规管理基本制度。审慎评估公司经营管理行为对证券市场的影响，为证券公司合规经营的基本原则与应遵守的基本要求。

70. 参考答案：B

考点：本题考查标的证券为 ETF 需满足的条件。最近 5 个交易日内的日平均资产规模不低于 5 亿元。

71. 参考答案：C

考点：证券公司另类投资业务。选项 B，证券公司应当清晰划分证券公司与另类子公司及其他子公司之间的业务范围，避免利益冲突和利益输送。选项 C，另类子公司不得从事投资以外的业务。

72. 参考答案：A

考点：本题考查证券经纪业务合规风险的防范措施。第四项为管理风险的防范措施。

73. 参考答案：C

考点：本题考查普通合伙企业。普通合伙企业由普通合伙人组成，选项①正确；普通合伙人对合伙企业债务承担无限连带责任，但对普通合伙人承担责任的形式有特别规定的，从其规定，选项②④正确；普通合伙人可以是自然人、法人和其他组织，选项③正确。

74. 参考答案：B

考点：本题考查操纵证券市场行为。禁止任何人以下列手段操纵证券市场：单独或者通过合谋，集中资金优势、持股优势或者利用信息优势联合或者连续买卖，操纵证券交易价格或者证券交易量；与他人串通，以事先约定的时间、价格和方式相互进行证券交易，影响交易价格或者证券交易量；在自己实际控制的账户之间进行证券交易，影响证券交易价格或者证券交易量；以其他手段操纵证券市场。

75. 参考答案：C

考点：证券公司董事会、监事会或监事、经营管理主要负责人、其他高级管理人员、下属各单位负责人及其他工作人员的合规管理职责。

76. 参考答案：A

考点：本题考查证券公司及有关人员违反合规管理规定的监管措施。证券公司违反《证券公司和证券投资基金管理公司合规管理办法》的，对直接负责的董事、监事、高级管理人员和其他责任人员，可以采取出具警示函、责令参加培训、责令改正、监管谈话、认定为不适当人选等行政监管措施。

77. 参考答案：B

考点：本题考查证监会融资融券业务资格取得的条件。选项②应是公司最近2年内不存在因涉嫌违法违规正被中国证监会立案调查或者正处于整改期间的情形。

78. 参考答案：A

考点：本题考查私募基金子公司设立要求。

79. 参考答案：D

考点：本题考查《最高人民检察院 公安部关于公安机关管辖的刑事案件立案追诉标准的规定（二）》第三十六条的规定。利用未公开信息交易案，涉嫌下列情形之一的，应予立案追诉：

（1）证券交易成交额累计在50万元以上的；

（2）期货交易占用保证金数额累计在30万元以上的；

（3）获利或者避免损失数额累计在15万元以上的；

（4）多次利用内幕信息以外的其他未公开信息进行交易活动的；

（5）其他情节严重的情形。

80. 参考答案：C

考点：本题考查资产管理业务基本要求。资产管理业务的基本要求包括业务资质、审慎经营、客户利益至上、勤勉尽责、业务隔离，选项④错误。

81. 参考答案：D

考点：本题考查证券登记结算机构的业务规则。投资者委托证券公司进行证券交易，应当申请开立证券账户；证券持有人持有的证券，在上市交易时，应当全部存管在证券登记结算机构；证券登记结算机构应当按照规定，以投资者本人的名义为投资者开立证券账户；证券登记结算机构按照业务规则收取的各类结算资金和证券，必须存放于专门的清算交收账户。因此，选项①③错误，选项②④正确。

82. 参考答案：D

考点：本题考查证券公司分类监管的评价指标体系及评价方法中加分项。证券公司最近2个、最近3个评价期内主要风险控制指标持续达标的，可加分。证券公司净资本达到规定标准的10倍以上的，每一倍数加0.1分，最高可加3分。

83. 参考答案：A

考点：本题考查风险控制指标不符合规定标准的监管措施指标。

84. 参考答案：A

考点：考查证券投资顾问执业行为准则的具体要求，选项④应该为规范参与媒体证券节目。

85. 参考答案：B

考点：考查证券投资咨询业务监管措施的相关法律文件。除上述两项外，还有《发布证券研究报告暂行规定》《证券投资顾问业务暂行规定》《发布证券研究报告执业规范》等。

86. 参考答案：C

考点：本题考查融资融券业务合同的基本内容。合同应约定甲方清偿债务的范围、方式、期限；合同应约定乙方强制平仓的各类情形；合同应载明甲乙双方对主体资格、交易资产来源的声明与保证。

87. 参考答案：D

考点：本题考查融资融券业务交易风险揭示书的基本内容，选项①②③④均正确。

88. 参考答案：D

考点：本题考查全国股份转让系统的服务对象，选项①②③均正确。

89. 参考答案：D

考点：本题考查从事证券投资基金活动，应当遵循自愿、公平、诚实信用的原则，不得损害国家利益和社会公共利益。

90. 参考答案：D

考点：本题考查风险控制指标不符合规定标准的监管措施指标。

91. 参考答案：B

考点：本题考查由普通投资者转化为专业投资者的申请资格。

92. 参考答案：D

考点：本题考查对经营机构违反适当性管理规定的监管措施。选项④应为未按规定对普通投资者进行细化分类和管理的。

93. 参考答案：A

考点：本题考查全国场外市场运行管理的基本制度框架。《证券公司柜台交易业务规范》是证券公司柜台市场业务涉及的主要法律法规。

94. 参考答案：B

考点：本题考查业务规则在投资者准入方面对自然人投资者的要求，选项①③④均正确。

95. 参考答案：C

考点：本题考查主办券商从事的业务。

96. 参考答案：A

考点：本题考查证券公司监督管理中不定期报送的有关规定。报送内容中不包括证券公司客户。

97. 参考答案：D

考点：本题考查申请从事一般证券业务应当具备的条件。申请从事一般证券业务的人员，必须最近3年未受过刑事处罚。

98. 参考答案：A

考点：本题考查从业人员申请执业证书的程序。

99. 参考答案：D

考点：私募基金宣传推介规范。

100. 参考答案：B

考点：本题考查《发布证券研究报告暂行规定》《发布证券研究报告执业规范》的相关规定。证券公司、证券投资咨询机构发布证券研究报告，应遵守独立原则、客观原则、公平原则和审慎原则。

《证券市场基本法律法规》模拟试卷二

一、单选题（共50题，每题1分，共50分。以下各选项中，只有一项符合题目要求，不选、错选均不得分）

1. 甲公司是一家证券公司，其已委托证券经纪人开展证券经纪业务承销，则甲公司的下列情况中符合《证券经纪人管理暂行规定》的是（　　）。

A. 甲公司建立健全证券经纪人管理制度，采取有效措施，对证券经纪人及其执业行为实施集中统一管理

B. 甲公司应当对证券经纪人进行不少于50个小时的执业前培训，其中法律法规和职业道德的培训时间不少于20个小时

C. 甲公司负责电话回访的人员从事客户招揽和客户服务活动

D. 甲公司对证券经纪人所招揽和服务客户的账户进行有效监控，并规定发现异常情况的，记录存档并在7个工作日内查明原因

2. 下列说法错误的是（　　）。

A. 从事证券投资咨询业务的人员，必须取得证券投资咨询从业资格并加入一家有从业资格的证券投资咨询机构后，方可从事证券投资咨询业务

B. 在发布的证券研究报告上署名的人员，应当具有证券投资咨询执业资格，并在中国证券业协会注册登记为证券分析师

C. 证券投资咨询人员不得同时在2个或2个以上的证券投资咨询机构执业

D. 从事证券投资咨询业务满5年的人员，可以同时注册为证券分析师和证券投资顾问

3. 我国证券市场法律法规体系，是以（　　）为核心的。

A.《证券法》　　B.《公司法》

C.《刑法》　　D.《证券投资基金法》

4. 证券公司、证券投资咨询机构以软件工具、终端设备等为载体提供建议的，下列说法不符合要求的是（　　）。

A. 客观说明软件工具、中断设备的功能，不得对其功能进行虚假、不实、误导性宣传

B. 揭示软件工具、终端设备的固有缺陷和使用风险，不得隐瞒或者有重大遗漏

C. 对软件工具、终端设备所使用的数据信息来源要保密

D. 表示软件工具、终端设备具有选择证券投资品种或者提示买卖时机功能的，应当说明其方法和局限

5. 证券公司、证券投资咨询机构和其他财务顾问机构不得担任财务顾问或独立财务顾问的情形是（　　）。

A. 最近36个月内存在违反诚信的不良记录

B. 最近36个月内因执业行为违反行业规范而受到行业自律组织的处分

C. 最近36个月内因违法违规经营收到处罚或者因涉嫌违法违规经营正在被调查

D. 曾依据《财务顾问业务管理办法》的规定从事上市公司并购重组财务顾问业务

6. 同时符合下列条件的法人或者其他组织是第二类专业投资者：最近1年末净资产不低于（　　）万元；最近1年末金融资产不低于（　　）万元；具有2年以上证券、基金、期货、黄金、外汇等投资经历。

A. 1 000；1 000　　B. 2 000；1 000

C. 2 000；2 000　　D. 1 000；2 000

7. 证券公司承销未经核准擅自公开发行的证券的，依照《证券法》第一百九十条的规定处罚。证券公司承销证券有前款所述情形的，中国证监会可以采取（　　）暂不受理其证券承销业务有关文件的监管措施。

A. 12～24个月　　B. 12～36个月

C. 24个月内　　D. 24～36个月

8. 证券公司应建立健全相对集中、权责统一的投资决策与授权机制，（　　）是证券公司自营业务的最高管理机构。

A. 投资决策机构　　B. 自营业务部门

C. 董事会　　D. 分支机构

9. 按照《证券公司和证券投资基金管理公司合规管理办法》及配套自律规则的要求，以下提升合规负责人及其他合规管理人员的独立性和履职保障的举措，错误的是（　　）。

A. 合规部门及其合规管理人员由合规负责人考核

B. 中国证券业协会可以根据日常监管掌握的情况建议公司董事会调整考核结果

C. 其他合规人员工作称职的，其薪酬收入总额应当不低于公司同级别人员的平均水平

D. 中国证监会和自律组织的外部支持

10. 诱骗投资者买卖证券、期货合约罪的犯罪主体中，以下不属于犯罪主体的是（　　）。

A. 证券交易所的从业人员　　B. 期货经纪公司的从业人员

C. 期货业协会的工作人员　　D. 基金管理公司的从业人员

11. 甲证券公司根据自身经营目标和运营状况，结合自身的环境条件，建立有效的内部控制制度、机制。以下关于甲证券公司内部控制当前遵循的原则，错误的是（　　）。

A. 甲证券公司的内部控制覆盖所有业务、部门和人员

B. 为了提高效率，甲证券公司承担内部控制监督检查职能的部门同时辅助前台业务运作

C. 证券公司以合理的成本实现内部控制目标

D. 前台业务运作与后台管理支持适当分离

12. 以募集设立方式设立公司的，董事会应于创立大会结束后（　　）日内，向公司登记机关报送材料申请设立登记。

A. 10　　B. 15

C. 20　　D. 30

13. 按照《刑法》第一百八十条的规定，对犯利用未公开信息交易罪的金融机构从业人员以及有关监管部门或者行业协会的工作人员处 5 年以下有期徒刑或者拘役，并处或者单处违法所得 1 倍以上（　　）倍以下罚金。单位犯前款罪的，对单位判处罚金，并对其直接负责的主管人员或者其他直接责任人员，处（　　）年以下有期徒刑或者拘役。

A. 3；10　　B. 5；5

C. 5；10　　D. 3；5

14. 证券交易所、证券公司、证券登记结算机构、证券服务机构的从业人员或者证券业协会的工作人员，故意提供虚假资料，隐匿、伪造、篡改或者毁损交易记录，诱骗投资者买卖证券的，撤销证券从业资格，并处以（　　）的罚款；属于国家工作人员的，还应当依法给予行政处分。

A. 3 万元以上 10 万元以下　　B. 10 万元以上 60 万元以下

C. 3 万元以上 60 万元以下　　D. 30 万元以上 300 万元以下

15. 按照《证券监督管理条例》的要求，以下关于证券公司持续监管方面的规定，错误的是（　　）。

A. 当证券公司出现设立账外账等违法违规情况时，中国证监会可以对证券公司及其董监高给予谴责，甚至责令其更换董监高

B. 证券公司高级管理人员离任的，公司应当对其进行审计，并且自其审计结束之日起两个月内将审计报告报送中国证监会派出机构

C. 证券公司的法定代表人或者经营管理的主要负责人离任的，应当聘请具有证券、期货相关业务资格的会计师事务所对其进行审计

D. 未报送审计报告的，离任人员不得在其他证券公司任职

16. 关于擅自改变公开发行证券募集资金用途的认定，下列选项正确的是（　　）。

A. 公司对于公开发行债券所募集的资金，必须用于核准的用途；公开发行股票所募集的资金，则可以用于公司生产经营活动

B. 公司改变招股说明书所列资金用途的，必须经过股东大会作出决议

C. 公司发行债券募集的资金，可以用于弥补亏损和非生产性支出

D. 发行公司债券筹集的资金，用于非核准用途的，不得再次发行公司债券

17. 下列说法中，错误的是（　　）。

A. 发行人和主承销商在发行过程中公告的信息只需选择一家中国证监会指定的报刊披露

B. 首次公开发行股票申请文件受理后至发行人发行申请经中国证监会核准，依法刊登招股意向书前，发行人及与本次发行有关的当事人不得采取任何公开方式或变相公开方式进行与股票发行相关的推介活动，也不得通过其他利益关联方或委托他们进行相关活动

C. 发行人披露的招股意向书除发行价格和筹资金额必须与照顾说明书一致外，其他内容与格式可以不同

D. 如公告的发行价格市盈率高于哪个行业公司二级市场的平均市盈率时，发行人和主承销商应该提醒投资者关注风险

18. 财务顾问及其财务顾问主办人采取不正当竞争手段进行恶性竞争的，中国证监会一般不会采取的措施是（　　）。

A. 移送司法机关追究责任　　B. 监管谈话

C. 出具警示函　　D. 责令改正

19. 因违反法律、行政法规或者中国证监会有关规定，5 年内被中国证监会

给予除警告之外的行政处罚3次以上，或者5年内曾经被采取证券市场禁入措施的，可以对有关责任人员采取（　　）的证券市场禁入措施。

A. 1~3年　　B. 3~5年

C. 5~10年　　D. 终身

20. 接受证券公司委托，代理其从事客户招揽和客户服务等活动的证券公司以外的自然人指（　　）。

A. 证券经纪人　　B. 证券公司客户经理

C. 做市商　　D. 委托代理人

21. 证券公司应对证券经纪人进行执业前培训，其中法律法规和职业道德的培训不少于（　　）。

A. 10个小时　　B. 20个小时

C. 30个小时　　D. 40个小时

22. 下列选项中，基金托管人应当履行的职责不包括（　　）。

A. 按照规定开设基金财产的资金账户和证券账户

B. 按照规定召集基金份额持有人大会

C. 对基金财务会计报告、中期和年度基金报告出具意见

D. 办理与基金财产管理业务活动有关的信息披露事项

23. 根据金融债券发行与承销信息披露的有关规定，对影响发行人履行债务的重大事件，发行人应在第一时间向（　　）报告。

A. 中国证监会　　B. 国务院

C. 中国人民银行　　D. 财政部

24. 按照《证券公司投资银行类业务内部控制指引》的要求，以下关于证券公司投资银行类业务内部控制的说法错误的是（　　）。

A. 投资银行类业务专职内部控制人员数量不得低于投资银行类业务人员总数的1/10

B. 内部控制人员不得参与存在利益冲突等可能影响其公正履行职责的项目审核、表决工作

C. 证券公司合规、风险管理等内部控制部门应当作为小组成员参加应急处理工作

D. 内部控制执行效果评估每年不得少于2次

25. 名下金融资产不低于人民币（　　）的个人投资者，为《公司债券发行与交易管理办法》所称合格投资者。

A. 2 000万元　　B. 1 000万元

C. 500 万元　　　　D. 300 万元

26. 按照《证券公司治理准则》的要求，以下关于证券公司和控股股东、实际控制人及其关联方之间开展业务竞争和关联交易的说法，正确的是（　　）。

A. 证券公司的关联方可以与其所控制的证券公司开展同类业务

B. 证券公司控制其他证券公司的，可以开展与该证券公司相同的同类业务，以竞争的形式促进双方发展

C. 证券公司的股东、实际控制人与证券公司的关联交易可以在牺牲证券公司利益的基础上进行

D. 证券公司章程应当对重大关联交易及其披露和表决程序作出规定

27. 基金募集期间，动用募集的资金的，责令返还，没收违法所得，并处违法所得（　　）罚款；没有违法所得或者违法所得不足 50 万元的，并处（　　）罚款。

A. 1 倍以上 5 倍以下；1 万元以上 50 万元以下

B. 1 倍以上 5 倍以下；5 万元以上 50 万元以下

C. 1 倍以上 10 倍以下；1 万元以上 50 万元以下

D. 1 倍以上 10 倍以下；10 万元以上 50 万元以下

28. 下列说法错误的是（　　）。

A. 保荐代表人应当维护发行人的合法利益，对从事保荐业务过程中获知的发行人信息保密

B. 保荐代表人及其配偶不得以任何名义或者方式持有发行人的股份

C. 如果发行人提出了不当要求，保荐代表人业应当尽量迎合或者满足

D. 同次发行的证券（股票类），其发行保荐和上市保荐应当由同一保荐机构承担

29. 期货合约包括商品期货合约、金融期货合约及其他期货合约。下列选项中属于金融期货合约的是（　　）。

A. 能源期货合约　　　　B. 农产品期货合约

C. 外汇期货合约　　　　D. 金属期货合约

30.（　　）是证券期货经营机构服务投资者、控制经营风险和保护投资者合法权益的重要操作流程，核心目的是“将适当的产品或服务销售提供给适当的投资者”。

A. 法人集中清算制度　　　　B. 信息隔离墙制度

C. 利益冲突管理机制　　　　D. 投资者适当性管理制度

31. 期货交易所应当依照《期货交易管理条例》和国务院期货监督管理机构

的规定履行职责，未经国务院期货监督管理机构审核并报国务院批准，下列不属于期货交易所应履行的职责是（　　）。

A. 提供交易的场所、设施和服务　B. 为期货交易提供集中履约担保

C. 设计合约，安排合约上市　　　D. 非自用不动产投资

32. 下列关于财务顾问与委托人之间的权利和义务的说法，错误的是（　　）。

A. 财务顾问应当与委托人签订委托协议，明确双方的权利和义务

B. 接受委托的，财务顾问应当指定3名财务顾问主办人负责

C. 财务顾问应当建立尽职调查制度和具体工作规程，对上市公司并购重组活动进行充分、广泛、合理的调查

D. 委托人应当配合财务顾问进行尽职调查，提供相应的文件资料

33. 下列选项错误的是（　　）。

A. 担任发行人股票首次公开发行的保荐机构、主承销商或者财务顾问，自确定并公告发行价格之日起40日内，不得发布与该发行人有关的证券研究报告

B. 担任上市公司股票增发、配股、发行可转换公司债券等再融资项目的保荐机构、主承销商或者财务顾问，自确定并公告公开发行价格之日起20日内，不得发布与该上市公司有关的证券研究报告

C. 担任上市公司并购重组财务顾问，在证券公司、证券投资咨询机构的合规部门将该上市公司列入相关限制名单期间，按照合规管理要求限制发布与该上市公司有关的证券研究报告

D. 证券公司、证券投资咨询机构的证券分析师因公司业务需要，阶段性参与公司承销保荐、财务顾问等业务项目，撰写投资价值研究报告或者提供行业研究支持的，应当履行公司内部跨越隔离墙审批程序

34. 按照《证券公司全面风险管理规范》的要求，（　　）的职责包括：建立涵盖风险管理有效性的全员绩效考核体系；建立完备的信息技术系统和数据质量控制机制。

A. 监事会　　　　　　B. 经理层

C. 董事会　　　　　　D. 风险管理部门

35. 下列关于佣金管理的表述错误的是（　　）。

A. 佣金的收费标准因交易品种、交易场所的不同而有所差异

B. 证券交易的收费项目、收费标准和管理办法由证券交易所统一规定

C. 证券交易的收费必须合理，并公开收费项目、收费标准和收费办法

D. 证券公司应当公示对应类别的投资者具体证券交易佣金收取标准，证券

公司实际收取的证券交易佣金应当与公示标准一致

36. 下列关于证券公司反洗钱工作要求的说法，错误的是（　　）。

A. 证券公司应规范董事会、监事会、高级管理层、反洗钱管理部门、内审部门、人力资源部门、信息科技部门、境内外分支机构和相关附属机构在洗钱风险管理中的职责分工

B. 证券公司应依法采取预防、监控措施，建立健全客户身份识别制度和风险等级划分制度、客户身份资料和交易记录保存制度、大额交易和可以交易报告制度、保密制度等内控制度，设立反洗钱专门机构或指定内设机构负责反洗钱工作

C. 证券公司应当勤勉尽责，按照风险为本的方法，合理配置资源，对本机构洗钱风险进行持续识别、审慎评估、有效控制及全程管理，有效防范洗钱风险

D. 证券公司总部应当对分支机构执行反洗钱内部控制制度有效性实施负责

37. 公司债券上市交易后，公司存在下列哪种情形，不符合证券交易所暂停其公司债券上市交易（　　）。

A. 发行公司债券所募集的资金不按照核准的用途使用

B. 公司解散或者被宣告破产的

C. 未按照公司债券募集办法履行义务

D. 公司情况发生重大变化不符合公司债券上市条件

38. 下列属于管理风险的是（　　）。

A. 违规为客户证券交易提供融资、融券等信用市场

B. 违反规定为客户开立账户

C. 将客户的资金账户、证券账户提供给他人使用

D. 客户资金不足而接受其买入委托，或者客户证券不足而接受其卖出委托

39. 证券公司对根据《涉及恐怖活动资产冻结管理办法》被采取冻结措施的资产的管理及处置，应当按照（　　）等相关规定执行；没有规定的参照公安机关、国家安全机关、检察机关的相关规定执行。

A. 财政部；中国银保监会　　B. 财政部；中国证监会

C. 中国人民银行；中国银保监会　D. 中国人民银行；中国证监会

40. 以下关于证券账户变更和注销的说法错误的是（　　）。

A. 投资者姓名或名称、有效身份证明文件类型及号码三项为关键信息

B. 投资者关键信息变更可以通过临柜、见证、网络、电话等方式办理

C. 证券账户持有余额为零且不存在与该证券账户相关的未了结业务的，投资者可以申请账户注销

D. 自然人投资者死亡的，证券账户持有人、证券资产合法继承人等相关当事人应当申请注销证券账户

41. 未按《证券、期货投资咨询管理暂行办法》规定向证券主管部门履行报告、年检义务的，由地方证办（中国证监会）单处或者并处警告、没收违法所得、（　　）罚款。

A. 5 000 以上 1 万元以下　　B. 5 000 以上 2 万元以下

C. 1 万元以上 2 万元以下　　D. 1 万元以上 3 万元以下

42. 子公司是指一定数额的股份被另一公司控制或按照协议被另一公司控制、支配的公司。子公司的特征不包括（　　）。

A. 子公司的重大决策需要母公司决定

B. 子公司拥有独立的公司名称和公司章程

C. 子公司拥有独立的组织机构和财产，能够自负盈亏，独立核算

D. 子公司的一切行为后果及责任由母公司承担

43. 李明向其朋友介绍证券账户的开立过程中，以下行为不合规定的是（　　）。

A. 李明在网上开户时，通过开户代理机构提供的第三方网站办理

B. 李明分别通过现场开户和见证开户申请开立了 2 个 A 股账户

C. 办理见证开户时，证券公司委派了 2 名工作人员为其办理手续，其中 1 名为见证人员

D. 李明目前只申请开立了 1 个信用账户

44. 证券评级机构评级委员会委员及评级从业人员在开展证券评级业务期间，本人、直系亲属持有受评级证券或者收评级机构发行的证券金额超过（　　）万元的，应当回避。

A. 20　　B. 50

C. 100　　D. 120

45. 证券公司应当自每一会计年度结束之日起（　　）个月内，向国务院证券监督管理机构报送年度报告。

A. 2　　B. 3

C. 4　　D. 5

46. 下列关于证券经纪业务的说法，错误的是（　　）。

A. 证券经纪业务是指在证券交易中，接受投资者委托，处理交易指令、办理清算交收的经营性活动

B. 证券经纪商是指接受客户委托、代客买卖证券并以此收取佣金的中间人

C. 证券经纪商接受客户委托，可以根据自己的判断来进行证券买卖

D. 证券经纪商以代理人的身份从事证券交易，与客户是委托代理关系

47. 以下不属于证券投资顾问执业行为准则的是（　　）。

A. 忠实客户利益

B. 提供适当的投资建议服务

C. 以个人名义向客户收取适当的证券投资顾问服务费用

D. 提供投资建议应具有合理依据

48. 证券公司应建立健全相对集中、权责统一的投资决策与授权机制，（　　）是证券公司自营业务的最高管理机构。

A. 投资决策机构　　B. 自营业务部门

C. 董事会　　D. 分支机构

49. 按照《最高人民检察院　公安部关于公安机关管辖的刑事案件立案追诉标准的规定（二）》第六条的规定，有关违规披露、不披露重要信息罪的刑事立案追诉标准，选项涉嫌的情形中，不应予立案追诉（　　）。

A. 造成股东、债权人或其他人直接经济损失数额累计在 100 万元的

B. 虚增或者虚减资产达到当期披露的资产总额的 20% 的

C. 虚增或者虚减资产达到当期披露的利润总额的 40% 的

D. 未按照规定披露的重大诉讼、仲裁、担保、关联交易或者其他重大事项所涉及的数额或者连续 12 个月的累计数额占净资产 60%

50. 证券金融公司应当每年按照税后利润的（　　）提取风险准备金。

A. 5%　　B. 10%

C. 15%　　D. 20%

二、多选题（共 50 题，每题 1 分，共 50 分。以下各选项中，至少有一项符合题目要求，不选、错选均不得分）

51. 全国股份转让系统是经国务院批准，依据《证券法》设立的全国性证券交易所，主要为（　　）中小微企业发展服务。

①创新型　　②创业型

③成长型　　④成熟型

A. ①②④　　B. ①③④

C. ①②③④　　D. ①②③

52. 在全国股份转让系统申请挂牌的公司，必须履行披露义务，所披露的信息应当（　　）。

①真实　　②完整

③相关　　④准确

A. ①②④　　B. ①③④

C. ①②③④　　D. ①②③

53. 按照《证券公司合规管理实施指引》的要求，证券公司董事会、监事会或监事、经营管理主要负责人、其他高级管理人员、下属各单位负责人及其他工作人员均有自己的合规管理职责。其中，证券公司董事会的合规管理职责有（　　）。

①组织制定规章制度，并监督其实施

②审议批准年度合规报告

③决定解聘对发生重大合规风险负有主要责任或者领导责任的高级管理人员

④决定聘任、解聘、考核合规负责人，决定其薪酬待遇

⑤对发生重大合规风险负有主要责任或者领导责任的董事、高级管理人员提出罢免建议

⑥建立与合规负责人的直接沟通机制

A. ①②③④　　B. ②③④⑥

C. ①③④⑤　　D. ②③⑤⑥

54. 股份有限公司不得收购本公司股份。但是，有下列（　　）情形的，可以收购。

①减少公司注册资本

②与持有本公司股份的其他公司合并

③将股份奖励给本公司职工

④股东因对股东大会给出的公司合并决议持异议，要求公司收购其股份

A. ①②④　　B. ②③④

C. ①②③　　D. ①②③④

55. 证券公司在柜台市场发行、销售与转让的产品包括但不限于以下私募产品（　　）。

①证券公司及其子公司以非公开募集方式设立或者承销的资产管理计划、公司债务融资工具等产品

②银行通过证券公司发行、销售与转让的产品

③保险公司通过证券公司发行、销售与转让的产品

④金融衍生品及中国证监会、中国证券业协会认可的产品

A. ①②④　　B. ①③④

C. ①②③④　　D. ①②③

56. 公司公开发行新股，应当符合（　　）。

①最近三年财务会计文件无虚假记载，无其他重大违法行为

②具有持续盈利能力，财务状况良好

③经国务院批准的国务院证券监督管理机构规定的其他条件

④具有健全且运行良好的组织机构

A. ②③④　　B. ①②③④

C. ①②④　　D. ①③④

57. 证券公司应当审慎选择代销的金融产品，充分了解金融产品的（　　）等内容。

①发行依据　　②风险收益特征

③投资安排　　④管理费用

A. ①③　　B. ①②

C. ②③④　　D. ①②③④

58. 上市公司年度报告的内容包括（　　）。

①公司概况

②公司财务报告和经营情况

③董事、监事、高级管理人员简介及其持股情况

④公司实际控制人

⑤已发行股票、公司债券变动情况

A. ①③④⑤　　B. ①②③⑤

C. ①②③④⑤　　D. ①②③④

59. 以下各项属于证券经纪业务特点的有（　　）。

①业务对象的广泛性业务　　②证券经纪商的中介性

③客户指令的权威性　　④客户收益的保证性

A. ①②③　　B. ①②④

C. ①③④　　D. ②③④

60. 证券账户是记录证券及证券衍生品种持有及其变动情况的载体。下列关于证券账户的说法，正确的有（　　）。

①中国证券登记结算有限责任公司对证券账户实施统一管理

②证券账户的开立方式包括现场方式和非现场方式

③1 个投资者最多可以申请开立 2 个 A 股账户

④1 个投资者只能申请开立 1 个信用账户

A. ①②③　　B. ①③④

C. ①②④　　D. ①②③④

61. 基金销售人员应符合的资质要求有（　　）。

①基金管理公司的全部基金销售人员应取得从业资格

②证券公司总部及营业网点从事基金宣传推介、基金理财业务咨询活动的人员应取得基金销售人员从业考试成绩合格证

③证券公司总部及营业网点从事基金销售业务管理人员应取得从业资格

④商业银行总行、专业基金销售机构和证券投资咨询机构总部从事基金宣传推介、基金理财业务咨询活动的人员应取得基金销售人员从业考试成绩合格证

A. ①②③　　B. ①③④

C. ②③④　　D. ①②③④

62. 下列关于指定交易的说法中正确的有（　　）。

①在指定交易中，1 个证券账户可以指定多个交易参与人

②投资者应当与指定交易的证券公司签订指定交易协议，明确双方的权利、义务和责任

③投资者变更指定交易的，应当向已制定的证券公司提出撤销申请，由该证券公司申报撤销指令

④指定交易撤销后，7 日后方可重新申办指定交易

A. ①②④　　B. ②④

C. ②③　　C. ①②③④

63. 证券投资咨询人员，主要包括（　　）。

①证券咨询顾问　　②证券投资顾问

③证券评估师　　④证券分析师

A. ①②　　B. ②③

C. ②④　　D. ①④

64. 《期货交易管理条例》第六十七条规定，期货公司隐瞒重要事项或者使用其他不正当手段，诱骗客户发出交易指令等欺诈客户行为的，应责令改正，给予警告，违法所得不满 10 万元的，并处（　　）万元以上（　　）万元以下的罚款。

①10　　②20

③50　　④100

A. ②③　　B. ②④

C. ①③　　D. ③④

65. 以下属于证券分析师行为准则中“防范利益冲突”具体要求的有

（　　）。

①证券分析师在执业过程中遇到自身利益与公司利益、客户利益存在冲突时，应该主动向公司报告

②证券分析师只能与一家证券公司、证券投资咨询机构签订劳动合同，不得以任何形式同时在两家或两家以上的机构执业

③证券分析师应当遵守所在公司的管理制度，履行岗位执业，充分尊重和维护所在公司的合法权益

④证券分析师离职后，应当履行与原所在公司所签署的劳务合同或协议的有关规定

A. ①②　　B. ①②④

C. ①③④　　D. ①②③④

66. 中国证监会建立监管信息系统，将（　　）进入其诚信档案。

①财务顾问及其财务顾问主办人被中国证监会采取监管措施的

②在持续督导期间，上市公司或者其他委托人违反公司治理有关规定、相关资产状况及上市经营成果等于财务顾问的专业意见出现较大差异的

③上市公司就并购重组事项出具预测，实际完成情况只有预测指标 80% 的

④中国证监会认定的其他事项。

A. ①②④　　B. ①②③④

C. ①③④　　D. ①②③

67. 下列选项中，属于基金份额持有人享有的权利有（　　）。

①按照规定要求召开基金份额持有人大会或者召集基金份额持有人大会

②对基金份额持有人大会审议事项行使表决权

③依法转让或者申请赎回其持有的基金份额

④参与分配清算后的剩余基金财产

A. ①②③　　B. ②④

C. ②③④　　D. ①②③④

68. 下列说法中，正确的有（　　）。

①非金融企业债务融资工具是指具有法人资格的非金融企业在银行间债券市场发行的，约定在一定期限内还本付息的有价证券

②企业发行债务融资工具应在中国银行间市场交易商协会注册

③债务融资工具在全国银行间同业拆借中心登记、托管、结算

④中央国债登记结算有限责任公司为债务融资工具在银行间债券市场的交易提供服务

A. ①②④　　B. ①②③

C. ①②　　D. ①②③④

69. 下列说法正确的有（　　）。

①金融债券的发行应遵循公平、公正、诚信、自律的原则，金融债券发行人及相关中介机构应充分披露有关信息，并提示投资风险

②发行人应在金融债券发行前和存续期间履行信息披露义务。信息披露义务应通过中国货币网、中国债券信息网进行

③发行人及相关知情人在信息披露前不得泄露其内容

④对影响发行人履行债务的重大事件，发行人应在第一时间向中国证监会报告，并按照中国证监会指定的方式披露

A. ①②④　　B. ①②③④

C. ①③④　　D. ①②③

70. 按照《证券公司信息隔离墙制度指引》的要求，证券公司的敏感信息包括内幕信息和其他未公开信息。下列属于证券公司内幕信息的有（　　）。

①公司股权结构的重大变化

②公司债务担保的重大变化

③公司减资、合并、分立、解散及申请破产的决定

④公司实际控制人的董事发生变动

⑤公司的董监高的行为可能依法承担重大损害赔偿责任

⑥上市公司收购的有关方案

A. ①②③④⑥　　B. ②③④⑤⑥

C. ①③④⑤⑥　　D. ①②③⑤⑥

71. 资产管理业务的基本要求包括（　　）。

①勤勉尽责　　②客户利益至上

③审慎经营　　④业务融合

A. ①③　　B. ①②③④

C. ①②③　　D. ②③④

72. 下列事项中，属于股份有限公司的章程中应当记载的事项有（　　）。

①公司名称和住所

②公司经营范围

③公司股份总数、每股金额和注册资本

④公司的机构及其产生办法、职权、议事规则

⑤董事会的组成、职权和议事规则

⑥公司的法定代表人

⑦监事会的组成、职权和议事规则

A. ①②④⑤⑥⑦　　B. ①②③⑥⑦

C. ①②③④⑤⑥⑦　　D. ①②③⑤⑥⑦

73. 下列说法正确的有（　　）。

①证券公司办理定向资产管理业务，由客户自行行使其所持有证券的权利，履行相应的义务

②证券公司可代表客户行使集合资产管理计划所拥有证券的权利，履行相应的义务

③证券公司应当至少每半年向客户提供一次准确、完整的资产管理报告，对报告期内客户资产的配置状况、价值变动等情况作出详细说明

④发生资产管理合同约定的或可能影响客户利益的重大事项的，证券公司应当提前或者在合理时间内告知客户

A. ①②③　　B. ①②③④

C. ①②④　　D. ②③④

74. 《刑法》第一百七十九条规定，未经国家有关主管部门批准，擅自公开或变相公开发行证券，数额巨大、后果严重的，可予以的处罚有（　　）。

①处5年以下有期徒刑或者拘役，并处或者单处非法募集资金金额1%以上5%以下罚金

②退还所募资金并加算银行同期存款利息，处以非法所募资金金额1%以上5%以下罚款

③单位犯该罪的，对单位处以罚金，并对其直接负责的主管人员和其他直接责任人员，处5年以下有期徒刑或者拘役

④对直接负责的主管人员和其他责任人员给予警告，并处以3万元以上30万元以下的罚款

A. ②④　　B. ②③

C. ①③　　D. ①②

75. 证券公司、证券投资咨询机构发布证券研究报告，应该遵守（　　）。

①独立原则　　②客观原则

③效率原则　　④审慎原则

A. ①②③　　B. ①②④

C. ①③④　　D. ①②③④

76. 按照《证券业从业人员执业行为准则》的规定，证券从业人员不得从事

的活动包括（　　）。

①从事内幕交易或利用未公开信息交易活动，泄露利用工作便利获取的内幕信息或其他未公开信息，或明示、暗示他人从事内幕交易活动

②利用工作之便向任何机构和个人输送利益，损害客户和所在机构利益

③保守所在机构的商业秘密、客户的商业秘密及个人隐私，对客户服务结束或者离开所在机构后，仍应按照有关规定或合同约定承担上述保密义务

④向客户作出投资不受损失或保证最低收益的承诺

A. ①②③　　B. ②③④

C. ①③④　　D. ①②④

77. 对发布证券研究报告业务和证券投资顾问业务的监管措施包括（　　）。

①责令改正

②出具警示函

③责令增加内部合规检查次数并提交合规检查报告

④责令暂停发布证券研究报告

A. ①②③　　B. ①②④

C. ①③④　　D. ①②③④

78. 中国证券业协会诚信管理中，处罚处分信息包括（　　）。

①处罚处分机构或个人名称

②处罚处分时间

③会员对本单位从业人员做出的处罚处分

④文号

A. ①②③　　B. ②③④

C. ①③④　　D. ①②④

79. 发行人（　　）应当在债券募集说明书上签字，承诺不存在虚假记载、误导性陈述或者重大遗漏，并承担相应的法律责任，但是能够证明自己没有过错的除外。

①董事　　②监事

③高级管理人员　　④财务会计

A. ①②④　　B. ①②③

C. ①③④　　D. ①②③④

80. 以下对风险管理机制要求的说法中，正确的有（　　）。

①建立逐日盯市制度并进行报告

②建立压力测试机制并实施

③选择与公司风险偏好相适应的应对策略与机制

④建立在各层级畅通的风险沟通机制

A. ①②③④ B. ①②③

C. ①③④ D. ②③④

81. 网上申购前披露每位网下投资者的详细报价情况，包括（　　）。

①投资者名称、申购价格及对应的拟申购数量

②有效报价和发行价格的确定过程

③发行价格对应的市盈率

④网上网下的发行方式和发行数量

A. ①②④ B. ①②③

C. ①② D. ①②③④

82. 按照《最高人民检察院　公安部关于公安机关管辖的刑事案件立案追诉标准的规定（二）》第三十六条的规定，利用未公开信息交易案，涉嫌下列情形之一的，应予立案追诉（　　）。

①证券交易成交额累计达到 30 万元的

②期货交易占用保证金数额累计达到 20 万元的

③获利或者避免损失数额累计达到 20 万元的

④多次利用内幕信息以外的其他未公开信息进行交易活动的

A. ①② B. ①③

C. ②③ D. ③④

83. 证券公司经纪业务内部控制应当重点防范挪用客户交易结算资金及其他客户资产、非法融入融出资金以及结算风险等。具体而言，经纪业务方面的主要制度包括（　　）。

①法人集中清算制度

②客户交易结算资金集中管理制度

③高级管理人员分工制度

④交易数据安全备份制度

⑤交易清算差错的处理程序和审批制度

⑥重大交易差错的报告制度

A. ①②③④⑤ B. ②③④⑤⑥

C. ①③④⑤⑥ D. ①②④⑤⑥

84. 证券公司从事证券自营业务时，（　　）属于禁止性行为。

①内幕交易

②操纵市场

③假借他人名义或者个人名义进行自营业务

④违反规定委托他人代为买卖证券

A. ①②③④　　B. ①②③

C. ①③④　　D. ①②④

85. 主办券商推荐股份公司股票挂牌，应与申请挂牌公司签订推荐挂牌并持续督导协议，约定双方权利和义务，并对申请挂牌公司（　　）进行培训，使其了解相关法律、法规、规则、协议所规定的权利和义务。

①董事　　②监事

③高级管理人员　　④其他信息披露义务人

A. ①②④　　B. ①③④

C. ①②③④　　D. ①②③

86. 《证券公司监督管理条例》《证券公司治理准则》对证券公司董事会的设置和议事规则作出了具体的规定，以下规定错误的有（　　）。

A. 内部董事人数不得超过董事人数的1/2

B. 证券公司可以聘请外部专业人士担任董事

C. 证券公司董事会每年至少召开一次会议

D. 董事会会议所作决议须经过无关联关系董事过半数通过

87. 财务顾问承担持续督导责任，结合上市公司定期报告的披露，财务顾问应做好（　　）工作。

①督促并购重组当事人按照相关程序规范实施并购重组方案，及时办理产权过户手续，并依法履行报告和信息披露的义务

②督促上市公司按照《上市公司治理准则》的要求规范运作

③督促和坚持申报人履行对市场公开作出相关承诺的情况

④结合上市公司披露的定期报告出具持续督导意见，并在前述定期报告披露后的10日内向上市公司所在地中国证监会派出机构报告

A. ①②③④　　B. ①②④

C. ①③④　　D. ①②③

88. 按照《证券业从业人员资格管理实施细则（试行）》，执业证书的申请程序依次是（　　）。

①申请人登录证券业协会执业证书管理系统，填写执业证书申请表，连同打印的书面申请表及其他申请材料提交所在机构

②机构资格管理员对执业证书申请表进行初审并确认，书面申请表由机构保管备查，电子申请表提交证券业协会

③证券业协会对机构提交的执业证书申请表进行审核，必要时可要求机构提交书面申请表及有关证明材料，协会在收到完整申请材料后30日内审核完毕

A. ①②③　　B. ②③①

C. ①③②　　D. ②①③

89. 私募基金子公司的自律管理措施包括（　　）。

①设立报告　　②自查自省

③定期报告　　④执业检查

A. ①②③④　　B. ①②③

C. ①②④　　D. ①③④

90. 下列有关科创板转融券业务展期的说法正确的有（　　）。

①展期数量、期限、费率由借入人和出借人按照相关规定协商确定

②借入人和出借人协商提前了结的，双方可进行协商，分批提前了结该笔转融券业务

③借入人和出借人应在原合约到期日前的同一交易日向证券金融公司提交展期指令

④转融券展期的，相关权益补偿同时展期

A. ①②④　　B. ①③

C. ②③④　　D. ①②③④

91. 按照《证券期货经营机构私募资产管理业务运作管理暂行规定》，证券经营机构在销售中不得存在的情况有（　　）。

①与投资者签订回购协议　　②为投资者提供短期借贷

③在销售材料中表明零风险　　④资产管理合同中约定保本

A. ①③④　　B. ②④

C. ①②③　　D. ①②③④

92. 关于股票质押式回购业务的相关规则，下列说法错误的有（　　）。

①证券公司代理进行股票质押回购交易申报的，未经委托进行虚假交易申报的，证券公司承担全部法律责任

②证券公司应建立健全融出方资质审查制度

③融入方可以是金融机构或从事贷款业务的其他机构

④证券公司及其资产管理子公司管理的公开募集集合资产管理计划可作为融出方参与股票质押回购

A. ①②③　　B. ①②④

C. ②③④　　D. ①②③④

93. 以下属于私募基金宣传推介规范的有（　　）。

①募集机构应当向特定对象宣传推介私募基金，未经特定对象程序，不得向任何人宣传推介私募基金

②在向投资者推介私募基金之前，募集机构应当采取问卷调查等方式履行特定对象确定程序，对投资者风险识别能力和风险承担能力进行评估

③不得公开宣传

④募集机构应当要求投资者提供必要的资产证明文件或收入证明

A. ①④　　B. ①②④

C. ②③④　　D. ①②③④

94. 以下关于证券公司敏感信息管理的表述正确的有（　　）。

①需知原则是信息隔离墙制度中敏感信息管理的基本原则

②证券公司应确保保密侧业务与公开侧业务之间的办公场所和办公设备封闭和相互独立，信息系统相互独立或实现逻辑隔离

③利用未公开信息进行交易获取非正常收益的行为尚无法律限制

④敏感信息包含内幕信息和其他未公开信息

A. ①②③④　　B. ①②③

C. ①②④　　D. ②③④

95. 根据《全国中小企业股份转让系统业务规则（试行）》等规定，主办券商是指在全国股份转让系统从事以下（　　）业务的证券公司。

①推荐业务　　②经纪业务

③做市业务　　④全国股份转让系统公司规定的其他业务

A. ①②④　　B. ①③④

C. ①②③④　　D. ①②③

96. 独立董事在任期内辞职或被免职的，独立董事本人和证券公司应当分别向（　　）提交书面说明。

①公司住所地中国证监会　　②独立董事常住地

③股东（大）会　　④董事会

A. ①③　　B. ②④

C. ①④　　D. ②③

97. 下列说法正确的有（　　）。

①按照规定或约定将评级信息告知发行人，并及时向市场公布首次评级报告、定期和不定期跟踪评级

②在债券有效存续期间，应当每半年至少向市场公布一次定期跟踪评级报告

③应充分关注可能影响评级对象信用等级的所有重大因素，及时向市场公布信用等级调整及其他与评级相关的信息变动情况，并向证券交易所或其他证券交易场所报告

④公开发行公司债券的发行人应将披露的信息或信息摘要刊登在至少一种中国证监会指定的报刊，供公众查阅

A. ①②④　　B. ①②③

C. ①③④　　D. ①②③④

98. 证券期货经营机构及其工作人员违反《证券期货经营机构及其工作人员廉洁从业规定》，有以下（　　）情形的，中国证监会应当从重处理。

①多次违反该规定　　②违反该规定后及时报告

③涉及金额较大　　④曾为公职人员

A. ①②③　　B. ②③④

C. ①③④　　D. ①②④

99. 按照《证券期货经营机构及其工作人员廉洁从业规定》，各类证券期货经营机构及其工作人员在证券期货业务中不得（　　）。

①廉洁从业

②向客户输送不正当利益

③谋取不正当利益

④干扰或者唆使、协助他人干扰证券期货监督管理

A. ①②③　　B. ②③④

C. ①③④　　D. ①②④

100. 证券公司应当选择符合以下哪些条件的信息技术服务机构开展合作（　　）。

①近三年未从事非法金融活动，违反金融监管部门有关规定展业，为非法金融活动提供信息发布服务等情形受到监管部门行政处罚或重大监管措施

②信息技术服务机构及其控股股东、实际控制人、实际控制人控制的其他信息技术服务机构最近一年内不存在证券期货重大违法违规记录

③具备安全、稳定的信息技术服务能力

④具备及时、高效的应急响应能力

⑤熟悉相关证券基金业务，具备持续评估信息技术产品及服务是否符合监管要求的能力

A. ①②④⑤　　B. ①②③⑤

C. ①②③④⑤　　D. ①②③④

参考答案与解析

1. 参考答案：A

考点：本题考查证券公司委托证券经纪人开展证券经纪业务营销的要求。证券公司应当对证券经纪人进行不少于60小时的职业前培训，其中法律法规和职业道德的培训时间不少于20个小时；负责电话回访的人员不得从事客户招揽和客户服务活动。证券公司应当对证券经纪人所招揽和服务客户的账户进行有效监控，发现异常情况的，应立即查明原因并按照规定处理。

2. 参考答案：D

考点：本题考查证券投资咨询人员资格管理。同一人员不得同时注册为证券分析师和证券投资顾问，选项D错误。

3. 参考答案：A

考点：本题考查证券市场法律法规体系。我国证券市场法律法规体系以《证券法》为核心。

4. 参考答案：C

考点：本题考查以软件工具、终端设备等为载体提供投资建议的规范要求。应当说明软件工具、终端设备所使用数据的信息来源，选项C错误。

5. 参考答案：C

考点：本题考查财务顾问的业务资格。选项A、B的时间都应该是最近24个月内。

6. 参考答案：B

考点：本题考查专业投资者的范围。

7. 参考答案：B

考点：本题考查违反证券发行与承销有关规定的法律责任。证券公司承销未经核准擅自公开发行的证券的，依照《证券法》第一百九十条的规定处罚。证券公司承销证券有前款所述情形的，中国证监会可以采取12个月至36个月暂不受理其证券承销业务有关文件的监管措施。

8. 参考答案：A

考点：本题考查证券自营业务的决策与授权。投资决策机构是自营业务的最高管理机构，董事会是自营业务的最高决策机构。

9. 参考答案：B

考点：本题考查证券公司合规负责人和合规管理人员独立性原则的有关规定。中国证监会相关派出机构可以根据日常监管掌握的情况建议公司董事会调整考核结果。

10. 参考答案：D

考点：诱骗投资者买卖证券、期货合约罪的犯罪主体是特殊主体，主要包括两个方面：

（1）证券交易所、期货交易所、证券公司、期货经纪公司的从业人员；

（2）证券业协会、期货业协会或者证券期货监督管理部门的工作人员。

11. 参考答案：B

考点：本题考查证券公司内部控制应当贯彻的原则：健全、合理、制衡、独立。选项B，证券公司内部控制应当贯彻执行独立原则，即承担内部控制监督检查职能的部门应当独立于证券公司其他部门。

12. 参考答案：D

考点：本题考查公司设立登记要求。以募集设立方式设立公司的，董事会应于创立大会结束后30日内，向公司登记机关报送材料申请设立登记。

13. 参考答案：B

考点：本题考查《刑法》第一百八十一条的规定。对犯利用未公开信息交易罪的金融机构从业人员以及有关监管部门或者行业协会的工作人员处5年以下有期徒刑或者拘役，并处或者单处违法所得1倍以上5倍以下罚金。单位犯前款罪的，对单位判处罚金，并对其直接负责的主管人员或者其他直接责任人员，处5年以下有期徒刑或者拘役。

14. 参考答案：A

考点：本题考查《证券法》。根据《证券法》第二百条的规定，证券交易所、证券公司、证券登记结算机构、证券服务机构的从业人员或者证券业协会的工作人员，故意提供虚假资料，隐匿、伪造、篡改或者毁损交易记录，诱骗投资者买卖证券的，撤销证券从业资格，并处以3万元以上10万元以下的罚款；属于国家工作人员的，还应当依法给予行政处分。

15. 参考答案：B

考点：本题考查对证券公司董监高持续监管方面的有关规定。证券公司高级管理人员离任的，公司应当对其进行审计，并且自其离任之日起两个月内将审计报告报送中国证监会派出机构。

16. 参考答案：B

考点：选项 A，公司对于公开发行股票所募集的资金，必须按照招股说明书所列资金用途。改变招股说明书所列资金用途的，必须经过股东大会作出决议。选项 C、D，公开发行债券所募集的资金，必须用于核准的用途，不得用于弥补亏损和非生产性支出。违反该规定，不得再次发行公司债券。

17. 参考答案：C

考点：本题考查证券（股票类）发行与承销信息披露的有关规定。发行人披露的招股意向书除不含发行价格、筹资金额以外，其内容与格式应当与招股说明书一致，并与招股说明书具有同等法律效力。

18. 参考答案：A

考点：财务顾问及其财务顾问主办人，采取不正当竞争手段进行恶性竞争的，中国证监会对其采取监管谈话、出具警示函、责令改正等监管措施。

19. 参考答案：D

考点：本题考查证券市场禁入措施的期限。

20. 参考答案：A

考点：证券经纪人是指接受证券公司委托，代理其从事客户招揽和客户服务等活动的证券公司以外的自然人。

21. 参考答案：B

考点：证券公司应对证券经纪人进行不少于 60 个小时的执业前培训，其中法律法规和职业道德的培训不少于 20 个小时。

22. 参考答案：D

考点：本题考查基金托管人应当履行的职责。基金托管人应当履行下列职责：

（1）安全保管基金财产；

（2）按照规定开设基金财产的资金账户和证券账户；

（3）对所托管的不同基金财产分别设置账户，确保基金财产的完整与独立；

（4）保存基金托管业务活动的记录、账册、报表和其他相关资料；

（5）按照基金合同的约定，根据基金管理人的投资指令，及时办理清算、交割事宜；

（6）办理与基金托管业务活动有关的信息披露事项；

（7）对基金财务会计报告、中期和年度基金报告出具意见；

(8) 复核、审查基金管理人计算的基金资产净值和基金份额申购、赎回价格；

(9) 按照规定召集基金份额持有人大会；

(10) 按照规定监督基金管理人的投资运作；

(11) 国务院证券监督管理机构规定的其他职责。

办理与基金财产管理业务活动有关的信息披露事项属于基金管理人的职责。

23. 参考答案：C

考点：本题考查金融债券发行与承销信息披露的有关规定。对影响发行人履行债务的重大事件，发行人应在第一时间向中国人民银行报告。

24. 参考答案：D

考点：本题考查证券公司投资银行类业务的内部控制的有关规定。内部控制执行效果评估每年不得少于1次。

25. 参考答案：D

考点：合格投资者的条件资质。名下金融资产不低于人民币300万元的个人投资者，为《公司债券发行与交易管理办法》所称合格投资者。

26. 参考答案：D

考点：本题考查证券公司和股东之间关系的特别规定。不得开展业务竞争；关联交易不得损害公司利益。

27. 参考答案：B

考点：本题考查《证券投资基金法》第六十条及第一百二十八条的规定。基金募集期间，动用募集的资金的，责令返还，没收违法所得，并处违法所得1倍以上5倍以下罚款；没有违法所得或者违法所得不足50万元的，并处5万元以上50万元以下罚款。

28. 参考答案：C

考点：保荐代表人应当恪守独立履行职责的原则，不因迎合发行人或者满足发行人的不当要求而丧失客观、公正的立场。

29. 参考答案：C

考点：金融期货合约包括股指期货、利率期货以及外汇期货等合约。

30. 参考答案：D

考点：本题考查投资者适当性管理制度的含义。

31. 参考答案：D

考点：本题考查《期货交易管理条例》第六条的规定。未经国务院期货监督管理机构审核并报国务院批准，期货交易所不得从事信托投资、股票投资、非自用不动产投资等与其职责无关的业务。

32. 参考答案：B

考点：财务顾问接受上市公司并购重组与多方当事人委托的，不得存在利益冲突或者潜在的利益冲突。接受委托的，财务顾问应当指定 2 名财务顾问主办人负责，同时，可以安排 1 名项目协办人参与。故 B 选项说法错误。

33. 参考答案：B

考点：本题考查信息隔离墙机制。B 选项中的时间应该为 10 日内。

34. 参考答案：B

考点：本题考查全面风险管理的责任主体。

35. 参考答案：B

考点：本题考查《证券法》第四十六条的规定。证券交易的收费项目、收费标准和管理办法由国务院有关部门统一规定。

36. 参考答案：D

考点：本题考查反洗钱工作基本要求。证券公司及其分支机构负责人应当对反洗钱内部控制制度的有效性实施负责，总部应当对分支机构执行反洗钱内部控制制度进行监督管理。

37. 参考答案：B

考点：本题考查债券交易暂停的情形。公司债券上市交易后，公司有下列情形之一的，由证券交易所决定暂停其公司债券上市交易：

（1）公司有重大违法行为；

（2）公司情况发生重大变化不符合公司债券上市条件；

（3）发行公司债券所募集的资金不按照核准的用途使用；

（4）未按照公司债券募集办法履行义务；

（5）公司最近两年连续亏损。公司解散或者被宣告破产属于债券交易终止的情形。

38. 参考答案：A

考点：本题考查管理风险和合规风险的区别，选项 B、C、D 均属于合规风险。

39. 参考答案：D

考点：本题考查恐怖活动资产冻结工作的有关规定。

40. 参考答案：B

考点：证券账户的信息变更与注销。投资者关键信息变更应通过临柜、见证等方式办理，不得通过网络、电话等方式。

41. 参考答案：D

考点：未按《证券、期货投资咨询管理暂行办法》规定向证券主管部门履行报告、年检义务的，由地方证办（中国证监会）单处或者并处警告、没收违法所得、1万元以上3万元以下罚款。

42. 参考答案：D

考点：本题考查子公司的特征。分公司不具有法人资格，不能独立享有权利、承担责任，其一切行为的后果及责任由公司承担。而子公司能够独立地承担公司行为所带来的后果和责任。选项D错误，选项A、B、C的说法正确。

43. 参考答案：A

考点：证券账户的开立。网上开户的特殊要求：开户代理机构应通过其公司网站为投资者办理网上开户业务，不得利用第三方网站办理网上开户业务，选项A错误。

44. 参考答案：B

考点：本题考查证券资信评级业务人员的回避及禁止行为。

45. 参考答案：C

考点：本题考查证券公司监督管理中信息、材料的报送的有关规定。证券公司应当自每一会计年度结束之日起4个月内，向国务院证券监督管理机构报送年度报告。

46. 参考答案：C

考点：本题考查证券经纪业务相关概念的理解。按照相关规定，证券经纪商必须遵照客户发出的委托指令进行买卖，选项C错误。

47. 参考答案：C

考点：本题考查证券投资顾问执业行为准则，选项C属于证券投资顾问的禁止行为。

48. 参考答案：A

考点：本题考查证券自营业务的决策与授权。投资决策机构是自营业务的最高管理机构，董事会是自营业务的最高决策机构。

49. 参考答案：B

考点：本题考查《最高人民检察院　公安部关于公安机关管辖的刑事案件立案追诉标准的规定（二）》第六条的规定，虚增或者虚减资产达到当前披露的资产总额30%以上的，应予立案追诉。

50. 参考答案：B

考点：本题考查提取风险准备金的比率。

51. 参考答案：D

考点：本题考查全国股份转让系统的服务对象，选项①②③均正确。

52. 参考答案：A

考点：本题考查在全国股份转让系统申请挂牌的公司需要满足的条件。必须履行披露义务，所披露的信息应当真实、准确、完整。

53. 参考答案：B

考点：本题考查证券公司董事会合规管理职责的主要内容。组织制定规章制度，并监督其实施属于经营管理主要负责人的合规管理职责；对发生重大合规风险负有主要责任或者领导责任的董事、高级管理人员提出罢免的建议属于监事会或监事的合规管理职责。

54. 参考答案：D

考点：本题考查公司股份回购。股份有限公司不得收购本公司股份。但是，有下列情形之一的除外：

（1）减少公司注册资本；

（2）与持有本公司股份的其他公司合并；

（3）将股份奖励给本公司职权；

（4）股东因对股东大会组出的公司合并决议持异议，要求公司收购其股份。

55. 参考答案：C

考点：本题考查证券公司开展柜台市场业务发行、销售与转让的产品种类。

56. 参考答案：B

考点：本题考查公开发行新股的条件。公司公开发行新股，应当符合下列条件：

（1）具有健全且运行良好的组织机构；

（2）具有持续盈利能力，财务状况良好；

（3）最近三年财务会计文件无虚假记载，无其他重大违法行为；

（4）经国务院批准的国务院证券监督管理机构规定的其他条件。

57. 参考答案：D

考点：证券公司代销金融产品尽职调查。证券公司应当审慎选择代销的金融产品，充分了解金融产品的发行依据、基本性质、投资安排、风险收益特征、管理费用等信息。

58. 参考答案：D

考点：本题考查上市公司年度报告的内容。上市公司年度报告内容包括：

（1）公司概况；

（2）公司财务报告和经营情况；

（3）董事、监事、高级管理人员简介及其持股情况；

（4）已发行股票、公司债券情况，包括持有公司股份最多的前十名股东的名单和持股数额；

（5）公司实际控制人；

（6）国务院证券监督管理机构规定的其他事项。

选项⑤属于中期报告的内容。

59. 参考答案：A

考点：本题考查证券经纪业务的特点。证券经纪业务的特点包括业务对象的广泛性、证券经纪商的中介性、客户指令的权威性、客户资料的保密性。

60. 参考答案：C

考点：证券账户的管理。1 个投资者最多可以申请开立 3 个 A 股账户、3 个封闭式基金账户，只能申请开立 1 个信用账户、1 个 B 股账户。

61. 参考答案：D

考点：本题是有关证券投资基金销售人员资质要求。

62. 参考答案：C

考点：本题考查委托交易中的指定交易。在指定交易中，每一个证券账户只能指定 1 个交易参与人，选项①错误；指定交易撤销后即可重新申办指定交易，选项④错误。

63. 参考答案：C

考点：证券投资咨询人员，即从事证券、期货投资咨询业务的投资咨询人员，主要包括证券投资顾问和证券分析师。

64. 参考答案：C

考点：本题考查《期货交易管理条例》第六十七条的规定。期货公司隐瞒重要事项或者使用其他不正当手段，诱骗客户发出交易指令等欺诈客户行为的，应责令改正，给予警告，没有违法所得或者违法所得不满 10 万元的，并处 10 万元以上 50 万元以下的罚款。

65. 参考答案：A

考点：本题考查证券分析师行为准则的具体理解，选项③④属于“维护所在机构利益”“防范利益冲突”。除选项①②外，还有证券分析师的配偶、子女、父母担任其所研究覆盖的上市公司的董事、监事、高级管理人员的，证券分析师应当按照公司的规定进行执业回避或者在证券研究报告中队上述事实进行披露；证券分析师不得在公司内部或外部兼任有损其独立性与客观性的其他职务，包括担任上市公司的独立董事。

66. 参考答案：A

考点：本题考查财务顾问的监管，选项③属于财务顾问的法律责任。

67. 参考答案：D

考点：本题考查《证券投资基金法》的规定。《证券投资基金法》第四十六条规定，基金份额持有人享有下列权利：

（1）分享基金财产收益；

（2）参与分配清算后的剩余基金财产；

（3）依法转让或者申请赎回其持有的基金份额；

（4）按照规定要求召开基金份额持有人大会或者召集基金份额持有人大会；

（5）对基金份额持有人大会审议事项行使表决权；

（6）对基金管理人、基金托管人、基金服务机构损害其合法权益的行为依法提起诉讼；

（7）基金合同约定的其他权利。

68. 参考答案：C

考点：本题考查非金融企业债务融资工具发行业务的一般规定。债务融资工具在中央国债登记结算有限责任公司登记、托管、结算。全国银行间同业拆借中心为债务融资工具在银行间债券市场的交易提供服务。

69. 参考答案：D

考点：本题考查金融债券发行与承销信息披露的有关规定。对影响发行人履行债务的重大事件，发行人应在第一时间向中国人民银行报告，并按照中国人民银行指定的方式披露。

70. 参考答案：D

考点：本题考查证券公司信息隔离墙制度中内幕信息的基本概念。公司实际控制人的董事发生变动，不会对该证券公司的市场价格产生重大影响，并且属于已经公开的信息，所以选项C不属于内幕信息。

71. 参考答案：C

考点：本题考查资产管理业务基本要求。资产管理业务的基本要求包括业务资质，审慎经营，客户利益至上、勤勉尽责，业务隔离，选项④错误。

72. 参考答案：D

考点：股份有限公司章程应当载明下列事项：公司名称和住所；公司经营范围；公司股份总数、每股金额和注册资本；发起人的姓名或者名称、认购的股份数、出资方式和出资时间；董事会的组成、职权和议事规则；公司的法定代表人；监事会的组成、职权和议事规则；公司利润分配方法；公司的解散事由与清算方法；公司的通知和公告办法；股东大会会议认为需要规定的其他事项。

73. 参考答案：C

考点：本题考查证券公司资产管理业务权利行使和信息披露与报告的相关知识点。证券公司应当至少每季度向客户提供一次准确、完整的资产管理报告，并对报告期内客户资产的配置状况、价值变动等情况作出详细说明。

74. 参考答案：C

考点：本题考查《刑法》第一百七十九条的规定，未经国家有关主管部门批准，擅自发行股票或者公司、企业债券，数额巨大、后果严重或者有其他严重情节的，处5年以下有期徒刑或者拘役，并处或者单处非法募集资金金额1%以上5%以下罚金。单位犯该罪的，对单位处以罚金，并对其直接负责的主管人员和其他直接责任人员，处5年以下有期徒刑或者拘役。

75. 参考答案：B

考点：本题考查《发布证券研究报告暂行规定》《发布证券研究报告执业规范》的相关规定。证券公司、证券投资咨询机构发布证券研究报告，应遵守独立原则、客观原则、公平原则和审慎原则。

76. 参考答案：D

考点：本题考查申请从事一般证券业务应当具备的条件，选项③是证券从业人员应当遵守的要求。

77. 参考答案：D

考点：本题考查对发布证券研究报告业务和证券投资顾问业务的监管措施。

78. 参考答案：D

考点：本题考查中国证券业协会诚信管理的有关规定，会员对本单位从业人员作出的处罚处分不作为处罚处分信息，但应计入诚信信息备注栏。

79. 参考答案：B

考点：发行人全体董事、监事、高级管理人员应当在债券募集说明书上签字，承诺不存在虚假记载、误导性陈述或者重大遗漏，并承担相应的法律责任，但是能够证明自己没有过错的除外。

80. 参考答案：A

考点：风险管理的政策和机制。

81. 参考答案：D

考点：证券发行与承销信息披露的有关规定，选项①②③④均正确。

82. 参考答案：D

考点：本题考查《最高人民检察院　公安部关于公安机关管辖的刑事案件立案追诉标准的规定（二）》第三十六条的规定。利用未公开信息交易案，涉嫌下列情形之一的，应予立案追诉：

（1）证券交易成交额累计在 50 万元以上的；

（2）期货交易占用保证金数额累计在 30 万元以上的；

（3）获利或者避免损失数额累计在 15 万元以上的；

（4）多次利用内幕信息以外的其他未公开信息进行交易活动的；

（5）其他情节严重的情形。

83. 参考答案：D

考点：本题考查证券公司经纪业务内部控制的主要内容。高级管理人员分工制度属于投资银行类业务内部控制。

84. 参考答案：A

考点：本题考查证券自营业务的禁止性行为，选项①②③④均正确。

85. 参考答案：C

考点：本题考查主办券商在全国股转系统开展业务的主要规则。

86. 参考答案：C

考点：本题考查证券公司治理中对董事会的有关规定。证券公司董事会每年至少召开两次会议。

87. 参考答案：D

考点：本题考查财务顾问的持续督导责任。结合上市公司披露的定期报告出具持续督导意见，并在前述定期报告披露后的 15 日内向上市公司所在地的中国证监会派出机构报告。

88. 参考答案：A

考点：本题考查从业人员申请执业证书的程序。

89. 参考答案：D

考点：自律管理措施包括设立报告、定期报告、合规风险管理评估、执业检查、自律惩戒。

90. 参考答案：B

考点：本题考查科创板转融券业务展期及提前了结的规定。借入人和出借人协商提前了结的，应一次性全部提前了结该笔转融券业务；转融券展期的，相关权益补偿不进行展期。选项②④错误。

91. 参考答案：D

考点：证券公司代销私募类产品的禁止性规定。

92. 参考答案：C

考点：本题考查股票质押式回购的相关规则。证券公司应建立健全融入方资质审查制度。融入方不得为金融机构或从事贷款业务的其他机构。证券公司及其资产管理子公司管理的公开募集集合资产管理计划不得作为融出方参与股票质押回购。

93. 参考答案：D

考点：本题考查私募基金宣传推介规范。

94. 参考答案：C

考点：本题考查证券公司对敏感信息的管理。

95. 参考答案：C

考点：本题考查主办券商从事的业务。根据《全国中小企业股份转让系统主办券商业务规则（试行)》等规定，主办券商在全国股转系统开展的业务有：推荐业务、经纪业务、做市业务以及全国股份转让系统公司规定的其他业务。

96. 参考答案：A

考点：独立董事在任期内辞职或被免职的，独立董事本人和证券公司应当分别向公司住所地中国证监会和股东（大）会提交书面说明。

97. 参考答案：C

考点：本题考查证券发行与承销信息披露的有关规定，在债券有效存续期间，应当每年至少向市场公布一次定期跟踪评级报告。

98. 参考答案：C

考点：本题考查违反《证券期货经营机构及其工作人员廉洁从业规定》的从重处理情形，违反规定但能及时报告不属于从重处理情形。

99. 参考答案：B

考点：本题考查证券市场廉洁从业的相关规定。

100. 参考答案：C

考点：本题考查信息技术服务机构的选取条件。

《证券市场基本法律法规》模拟试卷三

一、单选题（共50题，每题1分，共50分。以下各选项中，只有一项符合题目要求，不选、错选均不得分）

1. 下列选项中不属于证券公司及其分支机构的业务经营的外部约束的是（　　）。

A. 注册资本要求　　B. 业务审批

C. 禁止同业竞争　　D. 防范和控制风险

2. 下列说法正确的是（　　）。

A. 我国对证券经纪业务营销的监督管理主要体现在对开展证券经纪业务的证券公司的管理，而不包括对证券经纪业务营销人员的管理

B. 证券经纪业务营销是以实体交易产品为载体的服务营销

C. 证券经纪业务的营销是市场营销管理与证券经纪业务相结合的产物

D. 在证券经纪业务营销中，客户服务是指证券经纪业务营销人员通过营销渠道，与客户建立关系并促成交易的过程。

3. 法律、行政法规没有规定的，以募集设立作为公司设立的方式时，发起人认购的股份不得少于公司股份总数的（　　）。

A. 25%　　B. 35%

C. 45%　　D. 55%

4. 独立董事最多可以在（　　）家证券公司担任独立董事。

A. 2　　B. 3

C. 4　　D. 5

5. 下列说法错误的是（　　）。

A. 对于依法进行的财产分割情形，中国证券登记结算有限责任公司暂仅受理离婚涉及的过户登记申请

B. 对于法人资格丧失情形，中国证券登记结算有限责任公司仅受理法人已

处于解散状态涉及的过户登记申请

C. 客户交易结算资金不能全部存入具有从事证券交易结算资金存款业务资格的商业银行，单独立户管理

D. 客户交易结算资金三方存管是指证券公司客户交易结算资金存放在指定的商业银行，并以每个客户名义单独立户管理，商业银行负责资金存取，发挥第三方监督作用，以保障客户资金安全为目的资金存管模式

6. 按照《证券公司投资银行类业务内部控制指引》的要求，以下关于证券公司投资银行类业务内部控制的说法中错误的是（　　）。

A. 专门从事资产管理业务的证券公司分支机构可以开展资产证券化业务

B. 非单一从事投资银行类业务的证券公司分支机构可以开展除项目承揽等辅助性活动以外的投资银行类业务

C. 分管投资银行类业务的高级管理人员不得同时管理与投资银行类业务存在或可能存在利益冲突的部门或机构

D. 证券公司依法应当承担的责任不因委托外部机构而免除

7. 上市公司存在下列哪种情形，不符合证券交易所终止其股票上市交易（　　）。

A. 公司有重大违法行为

B. 公司股东总额、股权分布等发生变化不再具备上市条件，在证券交易所规定的期限内仍不能达到上市条件

C. 公司不按照规定公开其财务情况，或者对财务会计报告作虚假记载，且拒绝纠正

D. 公司解散或者被宣告破产

8. 下列有关证券登记结算机构的说法，正确的是（　　）。

A. 证券登记结算机构可以以他人名义为投资者开立证券账户

B. 证券登记结算机构应当妥善保存登记、存管和结算的原始凭证及有关文件资料，保存期限不得少于 10 年

C. 证券登记结算采取全国集中统一的运营方式

D. 证券登记结算机构可以挪用客户的证券

9. 《期货交易管理条例》第六十七条规定，以下不属于期货公司有欺诈客户行为的是（　　）。

A. 不按照规定在期货保证金存管银行开立保证金账户，或者违规划转客户保证金的

B. 向客户作获利保证或者不按照规定向客户出示风险说明书的

C. 在经纪业务中与客户约定分享利益、共担风险的

D. 将客户交易指令下达到期货交易所

10. 按照《证券公司内部控制指引》的要求，以下关于证券公司受托投资管理业务内部控制的说法错误的是（　　）。

A. 受托管理业务应与自营业务严格分离，独立决策、独立运作

B. 证券公司应当对委托人的资信状况、收益预期、风险承受能力、投资偏好等进行了解，并关注委托人资金来源的合法性

C. 为加强客户对证券公司资管水平的信任，受托投资管理合同中可以有承诺不高于国债收益率的保底条款

D. 证券公司应当封闭运作、专户管理受托资产，确保客户资金与自有资金的分户管理、独立运作

11. 下列不属于沪港通可交易的证券品种为（　　）。

A. 上证 180 指数成分股

B. 香港联合交易所上市的 A + H 股公司股票

C. 上证 380 指数成分股

D. A + H 股上市公司的证券交易所上市 A 股

12. 按照《证券公司合规管理实施指引》的要求，证券公司的合规管理是指证券公司制定和执行合规管理制度、建立合规管理机制、防范合规风险的行为。以下（　　）不属于证券公司合规经营的基本原则和应遵守的基本要求。

A. 不得为客户违规从事证券发行、交易活动提供便利

B. 有效管理内幕信息和未公开信息，防范公司及其工作人员利用该信息买卖证券、建议他人买卖证券，或者泄露该信息

C. 保证关联交易的公允性，防止不正当关联交易和利益输送

D. 建立业务风险识别、评估和控制的完整体系

13. 证券公司必须持续符合的下列风险控制指标标准中错误的是（　　）。

A. 风险覆盖率不得低于 100%　　B. 资本杠杆率不得低于 10%

C. 流动性覆盖率不得低于 100%　D. 净稳定资金率不得低于 100%

14. 证券公司应当将子公司的风险管理纳入统一体系，子公司风险管理工作负责人应在（　　）指导下开展风险管理工作，并向（　　）履行风险报告义务。

A. 首席风险官；证券公司董事会　B. 首席风险官；子公司董事会

C. 首席风险官；首席风险官　　　D. 子公司董事会；子公司董事会

15《证券公司监督管理条例》第十条规定，因故意犯罪被判处刑罚，刑罚

执行完毕未逾（　　）年的个人，不得成为持有证券公司5%以上股权的股东、实际控制人。

A. 1　　B. 2

C. 3　　D. 5

16. 经过风险承受能力评估，经营机构将普通投资者按照其风险承受能力由低到高至少划分为（　　）五个等级。

A. A1、A2、A3、A4、A5　　B. A5、A4、A3、A2、A1

C. C1、C2、C3、C4、C5　　D. C5、C4、C3、C2、C1

17. 以下（　　）包括在资产证券化基础资产负面清单中。

A. 矿产资源开采收益权、土地出让收益权等产生现金流的能力具有稳定性的资产

B. 当地政府证明已列入国家保障房计划并已开工建设的项目

C. 可以直接产生现金流的基础资产

D. 因空置原因不能产生稳定现金流的不动产租金债权

18. 证券公司开展是否风险管理系统功能完备、权限清晰，能够与业务系统同步上线运行属于（　　）风险管理机制（　　）。

A. 事前审查　　B. 事中风险监测

C. 事后评估审计　　D. 事后排查

19. 证券公司未按照规定对离任的法定代表人或者高级管理人员进行审计，并报送审计报告的，对直接负责的主管人员和其他直接责任人员单处或者并处警告、3万元以上（　　）万元以下的罚款；情节严重的，撤销任职资格或者证券从业资格。

A. 5　　B. 10

C. 15　　D. 20

20. 下列说法错误的是（　　）。

A. 证券公司、证券投资咨询机构向客户提供投资顾问服务，应当按照公司制定的程序和要求，了解客户的相关信息，获得的信息按照规定只能以书面文件形式予以记载、保存

B. 证券公司、证券投资咨询机构应当向客户提供风险揭示书，并由客户签收确认

C. 证券投资顾问服务协议应当约定，自签订协议之日起5个工作日内，客户可以书面通知方式提出解除协议

D. 证券投资顾问向客户提供投资建议，知悉客户作出具体投资决策计划的，

不得向他人泄露该客户的投资决策计划信息

21. 证券公司申请融资融券业务资格应具备的条件有（　　）。

①具有证券经纪业务资格

②公司最近3年内不存在因涉嫌违法违规正被中国证监会立案调查或者正处于整改期间的情形

③财务状况良好，最近2年各项风险控制指标持续符合规定

④公司治理健全，内部控制有效

A. ①②③　　B. ①③④

C. ①②④　　D. ①②③④

22. 网上申购前披露每位网下投资者的详细报价情况，包括（　　）。

①投资者名称、申购价格及对应的拟申购数量

②有效报价和发行价格的确定过程

③发行价格对应的市盈率

④网上网下的发行方式和发行数量

A. ①②④　　B. ①②③

C. ①②　　D. ①②③④

23. 收购人未按照本法规定履行上市公司收购的公告、发出收购要约等义务的，责令改正，给予警告，并处以（　　）的罚款；在改正前，收购人对其收购或者通过协议、其他安排与他人共同收购的股份不得行使表决权。

A. 3万元以上30万元以下　　B. 10万元以上30万元以下

C. 30万元以上60万元以下　　D. 10万元以上60万元以下

24. 证券公司净资本或者其他风险控制指标不符合规定标准的，派出机构应当责令公司限期改正；证券公司未按时报送整改计划的，派出机构应当（　　）。

A. 督促其加快整改　　B. 立即限制其业务活动

C. 延长整改期限　　D. 不予理睬

25. 证券公司以自有资金参与参与单个集合资产管理计划的份额，不得超过该计划总份额的（　　）。

A. 50%　　B. 40%

C. 30%　　D. 20%

26. 下列说法错误的是（　　）。

A. 资产管理产品的发行人或者管理人违反真实公允确定净值原则，对产品进行保本保收益，视为刚性兑付

B. 资产管理产品的发行人或者管理人采取滚动发行等方式，实现产品保本

保收益的，视为刚性兑付

C. 资产管理产品不能如期兑付或者兑付困难时，发行或者管理该产品的金融机构自行筹集资金偿付或者委托其他机构代为偿付，不应视为刚性兑付

D. 经认定存在刚性兑付行为的，应该区分存款类金融机构和非存款类持牌金融机构进行惩处

27. 对于未规定风险控制指标标准及计算要求的新产品、新业务，证券公司在投资该产品或者开展该业务前，应当按照规定事先向（　　）、（　　）报告或者报批。

A. 中国证监会；公司所在地的中国证监会派出机构

B. 中国证监会；公司注册地的中国证监会派出机构

C. 中国人民银行；公司所在地的中国证监会派出机构

D. 中国人民银行；公司注册地的中国证监会派出机构

28. 境外投资者的境内证券投资，应当遵循持股比例限制：单个境外投资者通过合格投资者持有一家上市公司股票的，持股比例不得超过该公司股份总数的（　　）。

A. 5%　　B. 10%

C. 20%　　D. 30%

29. 下列有关合伙企业设立条件的说法，错误的是（　　）。

A. 有两个以上合伙人

B. 有合伙人认缴或者实际缴付的出资

C. 有书面合伙协议

D. 有合伙企业的名称，但不必有生产经营场所

30. 按照《证券法》第一百八十九条的规定，欺诈发行股票、证券罪因承担的法律责任中，错误的有（　　）。

A. 发行人不符合发行条件，以欺骗手段骗取发行核准，尚未发行证券的，处以 100 万元的罚款

B. 发行人不符合发行条件，以欺骗手段骗取发行核准，已经发行证券的，处以非法所募资金金额 3% 的罚款

C. 对直接负责的主管人员和其他直接责任人员处以 5 万元的罚款

D. 发行人的控股股东、实际控制人指使从事骗取发行核准，且已发行证券的，处以 30 万元的罚款

31. “了解你的客户”是投资者适当性管理工作的核心内容之一。按照《证券期货投资者适当性管理办法》的要求，经营机构向投资者销售产品或者提供服

务时，以下（　　）不是应当了解的投资者的必要信息。

A. 诚信记录

B. 投资经验

C. 实际控制投资者的自然人和交易的实际受益人

D. 自然人的家庭成员情况

32. 诱骗投资者买卖证券、期货合约罪的犯罪主体中，不属于犯罪主体的有（　　）。

A. 证券交易所的从业人员　　B. 期货经纪公司的从业人员

C. 期货业协会的工作人员　　D. 基金管理公司的从业人员

33. 下列选项中，属于法律法规体系中部门规范性文件的是（　　）。

A.《证券基金经营机构合规管理办法》

B.《私募投资基金监督管理暂行办法》

C.《内地与香港股票市场交易互联互通机制若干规定》

D.《证券账户现场开户实施暂行办法》

34. 经营机构违反《证券期货投资者适当性管理办法》，未按建立或者更新投资者评估数据库的，应当给予警告，并处（　　）万元以下罚款；对直接负责的主管人员和其他直接责任人员，给予警告，并处（　　）万元以下罚款。

A. 1；1　　B. 2；2

C. 3；3　　D. 3；1

35. 下列说法错误的是（　　）。

A. 公司债券是指公司依照法定程序发行、约定在一定期限内还本付息的有价证券

B. 保荐机构对其保荐代表人履行保荐职责，可以减轻或免除发行人及其董事、监事、高级管理人员、证券服务机构及其签字人员的责任

C. 公司债券可以公开发行，也可以非公开发行

D. 债券募集说明书及其他信息披露文件所引用的审计报告、资产评估报告、评级报告应当由具有从事证券服务业务资格的机构出具

36. 下列关于证券公司全国股份转让系统公司申请备案的说法，正确的是（　　）。

A. 全国股份转让系统公司受理证券公司的请求后，同意备案的，自受理之日起10个转让日内与证券公司签订协议书，向其出具《主办券商业务备案函》，并予以公告

B. 主办券商应在取得《主办券商业务备案函》后10个转让日内，在全国股

份转让系统指定信息披露平台披露公司基本情况、主要业务人员情况及全国股份转让系统公司要求披露的其他信息

C. 主办券商所披露信息内容发生变更的，应自变更之日 10 个转让日内报告考查全国股份转让系统公司并进行更新

D. 主办券商名称变更备案文件齐备的，全国股份转让系统公司自收到变更备案申请之日起 10 个转让日内与主办券商重新签订《协议书》

37. 下列说法正确的是（　　）。

A. 被动知悉内幕消息，可以向客户或投资者提供分析、预测或建议

B. 预测证券市场、证券品种的走势或者就投资证券的可行性进行建议时需有充分的理由和依据，不得主观臆断

C. 证券投资分析报告、投资分析文章等形式的咨询服务产品可以适当提及投资者在具体证券品种上进行具体价位买卖等方面的内容

D. 证券投资咨询机构及其执业人员有权拒绝媒体对其所提供的稿件进行断章取义、做有损原意的删节和修改，并自提供之日起将其稿件以书面形式保存 2 年

38. 按照《证券市场基本法律法规》的要求，以下（　　）不属于证券公司治理的基本要求。

A. 建立健全组织架构、明确职责划分

B. 不得侵犯客户的合法权益

C. 有效管理内幕信息和未公开信息

D. 建立完备的内部控制体系

39. 2013 年实施的（　　）为非银行金融机构从事基金托管业务预留了法律空间。

A.《证券投资基金法》

B.《证券公司监督管理条例》

C.《证券投资基金托管业务管理办法》

D.《非银行金融机构开展证券投资基金托管业务暂行规定》

40. 按照《证券监督管理条例》的要求，以下证券公司对其董监高的任职资格处理正确的是（　　）。

A. 该证券公司不得聘任、选任未取得任职资格的人员担任董监高

B. 该证券公司对其已经聘任的无任职资格的董监高可以视其工作能力予以保留有关聘任的决议和决定

C. 董监高不再具有任职资格条件的，该证券公司应当主动解除其职务并向

中国证券业协会报告

D. 该证券公司未解除不再具有任职资格的董监高的，中国证监会派出机构无权责令其解除

41. 下列说法中，错误的是（　　）。

A. 金融债券的发行应由具有债券评级能力的信用评级机构进行信用评级

B. 金融债券公开发行的，经认购人同意，可免于信用评级

C. 金融债券可在全国银行间债券市场公开发行或定向发行

D. 发行人分期发行金融债券的，应在募集说明书中说明每期发行安排

42. 某证券公司设立监事会，以下关于监事会的说法正确的是（　　）。

A. 监事会必须设立主席和副主席

B. 监事会主席和副主席是监事会的召集人

C. 监事会可根据需要对公司财务情况、合规情况进行专项检查，必要时可聘请外部专业人士协助

D. 对董事、高级管理人员违反法律法规，严重损害客户利益的行为，监事会应当提议召开董事会，并向董事会提出专项议案

43. 证券公司承销未经核准擅自公开发行的证券的，中国证监会可以采取（　　）暂不受理其证券承销业务有关文件的监管措施。

A. 12～24 个月　　B. 12～36 个月

C. 24 个月内　　D. 24～36 个月

44.（　　）依法对交易商协会、同业拆借中心和中央结算公司进行监督管理。

A. 中国证监会　　B. 财政部

C. 中国人民银行　　D. 国务院

45. 下列说法错误的是（　　）。

A. 证券自营业务是指经中国证监会批准经营证券自营业务的证券公司用自有资金以自己的名义开设的证券账户买卖依法公开发行的股票、债券、证券投资基金或者国务院证券监督管理机构认可的其他证券，以获取利益的行为

B. 具备证券自营业务资格的证券公司只能以对冲风险为目的，从事金融衍生品交易

C. 证券自营业务的主要投资对象是股票、债券和证券投资基金等

D. 证券公司委托其他证券公司或者基金管理公司进行证券投资管理，且投资规模合计不超过其净资本 80% 的，无须取得证券自营业务规格

46. 甲公司注册资本 150 万元人民币，现有 3 名取得证券投资咨询从业资格

的专职人员、1 名取得证券投资咨询从业资格的高级管理人员。甲公司计划申请单独从业证券投资咨询业务机构资格，则下列说法中正确的是（　　）。

A. 甲公司还需增资至少 50 万元人民币

B. 甲公司还需增资至少 50 万元人民币，且招聘至少 2 名取得证券投资咨询从业资格的专职人员

C. 甲公司不需要增资，但需要招聘至少 2 名取得证券投资咨询从业资格的专职人员

D. 甲公司不需要增资，但需要招聘至少 2 名取得证券投资咨询从业资格的专职人员和 1 名取得证券投资从业资格的高级管理人员

47. 按照上海、深圳证券交易所的相关规定，席位代表了会员（证券公司）在证券交易所的权益，下列说法错误的是（　　）。

A. 会员（证券公司）须拥有席位方可在证券交易所进行交易

B. 会员（证券公司）应当至少取得并持有 1 个席位，但会员（证券公司）不得共有席位

C. 会员（证券公司）取得的席位可以向其他会员转让，也可以退出证券交易所

D. 未经证券交易所同意，会员（证券公司）不得将席位出租、质押，或将席位所属权益以其他任何方式转给他人

48. 证券公司应建立健全相对集中，权责统一的投资决策与授权机制，（　　）是证券公司自营业务的最高决策机构。

A. 投资决策机构　　B. 自营业务部门

C. 董事会　　D. 分支机构

49. 按因专项计划资产的管理、运用、处分或者其他情形而取得的资产，归入专项计划资产，下列关于专项计划资产的说法错误的是（　　）。

A. 专项计划资产独立于原始权益人、管理人、托管人及其他业务参与人的固有财产

B. 原始权益人、管理人、托管人及其他业务参与人因依法解散 、被依法撤销或者宣告破产等原因进行清算的，专项计划资产不属于其清算财产

C. 管理人管理、运用和处分不同专项计划资产所产生的债权债务，不得互相抵销

D. 因处理日常计划事务所支出的费用、对第三人所负债务，以专项计划资产承担

50. 为降低期限错配风险，金融机构应当强化资产管理产品久期管理，封闭

式资产管理产品期限不得低于（　　）天。

A. 120　　B. 90

C. 60　　D. 30

二、多选题（共 50 题，每题 1 分，共 50 分。以下各选项中，至少有一项符合题目要求，不选、错选均不得分）

51. 公司从事经营活动，必须做到（　　）。

①遵守法律、行政法规　　②遵守社会公德、商业道德

③诚实守信　　④接受政府和社会公众的监督

⑤承担社会责任

A. ①②④⑤　　B. ②③④⑤

C. ①②③④　　D. ①②③④⑤

52. 除合伙企业另有约定外，合伙企业的下列事项应当经全体合伙人一致同意才可通过的有（　　）。

①改变合伙企业的名称

②改变合伙企业的经营范围、主要经营场所的地点

③处分合伙企业的不动产

④转让或者处分合伙企业的知识产权和其他财产权利

⑤以合伙企业名义为他人提供担保

⑥聘任合伙人以外的人担任合伙企业的经营管理人员

A. ①②③④⑥　　B. ①②③④

C. ①②③④⑤　　D. ①②③④⑤⑥

53. 下列选项中，属于基金份额持有人享有的权利有（　　）。

①按照规定要求召开基金份额持有人大会或者召集基金份额持有人大会

②对基金份额持有人大会审议事项行使表决权

③依法转让或者申请赎回其持有的基金份额

④参与分配清算后的剩余基金财产

A. ①②③　　B. ②④

C. ②③④　　D. ①②③④

54. 国务院证券监督管理机构对治理结构不健全、内部控制不完善、经营管理混乱、设立账外账或者进行账外经营、拒不执行监督管理决定、违法违规的证券公司，应当责令其限期改正，并可以采取下列措施（　　）。

①责令增加内部合规检查的次数并提交合规检查报告

②对证券公司及其有关董事、监事、高级管理人员、境内分支机构负责人给予谴责

③责令处分有关责任人员，并报告结果

④责令更换董事、监事、高级管理人员或者限制其权利

⑤对证券公司进行临时接管，并进行全面核查

⑥责令暂停证券公司或者其境内分支机构的部分或者全部业务、限期撤销境内分支机构

A. ①②③④⑤　　B. ②③④⑤⑥

C. ①②③④⑥　　D. ①②③④⑤⑥

55. 下列有关合伙企业清算的说法，正确的有（　　）。

①清算人自被确定之日起10日内通知债权人，并于30日内在报纸上公告

②清算人自被确定之日起10日内通知债权人，并于60日内在报纸上公告

③债权人自接到通知书之日起30日内，未接到通知书的自公告之日起60日内，向清算人申报债权

④债权人自接到通知书之日起30日内，未接到通知书的自公告之日起45日内，向清算人申报债权

A. ①③　　B. ①④

C. ②③　　D. ②④

56. 上市公司存在下列（　　）情形，证券交易所可以终止其股票上市交易。

①公司不按照规定公开其财务情况，或者对财务会计报告作虚假记载，且拒绝纠正

②公司解散或者被宣告破产

③公司股东总额、股权分布等发生变化不再具备上市条件，在证券交易所规定的期限内仍不能达到上市条件

④公司最近三年连续亏损，在其后一个年度内未能恢复盈利

A. ①②④　　B. ①②③

C. ②③④　　D. ①②③④

57. 下列职权中，属于股份有限公司股东大会的有（　　）。

①决定公司的经营方针和投资计划

②决定公司的经营计划和投资方案

③对公司合并、分立、解散、清算或者变更公司形式作出决议

④修改公司章程

⑤决定公司内部管理机构的设置

⑥对发行公司债券作出决议

⑦对公司增加或者减少注册资本作出决议

A. ①②④⑤⑥　　B. ①③④⑤⑥⑦

C. ①③④⑥⑦　　D. ①②③④⑤⑥

58. 下列有关科创板转融券业务展期的说法正确的有（　　）。

①展期数量、期限、费率由借入人和出借人按照相关规定协商确定

②借入人和出借人协商提前了结的，双方可进行协商，分批提前了结该笔转融券业务

③借入人和出借人应在原合约到期日前的同一交易日向证券金融公司提交展期指令

④转融券展期的，相关权益补偿同时展期

A. ①②④　　B. ①③

C. ②③④　　D. ①②③④

59. 证券公司应当逐日计算客户交存的担保物价值与其所欠债务的比例。当该比例低于约定的维持担保比例时，应当通知客户在约定的期限内补交担保物，客户经证券公司认可后，可以提交除可充抵保证金以外的其他（　　）等资产。

①证券　　②动产

③不动产　　④股权

A. ①②③　　B. ①③④

C. ①②④　　D. ①②③④

60. 下列说法正确的有（　　）。

①资产证券化业务是指以基础资产所产生的现金流为偿付支持，通过结构化等方式进行信用增级，在此基础上发行资产支持证券的业务活动

②基础资产是指符合法律法规规定，权属明确，可以产生独立、可预测的现金流且可特定化的财产权利或者财产基础资产只能是单项财产权利或者财产

③原始权益人是指按照本规定及约定向专项计划转移其合法拥有的基础资产以获得资金的主体

④管理人是指为资产支持证券持有人之利益，对专项计划进行管理及履行其他法定及约定职责的证券公司、基金管理公司子公司

A. ①②　　B. ①②③

C. ①②③④　　D. ①③④

61. 《证券法》对证券公司监管的基本制度作出了规定，在《证券法》确立

的证券公司客户资产存管机制的基础上进一步明确了客户资产的存管、托管要求，以下说法正确的有（　　）。

①公司对顾客负有诚信义务

②证券公司对顾客负有尽责义务

③证券公司不得挪用客户托管在公司的证券

④证券公司不得挪用客户委托管理的资产

A. ①②③④　　B. ①③④

C. ②③④　　D. ①④

62. 按照《证券公司监督管理条例》的要求，证券公司要建立完备的内部控制体系。证券公司以保护投资者利益和防范证券公司风险为出发点，重点规定了以下（　　）的规则和风险控制措施。

①证券经纪业务　　②证券自营业务

③证券资产管理业务　　④证券公司内部审计业务

⑤融资融券业务

A. ①②③④　　B. ①②③⑤

C. ①②④⑤　　D. ②③④⑤

63. 证券公司经营证券经纪业务、证券资产管理业务、融资融券业务和证券承销与保荐业务中两种以上业务的，其董事会应当设立（　　）。

①专门委员会　　②薪酬与提名委员会

③审计委员会　　④风险控制委员会

A. ①②③④　　B. ①②③

C. ②③④　　D. ①③④

64. 按照《证券公司内部控制指引》的要求，证券公司内部控制的组织结构要求设立严密有效的三道业务防线，其中，第一道防线、第二道防线和第三道防线依次分别是（　　）。

①建立相关部门、相关岗位之间相互制衡、监督的防线

②建立重要一线岗位双人、双职、双责为基础的防线

③建立独立的监督检查部门对各项业务、各部门、各分支机构、各岗位全面实施监控、检查和反馈的防线

A. ①②③　　B. ②③①

C. ②①③　　D. ③①②

65. 以下关于证券公司敏感信息管理的表述正确的有（　　）。

①需知原则是信息隔离墙制度中敏感信息管理的基本原则

②证券公司应确保保密侧业务与公开侧业务之间的办公场所和办公设备封闭和相互独立，信息系统相互独立或实现逻辑隔离

③利用未公开信息进行交易获取非正常收益的行为尚无法律限制

④敏感信息包含内幕信息和其他未公开信息

A. ①②③④　　B. ①②③

C. ①②④　　D. ②③④

66. 证券公司风险控制指标体系以净资本和流动性为核心，主要的风险控制指标包括（　　）。

①净资本　　②风险覆盖率

③资本杠杆率　　④销售利润率

⑤流动性覆盖率　　⑥净稳定资金率

A. ①②③④⑥　　B. ②③④⑤⑥

C. ①③④⑤⑥　　D. ①②③⑤⑥

67. 按照《证券业从业人员资格管理办法》，取得从业资格的人员，通过机构申请执业证书需具备（　　）条件。

①已被机构聘用

②最近 2 年未受过刑事处罚

③未被中国证监会认定为证券市场禁入者，或者已过禁入期的

④品行端正，具有良好的职业道德

A. ①②③　　B. ②③④

C. ①③④　　D. ①②④

68. 按照《证券业从业人员执业行为准则》的规定，证券从业人员不得从事的活动包括（　　）。

①从事内幕交易或利用未公开信息交易活动，泄露利用工作便利获取的内幕信息或其他未公开信息，或明示、暗示他人从事内幕交易活动

②利用工作之便向任何机构和个人输送利益，损害客户和所在机构利益

③保守所在机构的商业秘密、客户的商业秘密及个人隐私，对客户服务结束或者离开所在机构后，仍应按照有关规定或合同约定承担上述保密义务

④向客户作出投资不受损失或保证最低收益的承诺

A. ①②③　　B. ②③④

C. ①③④　　D. ①②④

69. 有以下（　　）情形的，中国证监会可以对有关责任人员从轻、减轻或者免予采取证券市场禁入措施。

①主动消除或者减轻违法行为危害后果的

②故意出具虚假重要证据的

③配合查处违法行为有立功表现的

④受他人指使、胁迫有违法行为，且能主动交代违法行为的

A. ①②③ B. ②③④

C. ①③④ D. ①②④

70. 证券公司信息技术全管理中的应急预案包括（　　）。

①应急管理建设目标 ②备份信息系统建设

③备份数据恢复机制 ④业务恢复或替代措施

⑤应急联系方式

A. ①②④⑤ B. ①②③⑤

C. ①②③④⑤ D. ①②③④

71. 证券期货经营机构及其工作人员违反《证券期货经营机构及其工作人员廉洁从业规定》的，中国证监会可以采取以下（　　）等行政监管措施。

①自律惩戒措施 ②出具警示函的措施

③责令参加培训的措施 ④认定为不恰当人选的措施

A. ①②③ B. ②③④

C. ①③④ D. ①②④

72. 中国证券业协会诚信管理中，处罚处分信息包括（　　）。

①处罚处分机构或个人名称

②处罚处分时间

③会员对本单位从业人员作出的处罚处分

④文号

A. ①②③ B. ②③④

C. ①③④ D. ①②④

73. 下列说法正确的有（　　）。

①证券公司办理定向资产管理业务，由客户自行行使其所持有证券的权利，履行相应的义务

②证券公司可代表客户行使集合资产管理计划所拥有证券的权利，履行相应的义务

③证券公司应当至少每半年向客户提供一次准确、完整的资产管理报告，对报告期内客户资产的配置状况、价值变动等情况作出详细说明

④发生资产管理合同约定的或可能影响客户利益的重大事项的，证券公司应

当提前或者在合理时间内告知客户

A. ①②③　　B. ①②③④

C. ①②④　　D. ②③④

74. 财务顾问的职责包括（　　）。

①接受并购重组当事人的委托，对上市公司并购重组活动进行尽职调查，全面评估相关活动所涉及的风险

②对委托人进行证券市场规范化运作的辅导，使其熟悉有关法律、行政法规和中国证监会的规定，充分了解其应承担的义务和责任，督促其依法履行报告

③在对上市公司并购重组活动及申报文件的真实性、准确性、完整性进行充分核查和验证的基础上，依据中国证监会的规定和监管要求，客观、公正地发表专业意见

④接受委托人的委托，向中国证监会报送有关上市公司并购重组的申报材料，并根据中国证监会的审核意见，组织和协调委托人及其他专业机构进行答复

A. ①②③④　　B. ①②④

C. ①③④　　D. ①②③

75. 以下属于证券经纪业务管理风险防范措施的有（　　）。

①要加强对经纪业务营销管理

②严格执行经纪业务操作规程

③建立经纪业务营销和账户管理操作信息管理系统，防范从业人员执业行为引发的危险，保护客户合法权益

④建立经纪业务检查稽核制度

A. ①②③　　B. ①③④

C. ①②④　　D. ①②③④

76. 中证中小投资者服务中心建立投资者保护机制，其具体内容有（　　）。

①中证中小投资者服务中心有限责任公司可以购买最小交易份额的存托凭证，依法行使存托凭证持有人的各项权利

②中证中小投资者服务中心有限责任公司可以接受存托凭证持有人的委托，代为行使存托凭证持有人的各项权利

③中证中小投资者服务中心有限责任公司可以支持受损害的存托凭证持有人依法向人民法院提起民事诉讼

④存托凭证持有人与境外基础证券发行人、存托人、证券服务机构等主体发生纠纷的，可以向中证中小投资者服务中心有限责任公司及其他依法设立的调解组织申请调解

A. ①②③④　　B. ①②④

C. ①③④　　D. ①②③

77. 一家公司发行股票、债券进行筹资，下列不构成欺诈发行股票、债券罪的行为有（　　）。

①行为人在招股说明书、认股书、公司、企业债券募集办法中隐瞒重要事实或编造重大虚假内容，但尚未发行股票和公司、企业债券

②行为人因过失制作了虚假招股说明书、认股书、公司、企业债券募集办法，且已经发行股票和公司、企业债券

③行为人制作了虚假的招股说明书、认股书、公司、企业债券募集办法发行股票或者公司、企业债券，并达到数量巨大、后果严重或者有其他严重情节

④行为人制作并向社会发行了虚假招股说明书、认股书，以及公司、企业债券募集办法

A. ①②③　　B. ①②④

C. ②③④　　D. ①③④

78. 上海证券交易所在科创板推出不同于主板的交易机制改革措施包括（　　）。

①引入盘后固定价格交易　　②优化融券交易机制

③新增两种市价申报方式　　④收紧涨跌幅限制

A. ①②④　　B. ①②③

C. ①③④　　D. ①②③④

79. 下列属于主办券商在全国股转系统开展做市业务时规则的说法正确的有（　　）。

①主办券商应当建立做市业务内部报告制度，明确业务运作、风险监控、业务稽核及其他有关信息的报告路径和反馈机制

②主办券商开展做市业务，可以干预挂牌公司日常经营，其业务人员可以在挂牌公司兼职

③主办券商应当建立健全做市业务动态风险监控机制，监控做市业务风险的动态变化，提高动态监控效率

④主办券商应按全国股份转让系统公司要求报告其做市股票库存、做市业务盈亏及相关风险监控指标等信息

A. ①②④　　B. ①③④

C. ①②③④　　D. ①②③

80. 证券公司在柜台市场发行、销售与转让产品可采取的方式包括但不限于

（　　）。

①协议　　②拍卖竞价

③标购竞价　　④集中竞价

A. ①②④　　B. ①③④

C. ①②③④　　D. ①②③

81. 下列关于证券公司设立的另类投资公司说法错误的有（　　）。

①另类子公司下不得再下设任何机构

②证券公司应当将另类子公司的合规与风险管理纳入公司统一体系

③另类子公司可以从事投资以外的业务

④证券公司应当清晰划分证券公司与另类子公司的业务范围

A. ①③　　B. ②④

C. ②③　　D. ①④

82. 下列说法正确的有（　　）。

①禁止证券公司、证券投资咨询机构对服务能力和过往业绩进行虚假、不实、误导性的营销宣传

②禁止证券公司以任何方式承诺或者保证投资收益

③证券公司、证券投资咨询机构应当提前5个工作日将广告宣传方案和时间安排向公司住所地证监局、媒体所在地证监局报备

④证券公司、证券投资咨询机构通过举办讲座、报告会、分析会等形式，进行证券投资顾问业务和客户招揽的，应当提前5个工作日向举办地证监局报备

A. ①②③　　B. ①②④

C. ①③④　　D. ①②③④

83. 证券公司从事证券自营业务时，以下（　　）属于禁止性行为。

①内幕交易

②操纵市场

③假借他人名义或者个人名义进行自营业务

④违反规定委托他人代为买卖证券

A. ①②③④　　B. ①②③

C. ①③④　　D. ①②④

84. 《公司债券发行与交易管理办法》所称合格投资者，应该符合的条件有（　　）。

①具备相应的风险识别和承担能力，知悉并自行承担公司债券的投资风险

②经有关金融监管部门批准设立的金融机构

③经中国证券投资基金业协会登记的私募基金管理人

④社会保障基金、企业年金、养老基金、慈善基金等社会公益基金

A. ①②④ B. ①②③

C. ①③④ D. ①②③④

85. 证券公司申请融资融券业务资格，应当向中国证监会提交下列（ ）材料，同时抄报住所地证监会派出机构。

①融资融券业务资格申请书

②股东会关于经营融资融券业务的决议

③融资融券业务方案

④负责融资融券业务的高级管理人员与业务人员的名册及资格证明文件

A. ①②③ B. ①③④

C. ①②④ D. ①②③④

86. 合格境外投资者业务资格应经中国证监会审批，应当具备的条件有（ ）。

①申请人的财务稳健，资信良好，资产管理规模、经营年限等符合中国证监会的规定

②拥有符合规定的具有境外投资管理相关经验的人员

③具有健全的治理结构和完善的内控制度，经营行为规范

④最近 2 年没有受到监管机构的重大处罚，没有重大事项正在接受司法部门、监管机构的立案调查

A. ①②④ B. ①②③

C. ①②③④ D. ①③④

87. 证券公司信用业务涉及的主要部门规章、其他规范性文件以及相关自律规则包括（ ）。

①《证券公司监督管理条例》

②《证券公司融资融券业务管理办法》

③《证券公司融资融券业务内部控制指引》

④《转融通业务监督管理试行办法》

A. ①②③ B. ②③④

C. ①②④ D. ①②③④

88. 证券投资咨询机构利用“荐股软件”从事证券投资咨询业务，必须遵守以下（ ）等法律法规和中国证监会的有关规定。

①《证券法》

②《证券、期货投资咨询管理暂行办法》

③《公司法》

④《证券交易管理条例》

A. ②③④　　B. ①②

C. ①②③④　　D. ①③④

89. 下列属于申请做市业务资格的材料要求的有（　　）。

①股票期权做市业务方案、内部管理制度文本

②负责股票期权做市业务的高级管理人员与业务人员的名册及资质证明文件

③申请书

④证券交易所出具的股票期权做市业务技术系统验收报告

A. ①②③④　　B. ①②③

C. ①③④　　D. ①④

90. 以下关于证券公司代销金融产品与委托人签署书面代销合同，应约定的内容包括（　　）。

①证券公司对金融产品承担担保责任

②因金融产品设计和运营产生的责任由委托人承担

③因委托人提供的信息不真实、不准确、不完整而产生的责任由委托人承担

④双方在信息披露、风险揭示等方面的分工

A. ①③　　B. ①②④

C. ②③④　　D. ①③④

91. 证券账户是记录证券及证券衍生品种持有及其变动情况的载体，下列关于证券账户的说法正确的有（　　）。

①中国证券登记结算有限责任公司对证券账户实施统一管理

②证券账户的开立方式包括现场方式和非现场方式

③1 个投资者最多可以申请开立 2 个 A 股账户

④1 个投资者只能申请开立 1 个信用账户

A. ①②③　　B. ①③④

C. ①②④　　D. ①②③④

92. 以软件工具、终端设备为载体，向客户提供投资建议或者类似功能服务的，应当符合的要求有（　　）。

①客观说明软件工具、终端设备的功能，不得对其功能进行虚假、不实、误导性宣传

②揭示软件工具、终端设备的固有缺陷和使用风险，不得隐瞒或者有重大

遗漏

③表示软件工具、终端设备不得提供选择证券投资品种或者提示买卖时机的功能

④说明软件工具、终端设备所使用的数据信息来源

A. ①②③　　　　B. ①②④

C. ①③④　　　　D. ①②③④

93. 证券基金经营机构使用符合某些情形之一的香港机构的证券投资咨询服务的，应当自签订协议之日起 5 个工作日内，将协议、香港机构签署的承诺书、香港机构符合资质的证明文件报住所地或者经营所在地中国证监会派出机构备案。这些情形包括（　　）。

①与证券基金经营机构存在控制关系或者受同一金融机构控制

②提供港股研究报告的香港机构从事发布证券研究报告业务 2 年以上，且有 30 名以上经香港证监会批准取得就证券提供意见牌照的持牌代表

③提供港股研究报告的香港机构从事发布证券研究报告业务 3 年以上，且有 20 名以上经香港证监会批准取得就证券提供意见牌照的持牌代表

④提供港股投资顾问服务的香港机构从事资产管理业务 5 年以上，且最近一个会计年度管理的证券资产不少于 100 亿港元或者等值货币

A. ①②③　　　　B. ①②④

C. ①③④　　　　D. ①②③④

94. 证券金融公司开展转融通业务，可以使用的资金和证券有（　　）。

①自有资金和证券

②通过证券交易所的业务平台融入的资金和证券

③通过证券金融公司的业务平台融入的资金

④依法筹集的其他证券和资金

A. ①②③　　　　B. ①③④

C. ②③④　　　　D. ①②③④

95. 证券金融公司应当每个交易日公布（　　）。

①转融资余额　　　　②转融券余额

③转融通成交数据　　　　④转融通费率

A. ①②③　　　　B. ①③④

C. ②③④　　　　D. ①②③④

96. 下列说法正确的有（　　）。

①按照规定或约定将评级信息告知发行人，并及时向市场公布首次评级报

告、定期和不定期跟踪评级

②在债券有效存续期间，应当每半年至少向市场公布一次定期跟踪评级报告

③应充分关注可能影响评级对象信用等级的所有重大因素，及时向市场公布信用等级调整及其他与评级相关的信息变动情况，并向证券交易所或其他证券交易场所报告

④公开发行公司债券的发行人应将披露的信息或信息摘要刊登在至少一种中国证监会指定的报刊，供公众查阅

A. ①②④　　B. ①②③

C. ①③④　　D. ①②③④

97. 证券公司、证券投资咨询机构发布证券研究报告相关人士进行上市公司调研活动，应当符合的要求有（　　）。

①事先履行所在地证券公司、证券投资咨询机构的审批程序

②不得向证券研究报告相关销售服务人员、特定客户和其他无关人员泄露研究部门或研究子公司未来一段时间的整体调研计划、调研底稿，以及调研后发布证券研究报告的计划、研究观点的调整信息

③不得主动寻求上市公司相关内幕信息或者未公开重大信息

④被动知悉上市公司内幕信息或者未公开重大信息的，应当对有关信息内容进行保密，并及时向所在机构的合规管理部门报告本人已获知有关信息的事实，在有关信息公开前不得发布涉及该上市的证券研究报告

A. ①②③　　B. ①②④

C. ①③④　　D. ①②③④

98. 证券公司设立私募基金子公司应当符合的要求有（　　）。

①最近6个月各项风险控制指标符合中国证监会及协会的相关要求，且设立私募基金子公司后，各项风险控制指标仍持续符合规定

②最近1年未因重大违法违规行为受到监管部门和有关机关调查的情形

③公司章程有关对外投资条款中明确规定公司可以设立私募基金子公司，并经注册地中国证监会派出机构审批

④证券公司应当以自有资金全资设立私募基金子公司，不得采用股份代持等方式变相与其他投资者共同出资设立私募基金子公司

A. ①②③④　　B. ②③④

C. ①②④　　D. ①②③

99. 下列属于《股票期权交易试点管理办法》规定的公司开展股票期权业务的主要交易规则有（　　）。

①证券登记结算机构负责投资者衍生品合约账户的统一管理

②股票期权买方应当支付权利金。股票期权卖方收取权利金，并根据证券交易所、证券登记结算机构的规定缴纳保证金

③股票期权买方有权决定在合约规定期间是否行权

④股票期权交易实行当日无负债结算制度

A. ①②③④　　B. ①②③

C. ①③④　　D. ①④

100. 以下关于融资融券业务的决策授权体系错误的有（　　）。

①由部门负责人确定融资融券业务的总规模

②业务决策机构确定对具体客户的授信额度

③业务执行部门确定单一客户的授信额度

④分支机构可自行决定客户的开户、保证金收取

A. ①②③　　B. ①③④

C. ①②④　　D. ①②③④

参考答案与解析

1. 参考答案：D

考点：防范和控制风险及加强对分支机构的管理属于内部约束。

2. 参考答案：C

考点：本题考查证券公司经纪业务营销的主要内容。按照《证券法》《证券公司监督管理条例》以及《证券经纪人管理暂行规定》的规定，我国对证券经纪业务营销的监督主要体现在对开展证券经纪业务的证券公司以及对证券经纪人等证券经纪业务营销人员的管理，选项A错误；证券经纪业务营销是以证券类金融产品为载体的金融服务营销，选项B错误；客户招揽，是指证券经纪业务营销人员通过营销渠道，与客户建立关系并促成交易的过程，选项D错误。

3. 参考答案：B

考点：本题考查募集设立。募集设立时，发起人认购的股份不得少于公司股份总数的35%。但是，法律、行政法规另有规定的，从其规定。

4. 参考答案：A

考点：独立董事最多可以在2家证券公司担任独立董事。

5. 参考答案：C

考点：本题考查证券账户的非交易过户和客户交易结算资金存管制度。按照《客户交易结算资金管理办法》，客户交易结算资金必须全额存入具有从事证券交易结算资金存款业务资格的商业银行，单独立户管理，选项C错误。

6. 参考答案：B

考点：本题考查证券公司投资银行类业务内部控制的有关规定。非单一从事投资银行类业务的证券公司分支机构不得开展除项目承揽等辅助性活动以外的投资银行类业务，专门从事资产管理业务的证券公司分支机构开展资产证券化业务除外。

7. 参考答案：A

考点：本题考查证券交易终止的情形。上市公司有下列情形之一的，由证券交易所决定终止其股票上市交易：

（1）公司股东总额、股权分布等发生变化不再具备上市条件，在证券交易所规定的期限内仍不能达到上市条件；

（2）公司不按照规定公开其财务情况，或者对财务会计报告作虚假记载，且拒绝纠正；

（3）公司最近三年连续亏损，在其后一个年度内未能恢复盈利；

（4）公司解散或者被宣告破产；

（5）证券交易所上市规则规定的其他情形。

公司有重大违法行为属于暂停股票上市交易的情形。

8. 参考答案：C

考点：本题考查证券登记结算机构的业务规则。证券登记结算机构应当按照规定以投资者本人的名义为投资者开立证券账户。证券登记结算机构应当妥善保存登记、存管和结算的原始凭证及有关文件资料。其保存期限不得少于 20 年。证券登记结算机构不得挪用客户的证券。

9. 参考答案：D

考点：本题考查《期货交易管理条例》第六十七条的规定，未将客户交易指令下达到期货交易所的属于期货公司的欺诈客户行为。

10. 参考答案：C

考点：本题考查证券公司受托投资管理业务内部控制的有关规定。受托投资管理合同中不得有承诺收益条款。

11. 参考答案：B

考点：本题考查沪港通和深港通的相关概念。香港联合交易所上市的 A + H 股公司股票属于深港通。

12. 参考答案：D

考点：本题考查证券公司合规经营的基本原则和应遵守的基本要求。应建立业务风险识别、评估和控制的完整体系属于内部控制制度机制建设的基本要求。

13. 参考答案：B

考点：本题考查证券公司应持续符合的风险控制指标标准。资本杠杆率不得低于 8%。

14. 参考答案：C

考点：本题考查证券公司将子公司的风险管理纳入统一体系的要求。

15. 参考答案：C

考点：本题考查《证券公司监督管理条例》第十条的规定。有下列情形之一的单位和个人不得成为持有证券公司5%以上股东、实际控制人：

（1）因故意犯罪被判处刑罚，刑罚执行完毕未愈3年；

（2）净资产低于实收资本的50%，或者或有负债达到净资产的50%；

（3）不能清偿到期债务。

16. 参考答案：C

考点：本题考查普通投资者的划分等级。

17. 参考答案：D

考点：本题考查资产证券化基础资产负面清单。

18. 参考答案：A

考点：本题考查有关信息技术合规与风险管理机制知识点。

19. 参考答案：B

考点：本题考查证券公司组织机构规定的法律责任。证券公司未按照规定对离任的法定代表人或者高级管理人员进行审计，并报送审计报告的，对直接负责的主管人员和其他直接责任人员单处或者并处警告、3万元以上10万元以下的罚款；情节严重的，撤销任职资格或者证券从业资格。

20. 参考答案：A

考点：本题考查证券投资顾问业务关键环节的规范要求。

证券投资顾问业务关键环节的规范要求如下：

证券公司、证券投资咨询机构向客户提供证券投资顾问服务，应当按照公司制定的程序和要求，了解客户的身份、财产与收入状况、证券投资经验、投资需求与风险偏好，评估客户的风险承受能力，并以书面或者电子文件形式予以记载、保存。

证券公司、证券投资咨询机构应当向客户提供风险揭示书，并由客户签收确认。

证券投资顾问服务协议应当约定，自签订协议之日起5个工作日内，客户可以书面通知方式提出解除协议。证券公司、证券投资咨询机构收到客户解除协议书面通知时，证券投资顾问服务协议解除。

证券投资顾问向客户提供投资建议，知悉客户作出具体投资决策计划的，不得向他人泄露该客户的投资决策计划信息。

21. 参考答案：B

考点：本题考查中国证监会融资融券业务资格取得的条件。公司最近2年内不存在因涉嫌违法违规正被中国证监会立案调查或者正处于整改期间的情形。

22. 参考答案：D

考点：证券发行与承销信息披露的有关规定，选项①②③④均正确。

23. 参考答案：B

考点：本题考查《证券法》。根据《证券法》第二百一十三条的规定，收购人未按照本法规定履行上市公司收购的公告、发出收购要约等义务的，责令改正，给予警告，并处以10万元以上30万元以下的罚款；在改正前，收购人对其收购或者通过协议、其他安排与他人共同收购的股份不得行使表决权。

24. 参考答案：B

考点：本题考查风险控制指标不符合规定标准的监管措施。

25. 参考答案：D

考点：本题考查证券公司自有资金参与集合计划的相关知识点。证券公司以自有资金参与单个集合资产管理计划的份额，不得超过该计划总份额的20%。

26. 参考答案：C

考点：本题考查刚性兑付的相关情形。资产管理产品不能如期兑付或者兑付困难时，发行或者管理该产品的金融机构自行筹集资金偿付或者委托其他机构代为偿付，应视为刚性兑付。

27. 参考答案：B

考点：本题考查证券公司风险控制指标管理基本规定。

28. 参考答案：B

考点：境外投资者的境内证券投资运作。投资者通过合格投资者持有1家上市公司股票的，持股比例不得超过该公司股份总数的10%。

29. 参考答案：D

考点：本题考查合伙企业设立条件。根据《合伙企业法》第十四条的规定，设立合伙企业，应当具备下列条件：

（1）有两个以上合伙人。合伙人为自然人的，应当具有完全民事行为能力。

（2）有书面合伙协议。

（3）有合伙人认缴或者实际缴付的出资。

（4）有合伙企业的名称和生产经营场所。

30. 参考答案：A

考点：本题考查《证券法》第一百八十九条的规定。发行人不符合发行条件，以欺骗手段骗取发行核准，尚未发行证券的，处以30万元以上60万元以下的罚款；已经发行证券的，处以非法所募资金金额1%以上5%以下的罚款。对直接负责的主管人员和其他直接责任人员处以3万元以上30万元以下的罚款。发行人的控股股东、实际控制人指使从事前款违法行为的，依照前款规定处罚。

31. 参考答案：D

考点：本题考查经营机构向投资者销售产品或者提供服务应了解的投资者信息。

32. 参考答案：D

考点：诱骗投资者买卖证券、期货合约罪的犯罪主体是特殊主体，主要包括两个方面：

（1）证券交易所、期货交易所、证券公司、期货经纪公司的从业人员；

（2）证券业协会、期货业协会或者证券期货监督管理部门的工作人员。

33. 参考答案：D

考点：本题考查证券市场法律法规体系。其中，《证券基金经营机构合规管理办法》《私募投资基金监督管理暂行办法》《内地与香港股票市场交易互联互通机制若干规定》均属于法律法规体系中的部门规章，《证券账户现场开户实施暂行办法》则属于证券市场的部门规范性文件。

34. 参考答案：C

考点：本题考查对经营机构违反适当性管理规定的监管措施。

35. 参考答案：B

考点：保荐机构对其保荐代表人履行保荐职责，不能减轻或免除发行人及其董事、监事、高级管理人员、证券服务机构及其签字人员的责任。

36. 参考答案：A

考点：本题考查全国股份转让系统公司备案制度。全国股份转让系统公司受理证券公司的请求后，同意备案的，自受理之日起 10 个转让日内与证券公司签订协议书，向其出具《主办券商业务备案函》，并予以公告；主办券商应在取得《主办券商业务备案函》后 5 个转让日内，在全国股份转让系统指定信息披露平台披露公司基本情况、主要业务人员情况及全国股份转让系统公司要求披露的其他信息；主办券商所披露信息内容发生变更的，应自变更之日 5 个转让日内报告考查全国股份转让系统公司并进行更新；主办券商名称变更备案文件齐备的，全国股份转让系统公司自收到变更备案申请之日起 5 个转让日内与主办券商重新签订协议书。

37. 参考答案：B

考点：本题考查证券投资咨询机构及执业人员向社会公众开展证券投资咨询业务活动的有关规定。不得以虚假信息、内幕信息或者市场传言为依据向客户或投资者提供分析、预测或建议，选项 A 错误。证券投资分析报告、投资分析文章等形式的咨询服务产品不得有建议投资者在具体证券品种上进行具体价位买卖等方面的内容，选项 C 错误。证券投资咨询机构及其执业人员有权拒绝媒体对其所提供的稿件进行断章取义、做有损原意的删节和修改，并自提供之日起将其稿件以书面形式保存 3 年，选项 D 错误。

38. 参考答案：C

考点：本题考查证券公司治理基本要求的有关规定。选项 C 为证券公司合规经营的基本原则与应遵守的基本要求。

39. 参考答案：A

考点：本题考查托管业务相关知识。

40. 参考答案：A

考点：本题考查对证券公司董监高任职资格方面的要求。证券公司对其已经聘任、选任的无任职资格的董监高，有关聘任、选任的决议、决定无效；证券公司董监高不再具备任职资格条件的，证券公司应当解除其职务并向中国证监会派出机构报告；证券公司未解除其职务的，中国证监会派出机构应当责令其解除。

41. 参考答案：B

考点：本题考查金融债券发行业务的一般规定。金融债券定向发行的，经认购人同意，可免于信用评级。

42. 参考答案：C

考点：本题考查监事会的有关要求。监事会应当设主席，可以设副主席；监事会主席是监事会的召集人；对董事、高级管理人员违反法律法规严重损害客户利益的行为，监事会应当提议召开股东（大）会，并向股东（大）会提出专项议案。

43. 参考答案：B

考点：本题考查违反证券发行与承销有关规定的法律责任。证券公司承销未经核准擅自公开发行的证券的，依照《证券法》第一百九十条的规定处罚。证券公司承销证券有前款所述情形的，中国证监会可以采取 12 个月至 36 个月暂不受理其证券承销业务有关文件的监管措施。

44. 参考答案：C

考点：中国人民银行依法对交易商协会、同业拆借中心和中央国债登记结算有限责任公司进行监督管理。

45. 参考答案：B

考点：本题考查证券自营业务的含义及投资范围。不具备证券自营业务资格的证券公司只能以对冲风险为目的，从事金融衍生品交易。

46. 参考答案：C

考点：考查证券投资咨询机构资格管理。单独从事证券投资咨询业务的机构，有5名以上取得证券投资咨询从业资格的专职人员，有100万元以上的注册资本。

47. 参考答案：C

考点：席位的定义及一般规定。会员（证券公司）取得的席位可以向其他会员转让，但不得退回证券交易所，选项C错误。

48. 参考答案：C

考点：本题考查证券自营业务的决策与授权。投资决策机构是自营业务的最高管理机构，董事会是自营业务的最高决策机构。

49. 参考答案：D

考点：本题考查专项计划财产的相关规定。因处理专项计划务所支出的费用、对第三人所负债务，以专项计划资产承担。

50. 参考答案：B

考点：为降低期限错配风险，金融机构应当强化资产管理产品久期管理，封闭式资产管理产品期限不得低于90天。

51. 参考答案：D

考点：本题考查公司经营原则。公司从事经营活动，必须做到遵守法律、行政法规，遵守社会公德、商业道德，诚实守信，接受政府和社会公众的监督，承担社会责任。

52. 参考答案：D

考点：本题考查《合伙企业法》的相关规定。根据《合伙企业法》第三十一条的规定，除合伙企业另有约定外，合伙企业的下列事项应当经全体合伙人一致同意：

（1）改变合伙企业的名称；

（2）改变合伙企业的经营范围、主要经营场所的地点；

（3）处分合伙企业的不动产；

（4）转让或者处分合伙企业的知识产权和其他财产权利；

（5）以合伙企业名义为他人提供担保；

（6）聘任合伙人以外的人担任合伙企业的经营管理人员。

53. 参考答案：D

考点：本题考查《证券投资基金法》的规定。根据《证券投资基金法》第四十六条的规定，基金份额持有人依法享有下列权利：

（1）分享基金财产收益。

（2）参与分配清算后的剩余基金财产。

（3）依法转让或者申请赎回其持有的基金份额。

（4）按照规定要求召开基金份额持有人大会或者召集基金份额持有人大会。

（5）对基金份额持有人大会审议事项行使表决权。

（6）对基金管理人、基金托管人、基金服务机构损害其合法权益的行为依法提起诉讼。

（7）公开募集基金的基金份额持有人有权查阅或者复制公开披露的基金信息资料；非公开募集基金的基金份额持有人有权对涉及自身利益的情况，查阅基金的财务会计账簿等财务资料。

除上述权利以外，基金份额持有人还享有基金合同约定的其他权利。

54. 参考答案：D

考点：本题考查对经营混乱进行责令限期整改的监督管理措施，选项内容均正确。

55. 参考答案：D

考点：本题考查合伙企业清算程序。清算人自被确定之日起 10 日内通知债权人，并于 60 日内在报纸上公告；债权人自接到通知书之日起 30 日内，未接到通知书的自公告之日起 45 日内，向清算人申报债权。选项 D 正确。

56. 参考答案：D

考点：本题考查证券交易终止的情形。上市公司有下列情形之一的，由证券交易所决定终止其股票上市交易：

（1）公司股东总额、股权分布等发生变化不再具备上市条件，在证券交易所规定的期限内仍不能达到上市条件；

（2）公司不按照规定公开其财务情况，或者对财务会计报告作虚假记载，且拒绝纠正；

（3）公司最近三年连续亏损，在其后 1 个年度内未能恢复盈利；

（4）公司解散或者被宣告破产；

（5）证券交易所上市规则规定的其他情形。

57. 参考答案：C

考点：本题考查股份有限公司股东大会的职权。其中，选项①③④⑥⑦属于股东大会职权，选项②⑤属于董事会职权。

58. 参考答案：B

考点：本题考查了科创板转融券业务展期及提前了结的规定。借入人和出借人协商提前了结的，应一次性全部提前了结该笔转融券业务；转融券展期的，相关权益补偿不进行展期，选项②④错误。

59. 参考答案：B

考点：本题考查客户可补交担保物的类型。当该比例低于约定的维持担保比例时，应当通知客户在约定的期限内补交担保物，客户经证券公司认可后，可以提交除可充抵保证金以外的其他证券、不动产、股权等资产。

60. 参考答案：D

考点：本题考查资产证券化的相关概念。基础资产，是指符合法律法规规定，权属明确，可以产生独立、可预测的现金流且可特定化的财产权利或者财产。基础资产可以是单项财产权利或者财产，也可以是多项财产权利或者财产构成的资产组合。

61. 参考答案：B

考点：证券公司对顾客负有诚信义务，不得侵犯客户的财产权、选择权、公平交易权、知情权及其他合法权益。证券公司不得挪用客户交易结算资金，不得挪用客户委托管理的资产，不得挪用客户托管在公司的证券。证券公司的股东和实际控制人不得占用客户资产，损害客户合法权益。

62. 参考答案：B

考点：本题考查证券公司治理基本要求的有关规定。《证券公司管理条例》以保护投资者利益和防范证券公司风险为出发点，重点规定了证券经纪业务、证券自营业务、证券资产管理业务和融资融券业务等主要业务的规则和风险控制措施。

63. 参考答案：C

考点：证券公司经营证券经纪业务、证券资产管理业务、融资融券业务和证券承销与保荐业务中两种以上业务的，其董事会应当设立薪酬与提名委员会、审计委员会、风险控制委员会。

64. 参考答案：C

考点：本题考查证券公司内部控制组织结构要求的有关规定。记忆点：第一道防线、第二道防线和第三道防线分别是重要一线岗位、部门之间和岗位之间、各项业务和各岗位等。

65. 参考答案：C

考点：本题考查证券公司对敏感信息的管理。

66. 参考答案：D

考点：本题考查证券公司风险控制指标体系中主要的风险控制指标。

67. 参考答案：C

考点：本题考查从业人员申请执业证书的条件。申请从事一般证券业务的人员，必须最近3年未受过刑事处罚。

68. 参考答案：D

考点：本题考查申请从事一般证券业务应当具备的条件，选项③是证券从业人员应当遵守的要求。

69. 参考答案：C

考点：本题考查证券市场禁入措施期限的相关规定。

70. 参考答案：C

考点：应急预案包括应急管理建设目标、备份信息系统建设、备份数据恢复机制、业务恢复或替代措施、应急联系方式、与客户沟通方式、向监管部门及有关单位的报告路径、应急预案披露与更新机制等。

71. 参考答案：B

考点：本题考查违反《证券期货经营机构及其工作人员廉洁从业规定》的相关法律责任，自律惩戒措施属于自律措施，不属于行政监管措施。

72. 参考答案：D

考点：本题考查中国证券业协会诚信管理的有关规定，会员对本单位从业人员作出的处罚处分不作为处罚处分信息，但应计入诚信信息备注栏。

73. 参考答案：C

考点：本题考查证券公司资产管理业务权利行使和信息披露与报告的相关知识点。证券公司应当至少每季度向客户提供一次准确、完整的资产管理报告，对报告期内客户资产的配置状况、价值变动等情况作出详细说明。

74. 参考答案：A

考点：本题考查财务顾问的职责，选项①②③④均正确。

75. 参考答案：D

考点：本题考查证券经纪业务管理风险的防范措施。

76. 参考答案：A

考点：考查存托凭证的投资者保护，选项①②③④均正确。

77. 参考答案：B

考点：本题考查对欺诈发行股票、债券罪的犯罪构成的理解与掌握。

（1）主观方面：本罪主观上只能是故意构成，过失不构成本罪。

（2）客观方面：①行为人必须实施在招股说明书、认股书、公司、企业债券募集办法中隐瞒重要事实或编造重大虚假内容的行为；②行为人必须既制作了虚假的上述文件，且已经发行股票和公司、企业债券的才构成本罪；③行为人制作虚假招股说明书、认股书以及公司、企业债券募集办法发行股票或者公司、企业债券的行为，必须达到一定严重，即达到“数量巨大、后果严重或者有其他严重情节的”，才构成犯罪。

78. 参考答案：B

考点：交易机制的特别规定包括：引入盘后固定价格交易，优化融券交易机制，新增两种市价申报方式，放宽涨跌幅限制，调整单笔申报数量，可以根据市场情况调整微观交易机制，调整交易信息公开指标，交易行为监督等方面。

79. 参考答案：B

考点：本题考查主办券商在全国股转系统开展做市业务的主要规则。

80. 参考答案：D

考点：本题考查证券公司开展柜台市场业务发行、销售与转让的产品可采取的方式。证券公司开展柜台市场业务发行、销售与转让的产品可采取的方式有：协议、报价、做市、拍卖竞价、标购竞价等，不得采用集中竞价的方式。

81. 参考答案：C

考点：证券公司另类投资业务。B 选项，证券公司应当清晰地划分证券公司与另类子公司及其他子公司之间的业务范围，避免利益冲突和利益输送。C 选项，另类子公司不得从事投资以外的业务。

82. 参考答案：D

考点：本题考查业务推广和客户招揽环节的规范要求，选项①②③④均正确。

83. 参考答案：A

考点：本题考查证券自营业务的禁止性行为，选项①②③④均正确。

84. 参考答案：D

考点：本题考查合格投资者的条件资质，选项①②③④均正确。

85. 参考答案：D

考点：本题考查证券公司申请融资融券业务的程序要求，选项①②③④均属于证券公司申请融资融券资格时应当提交的材料。

86. 参考答案：B

考点：本题考查合格境外投资者的资格条件。最近 3 年没有受到监管机构的重大处罚，没有重大事项正在接受司法部门、监管机构的立案调查。

87. 参考答案：B

考点：本题考查证券公司融资融券业务的法律法规与部门规章。《证券公司监督管理条例》属于法律法规。

88. 参考答案：B

考点：证券投资咨询机构利用“荐股软件”从事证券投资咨询业务，必须遵守《证券法》《证券、期货投资咨询管理暂行办法》《证券投资顾问业务暂行规定》等法律法规和中国证监会的有关规定。

89. 参考答案：A

考点：本题考查申请做市业务资格的材料要求。

90. 参考答案：C

考点：证券公司代销金融产品与委托人签署书面代销合同应该约定的内容。证券公司对金融产品不承担任何担保责任。

91. 参考答案：C

考点：证券账户的管理。1 个投资者最多可以申请开立 3 个 A 股账户、3 个封闭式基金账户，只能申请开立 1 个信用账户、1 个 B 股账户。

92. 参考答案：B

考点：本题考查以软件工具、终端设备为载体提供投资建议的规范要求。表示软件工具、终端设备可以提供选择证券投资品种或者提示买卖时机的功能，但需要说明其方法和局限性，选项③错误。

93. 参考答案：C

考点：使用香港机构证券投资咨询服务证券基金经营机构使用符合下列情形之一的香港机构的证券投资咨询服务的，应当自签订协议之日起 5 个工作日内，将协议、香港机构签署的承诺书、香港机构符合资质的证明文件报住所地或者经营所在地中国证监会派出机构备案：

（1）与证券基金经营机构存在控制关系或者受同一金融机构控制；

（2）提供港股研究报告的香港机构从事发布证券研究报告业务 3 年以上，且有 20 名以上经香港证监会批准取得就证券提供意见牌照的持牌代表；

（3）提供港股投资顾问服务的香港机构从事资产管理业务 5 年以上，且最近一个会计年度管理的证券资产不少于 100 亿港元或者等值货币。

94. 参考答案：D

考点：本题考查转融通业务资金和证券的来源，选项①②③④均正确。

95. 参考答案：D

考点：本题考查转融通业务的公布信息，选项①②③④均正确。

96. 参考答案：C

考点：本题考查证券发行与承销信息披露的有关规定，在债券有效存续期间，应当每年至少向市场公布一次定期跟踪评级报告。

97. 参考答案：D

考点：本题考查证券研究报告调研活动管理，选项①②③④均属于进行调研活动的要求。

98. 参考答案：A

考点：本题考查私募基金子公司设立要求。

99. 参考答案：A

考点：本题考查证券公司开展股票期权业务的主要业务规则。

100. 参考答案：D

考点：本题考查融资融券业务的决策授权体系。由董事会确定融资融券业务的总规模。业务执行机构确定对具体客户的授信额度。业务决策部门确定单一客户的授信额度。分支机构不可自行决定客户的开户、保证金收取。

《证券市场基本法律法规》模拟试卷四

一、单选题（共50题，每题1分，共50分。以下各选项中，只有一项符合题目要求，不选、错选均不得分）

1. 证券公司变更持有5%以上股权的股东、实际控制人必须报经（　　）批准。

A. 中国人民银行　　B. 中国证券业协会

C. 中国证监会　　D. 国务院证券监督管理机构

2. 下列有关分公司的说法，错误的是（　　）。

A. 分公司不具有法人资格，不能独立享有权利、承担责任，其一切行为的后果及责任由公司承担

B. 分公司没有独立的公司名称及章程，其对外从事经营活动必须以总公司的名义，遵守总公司的章程

C. 分公司在人事上没有自主权，其主要管理人员由总公司决定并委任，但能够以自己的名义开展经营活动，从事各类民事活动

D. 分公司没有独立的财产，其所有资产属于总公司，并作为总公司的资产列入总公司的资产负债表中

3. 股份有限公司董事会会议的召集和主持程序，不包括（　　）。

A. 董事长不能履行职务或者不履行职务的，由副董事长履行职务

B. 副董事长不能履行职务或者不履行职务的，由半数以上董事共同推举1名董事履行职务

C. 董事长负责召集和主持董事会会议

D. 副董事长不能履行职务或者不履行职务的，由监事会履行职务

4. 下列企业中，全体出资人对企业债务承担无限责任的是（　　）。

A. 普通合伙企业　　B. 有限责任公司

C. 有限合伙企业　　D. 国有独资公司

5. 因违法行为或者违纪行为被解除职务的证券交易所、证券登记结算机构的负责人或者证券公司的董事、监事、高级管理人员，自被解除职务之日起未逾（　　）的，不得担任证券交易所的负责人。

A. 1 年　　B. 2 年

C. 3 年　　D. 5 年

6. 证券公司或者其股东、实际控制人违反规定，拒不向证券监督管理机构报送或者提供经营管理信息和资料，或者报送、提供的经营管理信息和资料有虚假记载、误导性陈述或者重大遗漏的，责令改正，给予警告，并处以（　　）的罚款，可以暂停或者撤销证券公司相关业务许可。

A. 3 万元以上 30 万元以下　　B. 10 万元以上 30 万元以下

C. 30 万元以上 60 万元以下　　D. 10 万元以上 60 万元以下

7. 当期货交易出现（　　）情况时，交易所可以采取强制减仓措施。

A. 违规超仓

B. 未按规定及时追加交易保证金

C. 同方向连续单边市

D. 未按规定向交易所报告其资金、持仓量等情况

8. 按照《期货交易管理条例》第六十六条的规定，下列行为不属于期货公司应予责令改正、给予警告的是（　　）。

A. 违反规定收取保证金，或者挪用保证金的

B. 交易软件、结算软件不符合期货公司审慎经营和风险管理以及国务院期货监督管理机构有关保证金安全存管监控规定的要求的

C. 允许客户在保证金不足的情况下进行期货交易的

D. 伪造、涂改或者不按照规定保存期货交易、结算、交割资料的

9. 根据《证券法》第一百二十八条第十七条的规定，公司登记机关应当依照法律、行政法规的规定，凭（　　）的批准文件，办理证券公司及其境内分支机构的设立、变更、注销登记。

A. 持有证券公司 5% 以上股权的股东

B. 国务院金融监督管理机构

C. 国务院证券监督管理机构

D. 债权人

10. 证券公司未按照规定未按照规定存放、管理客户的交易结算资金、委托资金和客户担保账户内的资金、证券的，没有违法所得或者违法所得不足 3 万元的，处以 3 万元以上（　　）万元以下的罚款。

A. 10　　B. 20

C. 30　　D. 50

11. 按照《证券监督管理条例》的要求，以下（　　）公司应当建立独立董事制度。

A. 经营证券经纪业务、证券资产管理业务和证券承销与保荐业务的甲公司

B. 经营融资融券业务、投资银行类业务和研究咨询业务的乙公司

C. 经营证券经纪业务、自营业务和证券投资顾问业务的丙公司

D. 经营证券承销与保荐业务、研究咨询业务和自营业务的丁公司

12. 证券公司设董事会的，内部董事人数不得超过董事人数的（　　）。

A. 1/2　　B. 1/3

C. 1/4　　D. 1/5

13. 以下关于薪酬与提名委员会的说法错误的是（　　）。

A. 薪酬与提名委员会的负责人由董事会成员担任

B. 应当搜寻合格的董事和高级管理人员人选

C. 对董事和高级管理人员的考核和薪酬管理制度进行审议并提出意见

D. 对董事、高级管理人员进行考核并提出建议

14. 以下关于自营业务内部控制的说法正确的是（　　）。

A. 自营业务由自营业务部门统一管理，建立自营账户审批和稽核程序

B. 自营部门应对证券持仓、盈亏状况、风险状况和交易活动进行有效监控

C. 应确保自营部门和会计核算部门对自营浮动盈亏进行恰当的记录和报告

D. 自营资金来源不属于证券公司应该关注的内容

15. 按照《证券公司投资银行类业务内部控制指引》的要求，以下关于证券公司投资银行类业务内部控制的说法错误的是（　　）。

A. 不得以业务包干等承包方式开展投资银行类业务，或者以其他形式实施过度激励

B. 不得将投资银行类业务人员薪酬收入与其承做的项目收入直接挂钩

C. 对投资银行类项目负有主要管理或执行责任人员的收入递延支付年限原则上不得少于5年

D. 在开展投资银行类业务时，应当在综合评估项目成本的基础上合理确定报价

16. 证券公司应当建立合理的内部控制监督、检查与评价机制，确保内部控制的有效性。证券公司应当设立监督检查部门或岗位，监督检查部门应加强对内部控制执行情况的现场检查、非现场检查和常规稽核、非常规稽核，并将检查结

果报（　　）。

A. 证券公司注册地中国证监会派出机构

B. 证券公司注册地证券业协会

C. 证券公司所在地中国证监会派出机构

D. 证券公司所在地证券业协会

17. 按照《证券公司合规管理实施指引》的要求，证券公司的合规管理是指证券公司制定和执行合规管理制度，建立合规管理机制，防范合规风险的行为。以下（　　）不属于证券公司合规经营的基本原则和应遵守的基本要求。

A. 不得为客户违规从事证券发行、交易活动提供便利

B. 有效管理内幕信息和未公开信息，防范公司及其工作人员利用该信息买卖证券、建议他人买卖证券，或者泄露该信息

C. 保证关联交易的公允性，防止不正当关联交易和利益输送

D. 建立业务风险识别、评估和控制的完整体系

18. 按照《证券公司合规管理实施指引》的要求，某证券公司设立合规部门，下列关于合规负责人的表述，正确的是（　　）。

A. 合规负责人应对公司内部规章制度、重大决策、新产品和新业务方案进行合规审查，并出具书面合规审查意见

B. 合规负责人直接对股东（大）会负责

C. 合规负责人对证券公司报送的申请材料或报告中基本事实和业务数据的真实性、准确性及完整性负责

D. 证券公司不采纳合规负责人建议的，应将有关事项交于董事会和监事会共同决定

19. 按照《证券公司信息隔离墙制度指引》的要求，某证券公司的敏感信息包括内幕信息和其他未公开信息。下列不属于该证券公司内幕信息的是（　　）。

A. 该证券公司的经营方针和经营范围发生了重大变化

B. 该证券公司董事会通过了一项重要投资行为

C. 该证券公司接受了一项 30 万元的政府补助

D. 该证券公司分配股利或者增资的计划

20. 证券公司应当建立观察名单和限制名单制度。以下关于观察名单和限制名单进出时点的说法错误的是（　　）。

A. 观察名单的进入时点，以与客户签署保密协议、对项目立项、进场开展工作和实际获知项目内幕信息中较晚者为准

B. 限制名单的进入时点之一是担任首次公开发行股票项目的上市辅导人、

保荐机构或主承销商的信息公开之日

C. 担任上市公司股权类、债权类再融资项目或并购重组项目保荐机构、主承销商或财务顾问的，限制名单的进入时点是项目公司首次对外公告该项目之日

D. 证券公司根据实际需要，可以将列入限制名单的时点前移

21. 证券公司风险控制指标体系的核心是（　　）。

A. 收益性和安全性　　B. 净资本和收益性

C. 净资本和流动性　　D. 安全性和流动性

22. 证券公司应当根据自身资产负债状况和业务发展情况，建立（　　）的风险控制指标监控和资本补足机制，确保净资本等各项风险控制指标在（　　）都符合规定标准。

A. 静态；任一时点　　B. 静态；某些时点

C. 动态；任一时点　　D. 动态；某些时点

23. 证券公司经营经纪业务，同时经营证券承销与保荐、证券自营、证券资产管理、其他证券业务等业务之一的，其净资本不得低于人民币（　　）。

A. 1 000 万元　　B. 2 000 万元

C. 5 000 万元　　D. 1 亿元

24. 证券公司未按照监管部门要求报送风险控制指标监管报表，或者风险控制指标监管报表存在重大错报、漏报以及虚假报送情况，（　　）及其派出机构可以根据情况采取出示警示函、责令改正、监管谈话、责令处分有关人员等监管措施。

A. 自律组织　　B. 中国证券业协会

C. 中国人民银行　　D. 中国证监会

25. 全面风险管理体系应当包括可操作的管理制度、健全的组织架构、可靠的信息技术系统、（　　）、专业的人才队伍以及有效的风险应对机制。

A. 合理的公司文化　　B. 政策支持

C. 前瞻性的风险预警机制　　D. 量化的风险控制指标

26. 根据证券基金经营机构使用香港机构证券投资咨询服务的有关规定，下列说法错误的是（　　）。

A. 业务模式主要包括港股研究报告业务模式和港股投资顾问业务模式

B. 最近 5 年内因发布证券研究报告业务违法违规受到行政处罚或者被采取重大行政监管措施的证券公司不可以向客户转发港股研究报告

C. 香港机构发布港股研究报告的程序符合应符合香港证监会的规定

D. 证券公司依法就港股研究报告的内容和转发行为对客户承担责任

27. 下列关于财务顾问与委托人之间的权利和义务的说法，错误的是（　　）。

A. 财务顾问应当与委托人签订委托协议，明确双方的权利和义务

B. 接受委托的，财务顾问应当指定3名财务顾问主办人负责

C. 财务顾问应当建立尽职调查制度和具体工作规程，对上市公司并购重组活动进行充分、广泛、合理的调查

D. 委托人应当配合财务顾问进行尽职调查，提供相应的文件资料

28. 上市公司就并购重组事项出具盈利预测报告的，在相关并购重组活动完成后，凡不属于上市公司管理层实现无法获知且事后无法控制原因，上市公司或者购买资产实现的利润未达盈利预测报告或者资产评估报告预测金额（　　）的，中国证监会责令财务顾问及其财务顾问主办人在股东大会及中国证监会指定报刊上公开说明未实现盈利预测的原因并向股东和社会公众道歉。

A. 90%　　B. 80%

C. 60%　　D. 50%

29. 上市公司、证券公司、证券交易所、证券登记结算机构、证券服务机构，隐匿、伪造、篡改或者毁损有关文件和资料的，给予警告，并处以（　　）罚款。

A. 3万~30万元　　B. 4万~40万元

C. 30万~60万元　　D. 40万~60万元

30. 下列说法错误的是（　　）。

A. 金融证券是指依法在中华人民共和国境内设立的金融机构法人在全国银行间债券市场发行的，按约定还本付息的有价证券

B. 金融债券的投资风险由投资者自行承担

C. 未经中国证监会批准，任何金融机构不得擅自发行金融债券

D. 金融债券可在全国银行间债券市场公开发行或定向发行

31. 下列关于非金融机构开展基金托管业务的条件，说法错误的是（　　）。

A. 准入条件中要求部门有满足营业需要的固定场所，及具备安全高效的清算、交割系统

B. 在从业人员方面规定拟从事基金清算、核算、投资监督、信息披露、内部稽核监控等业务的职业人员不少于8人，并具有基金从业资格。其中，核算、监督等核心业务岗位应当具备3年以上托管业务从业经验

C. 在制度建设方面，需具备完善的稽核监控制度和风险控制制度

D. 非银行金融机构需满足最近3年无重大违法违规记录，并符合其他法律、

行政法规以及中国证监会定的其他条件

32. 超过批准数额发行企业债券的，责令退还超额发行部分或者核减相当于超额发行金额的贷款额度，处以相当于超额发行部分（　　）以下的罚款。

A. 5%　　B. 10%

C. 15%　　D. 20%

33. 下列说法正确的是（　　）。

A. 自营业务必须以证券公司自身名义、通过专用自营席位进行，并由自营业务部门负责自营账户的管理，包括开户、销户、使用登记等

B. 证券公司需建立健全自营账户的审核和稽核制度，严禁出借自营账户、使用非自营席位变相自营、账外自营

C. 自营业务资金的出入必须以公司名义进行，可以从自营账户中提取现金，禁止以个人名义从自营账户中调入调出资金

D. 对自营资金执行清算制度，自营清算岗位可以由经纪业务、资产管理业务及其他业务的清算岗位担任

34. 私募基金子公司及其下设特殊目的的机构可以以现金管理为目的管理闲置资金，但应当坚持有效控制风险、保持流动性的原则，不得投资于（　　）。

A. 国债　　B. 央行票据

C. 对外贷款　　D. 投资级公司债

35. 下列说法错误的是（　　）。

A. 证券公司以自有资金参与单个集合资产管理计划的份额，不得超过该计划总份额的 20%

B. 集合计划存续期间，证券公司自有资金参与集合资产管理计划的持有期限不得少于 6 个月

C. 因集合资产管理计划规模变动等客观因素导致自有资金参与集合资产管理计划被动超限的，证券公司应当在合同中明确约定处理原则，依法及时调整

D. 证券公司自有资金参与、退出集合资产管理计划时，应当提前 7 日告知客户的资产托管机构

36. 如果偏离 5% 或以上的产品数超过所发行产品总数的（　　），金融机构不得再发行以摊余成本计量金融资产的资产管理产品。

A. 3%　　B. 5%

C. 7%　　D. 10%

37. 分级私募产品应当根据所投资资产的风险程度设定分级比例，固定收益类产品的分级比例不得超过（　　）。

A. 1:1　　B. 2:1

C. 3:1　　D. 4:1

38. 下列说法错误的是（　　）。

A. 资产证券化托管人是指为资产支持证券持有人之利益，按照规定或约定对专项计划相关资产进行保管，并监督专项计划运作的商业银行或其他机构

B. 特殊目的载体是指证券公司、基金管理公司子公司为开展资产证券化业务专门设立的资产支持专项计划或者中国证监会认可的其他特殊目的载体

C. 基础资产可以附带抵押、质押等担保负担或者其他权利限制

D. 以基础资产产生现金流循环购买新的同类基础资产方式组成专项计划资产的，专项计划的法律文件应当明确说明基础资产的购买条件、购买规模、流动性风险以及风险控制措施

39.（　　）负责制定融资融券业务的操作流程，确定对单一客户和单一证券的授信额度。

A. 董事会　　B. 业务决策机构

C. 业务执行部门　　D. 分支机构

40. 下列属于在交易制度方面业务规则的要求，正确的是（　　）。

A. 业务规则将提高最低申报股份数量要求

B. 业务规则放宽股份限售规定

C. 业务规则规定申请挂牌公司股东人数不可超过 200 人

D. 业务规则规定没有为可转换公司债券及其他证券品种预留空间

41. 证券金融公司可以根据化解证券公司违约风险的需要，建立（　　）。

A. 转融通保证金　　B. 证券公司担保账户

C. 专用资金账户　　D. 转融通互保基金

42. 下列不属于变相公开发行股票、公司、企业债券的是（　　）。

A. 采用广告、电话、传真、信函、推介会、说明会、网络、短信等方式向社会公众非公开进行股权转让

B. 公司股东委托他人以公开方式向社会公众转让股票，累计超过 200 人

C. 向特定对象发行证券累计不超过 200 人

D. 未经中国证监会核准，向特定对象转让股票，转让后公司股东累计超过 200 人

43. 按照《刑法》规定，对集资诈骗罪和非法吸收公众存款罪的法律责任理解正确的是（　　）。

A. 以非法占有为目的，使用诈骗方法非法集资，数额较大的，处 5 年以下

有期徒刑或者拘役，或单处 20 万元以下罚金

B. 以非法占有为目的，使用诈骗方法非法集资，数额特别巨大的，处 10 年以上有期徒刑或无期徒刑，并处 5 万元以上 50 万元以下罚金

C. 非法吸收公众存款，扰乱金融秩序的，处 1 万元罚金

D. 单位犯非法吸收公众存款罪，数额巨大的，处 6 年有期徒刑，并处罚金

44. 按照《最高人民检察院 公安部关于公安机关管辖的刑事案件立案追诉标准的规定（二）》第六条的规定，有关违规披露、不披露重要信息罪的刑事立案追诉标准，选项涉嫌的情形中，不应予立案追诉的是（ ）。

A. 造成股东、债权人或其他人直接经济损失数额累计在 100 万元的

B. 虚增或者虚减资产达到当期披露的资产总额 20% 的

C. 虚增或者虚减资产达到当期披露的利润总额 40% 的

D. 未按照规定披露的重大诉讼、仲裁、担保、关联交易或者其他重大事项所涉及的数额或者连续 12 个月的累计数额占净资产 60%

45. 诱骗投资者买卖证券、期货合约罪的犯罪主体中，不属于犯罪主体的是（ ）。

A. 证券交易所的从业人员　　B. 期货经纪公司的从业人员

C. 期货业协会的工作人员　　D. 基金管理公司的从业人员

46. 甲公司是一家证券公司，其已委托证券经纪人开展证券经纪业务承销，则甲公司下列情况符合《证券经纪人管理暂行规定》的是（ ）。

A. 甲公司建立健全证券经纪人管理制度，采取有效措施，对证券经纪人及其执业行为实施集中统一管理

B. 甲公司应当对证券经纪人进行不少于 50 个小时的执业前培训，其中法律法规和职业道德的培训时间不少于 20 个小时

C. 甲公司负责电话回访的人员从事客户招揽和客户服务活动

D. 甲公司对证券经纪人所招揽和服务客户的账户进行有效监控，并规定发现异常情况的，记录存档并在 7 个工作日内查明原因

47. 下列关于场外衍生品的说法错误的是（ ）。

A. 具备证券自营业务资格的证券公司可以从事金融衍生品交易

B. 不具备证券自营业务资格的证券公司一律不准从事金融衍生品交易

C. 关于场外衍生品业务备案，备案机构应当于首次开展业务之日起 1 个月内报送相关材料，完成该项业务首次备案

D. 关于场外衍生品业务备案，备案机构应于每月 10 日前报送上一月场外衍生品业务开展规模、业务列表及基本信息

48. 关于沪伦通，下列说法错误的是（ ）。

A. 沪伦通即上海证券交易所与伦敦证券交易所互联互通机制，是指符合条件的两地上市公司，依照对方市场的法律法规，发行存托凭证并在对方市场上市交易

B. 沪伦通包括南、北两个业务方向。南向业务，是指伦交所上市公司在上交所挂牌中国存托凭证；北向业务，是指上交所A股上市公司在伦交所挂牌全球存托凭证

C. 沪伦通下的全球存托凭证是由存托人签发、以沪市A股为基础在英国发行、代表中国境内基础证券权益的证券

D. 沪伦通是沪伦两地满足一定条件的上市公司到对方市场上市交易存托凭证的模式

49. 以下属于发布证券研究报告独立性原则相关规定的是（　　）。

A. 证券公司、证券投资咨询机构制作证券研究报告应当坚持客观原则，避免使用夸大、诱导性的标题，不得对证券估值、投资评级作出任何形式的保证

B. 证券公司、证券投资咨询机构应当公平对待证券研究报告的发布对象，不得将证券研究报告的内容或者观点，优先提供给公司内部部门、人员或者特定对象

C. 证券公司、证券投资咨询机构应当采取有效措施，保证制作发布证券研究报告不受证券发行人、上市公司、基金管理公司、资产管理公司等利益相关者的干涉和影响

D. 证券公司、证券投资咨询机构制作证券研究报告应当采用严谨的研究方法和分析逻辑，基于合理的数据基础和事实依据，审慎提出研究结论

50. 下列关于证券研究报告的利益冲突防范机制的说法，错误的是（　　）。

A. 证券公司、证券投资咨询机构应建立健全与发布证券研究报告相关的利益冲突防范机制，明确管理流程、披露事项和操作要求，有效防范发布证券研究报告和其他证券业务之间的利益冲突

B. 证券公司、证券投资咨询机构应当采取有效的管理措施，防止制作发布证券研究报告的相关人员利用发布证券研究报告为自身以及其利益相关者谋取不当利益，或者在发布证券报告前泄露证券研究报告的内容和观点

C. 发布证券研究报告讹误的相关人员，可以同时从事证券自营、证券资产管理等业务

D. 发布对具体股票作出明确估值和投资评级的证券研究报告时，公司持有该股票达到相关上市公司已发行股份1%以上的，应当在证券研究报告中向客户

披露本公司持有该股票的情况，并且在研究报告日及第二个交易日，不得进行与证券研究报告观点相反的交易

二、多选题（共50题，每题1分，共50分。以下各选项中，至少有一项符合题目要求，不选、错选均不得分）

51. 下列关于客户交易结算资金三方存管制度的说法正确的有（　　）。

①明确“单独立户”要求，防止资金被混合使用

②明确“封闭运行”要求，防止资金被违规动用

③除客户取款、交易等情形外，证券公司不得动用客户资金

④在向客户收取与证券交易有关的佣金、费用或者代扣税款等特殊情形下，证券公司可以将客户资金转入自有资金账户

A. ①②③　　B. ①②④

C. ①②　　D. ①②③④

52. 下列属于证券投资咨询机构利用“荐股软件”从事证券投资咨询业务应当符合的监督要求是（　　）。

①在公司营业场所、公司网站、中国证券业协会网站公示信息

②将“荐股软件”销售（服务）协议格式、营销宣传、产品推介等材料报住所地证监局和中国证券业协会备案

③公平对待客户，不得通过诱导客户升级付费等方式，将相同产品以不同价格销售给不同客户

④遵循客户适当性原则，制定了解客户的制度和流程，对“荐股软件”产品进行分类升级，并向客户解释产品的特点及风险，将合适的产品销售给适当的客户

A. ②③④　　B. ①②③

C. ①②③④　　D. ①③④

53. 证券投资顾问业务的内部控制要求包括（　　）。

①证券投资顾问人员管理制度要求

②证券投资顾问业务管理制度、合规管理和风险控制机制要求

③保证与服务方式、业务规模相适应

④业务留痕管理和档案保存要求

A. ①②③　　B. ①②④

C. ①②③④　　D. ①③④

54. 关于从事金融产品代销业务，对代销机构和从业人员的资格要求，下列

说法正确的有（　　）。

①证券公司代销金融产品，应当按照《证券公司监督管理条例》的规定取得代销金融产品业务资格

②任何个人不得以个人名义办理基金的销售或者相关业务

③从事基金销售业务的人员还应当取得基金销售业务资格

④办理基金销售业务或者办理基金销售相关业务，并向基金销售机构收取以基金交易（含开户）为基础的相关佣金的机构应当向中国证监会派出机构进行注册或者经证监会认定

A. ①③　　B. ①②③

C. ②③④　　D. ①②③④

55. 证券公司应当制定明确的柜台市场信息披露规则，信息披露义务人应当对所披露信息的真实性、准确性、完整性负责。下列属于不得向公众披露的私募业务信息的有（　　）。

①涉及证券公司客户隐私的信息

②涉及第三方商业秘密的信息

③合同约定不得向公众公开的信息

④法律法规和自律规则禁止向公众公开的信息

A. ①②④　　B. ①③④

C. ①②③④　　D. ①②③

56. 下列属于全国股份转让系统公司对业务规则规定的监管对象的有（　　）。

①实际控制人　　②会计师事务所

③律师事务所　　④高级管理人员

A. ①②④　　B. ①③④

C. ①②③④　　D. ①②③

57. 境内符合条件的股份公司均可通过主办券商申请在全国股份转让系统挂牌，公开转让股份，进行以下（　　）等活动。

①股权融资　　②债券融资

③债务重组　　④资产重组

A. ①②④　　B. ①③④

C. ①②③④　　D. ①②③

58. 融资融券标的证券为开放式基金的，应当符合的条件有（　　）。

①上市交易超过 5 个交易日的

②最近 5 个交易日内的日平均资产规模不低于 5 亿元

③基金持有户数不少于 2 000 户

④基金份额不存在分拆、合并等分级转换情形

A. ①②③　　B. ①③④

C. ②③④　　D. ①②③④

59. 证券公司申请融资融券业务资格，应当向中国证监会提交下列材料，同时抄报住所地证监会派出机构（　　）。

①融资融券业务资格申请书

②股东会关于经营融资融券业务的决议

③融资融券业务方案

④负责融资融券业务的高级管理人员与业务人员的名册及资格证明文件

A. ①②③　　B. ①③④

C. ①②④　　D. ①②③④

60. 合格境外投资者业务资格应经中国证监会审批，应当具备的条件有（　　）。

①申请人的财务稳健、资信良好，资产管理规模、经营年限等符合中国证监会的规定

②拥有符合规定的具有境外投资管理相关经验的人员

③具有健全的治理结构和完善的内控制度，经营行为规范

④最近 2 年没有受到监管机构的重大处罚，没有重大事项正在接受司法部门、监管机构的立案调查

A. ①②④　　B. ①②③

C. ①②③④　　D. ①③④

61. 金融机构为资产管理产品投资的非标准化债权类资产或者股权类资产发生以下（　　）行为的，视为刚性兑付。

①提供任何直接或间接的担保　　②提供显性或隐性的担保

③回购　　④其他代为承担风险的承诺

A. ①②③　　B. ②③④

C. ①②　　D. ①②③④

62. 规范金融机构资产管理业务主要遵循的原则有（　　）。

①坚持严控风险的底线思维

②坚持服务实体经济的根本目标

③坚持宏观审慎管理与微观审慎监管相结合、机构监管与功能监管相结合的

监管理念

④坚持有的放矢的问题导向

A. ①②③　　B. ②③④

C. ①②③④　　D. ①②④

63. 资产管理业务的基本要求包括（　　）。

①勤勉尽责　　②客户利益至上

③审慎经营　　④业务融合

A. ①③　　B. ①②③④

C. ①②③　　D. ②③④

64. 下列说法正确的有（　　）。

①发行人和主承销商在披露发行市盈率时，应同时披露发行市盈率的计算方式

②在进行行业市盈率比较分析时，应当按照中国证监会有关上市公司行业分类指引中制定的行业分类标准确定发行人行业归属，并分析说明行业归属的依据

③存在多个市盈率口径时，应当充分列示可供选择的比较基准，并应当按照审慎、充分提示风险的原则选取和披露行业平均市盈率

④存在多个市盈率口径时，应当充分列示可供选择的比较基准，并应当按照审慎、充分提示风险的原则选取和披露行业平均市盈率

A. ①②④　　B. ①②③④

C. ①②　　D. ①②③

65. 发行人（　　）应当在债券募集说明书上签字，承诺不存在虚假记载、误导性陈述或者重大遗漏，并承担相应的法律责任，但是能够证明自己没有过错的除外。

①董事　　②监事

③高级管理人员　　④财务会计

A. ①②④　　B. ①②③

C. ①③④　　D. ①②③④

66. 证券投资咨询人员存在以下（　　）情况的，由证监会派出机构单处或者并处警告、没收违法所得、1 万元以上 3 万元以下罚款。

①同时在两个或两个以上的证券、期货投资咨询机构执业的

②未以行业公认的谨慎、诚实和勤勉尽责的态度，为投资人或者客户提供证券投资咨询服务的

③以虚假信息、市场传言或者内幕信息为依据向投资人或者客户提供投资分

析、预测或建议的

④就同一问题向不同客户提供的投资分析、预测或者建议不一致的；就同一问题向社会公众和其自营部门提供的咨询意见不一致，为自营业务获利的需要误导社会公众的

A. ①②③　　B. ①②④

C. ①③④　　D. ①②③④

67. 证券咨询人员应当规范执业行为，遵守以下执业行为准则（　　）。

①证券投资咨询人员应当以行业公认的谨慎、诚实和勤勉尽责的态度，为投资人或者客户提供证券投资咨询服务

②证券投资咨询人员应当完整、客观、准确地运用有关信息、资料向投资人或者客户提供投资分析、预测和建议，不得断章取义地引用或者篡改有关信息、资料

③不得以虚假信息、市场传言或者内幕信息为依据向投资者或者客户提供投资分析、预测或建议

④证券投资咨询人员制作发布证券研究报告、提供相当服务，应当向客户进行必要的风险提示

A. ①②③　　B. ①②④

C. ①③④　　D. ①②③④

68. 证券投资咨询机构及其执业人员在与自身有利益冲突时，在以下（　　）情形中，应当进行执业回避。

①经中国证监会核准的公开发行证券的企业的承销商或上市推荐人及其所属的证券投资咨询机构和证券投资咨询执业人员（包括自有关证券公开发行之日起18个月内调离的证券投资咨询执业人员），不得在公众传播媒体上刊登或发布其为用户撰写的投资价值分析报告，也不得以假借其他机构和个人名义等方式变相从事前述业务

②证券公司的自营、受托投资管理、财务顾问和投资银行等业务部门的专业在离开原岗位后的6个月内不得从事面向社会公众开展的证券投资咨询业务

③证券投资咨询机构或其执业人员在知悉本机构、本人以及财产上的利害关系人与有关证券有利害关系时，不得就该证券的走势或投资的可行性提出建议或评价

④中国证监会根据合理理由认定的其他可能存在利益冲突的情况

A. ①②③　　B. ①②④

C. ①③④　　D. ①②③④

69. 证券公司、证券投资咨询机构向客户提供证券投资顾问服务，应当将（　　）告知客户。

①公司名称、地址、联系方式、投诉电话、证券投资咨询资格业务等

②证券投资顾问的姓名及其证券投资咨询执业资格编码

③证券投资顾问服务的内容和方式

④投资决策由客户作出，投资风险由客户承担，证券投资顾问不得代客户作出投资决策

A. ①②③　　B. ①②④

C. ①③④　　D. ①②③④

70. 列各项中，属于证券投资咨询业务的有（　　）。

①接受投资人或客户委托，提供证券投资咨询服务

②举办有关证券投资咨询的讲座、报告会、分析会等

③在报刊上发表证券投资咨询的文章、评论、报告，以及通过电台、电视等公众传播媒体提供证券投资咨询服务

④通过电话、传真、电脑网络等电信设备系统，提供证券投资咨询服务

A. ①②③　　B. ①③④

C. ①②④　　D. ①②③④

71. 下列说法正确的有（　　）。

①存托凭证是指有存托人签发、以境外证券为基础在中国境内发行、代表境外基础证券权益的证券

②存托凭证的境外基础证券发行人应当参与存托证券发行，依法履行发行人、上市公司的义务，承担相应的法律责任

③证券公司可以担任存托人

④存托人不能委托境外金融机构担任托管人

A. ①②③　　B. ①②④

C. ①③④　　D. ①②③④

72. 沪港通和深港通的基本规则包括（　　）。

①订单设计

②订单修改

③T+2 交收制度

④额度控制

A. ①②③　　B. ①②④

C. ①③④　　D. ①②③④

73. 《刑法》第一百七十九条规定，未经国家有关主管部门批准，擅自公开或变相公开发行证券，数额巨大、后果严重的，可予以的处罚有（　　）。

①处5年以下有期徒刑或者拘役，并处或者单处非法募集资金金额1%以上5%以下罚金

②退还所募资金并加算银行同期存款利息，处以非法所募资金金额1%以上5%以下罚款

③单位犯该罪的，对单位处以罚金，并对其直接负责的主管人员和其他直接责任人员，处5年以下有期徒刑或者拘役

④对直接负责的主管人员和其他责任人员给予警告，并处以3万元以上30万元以下的罚款

A. ②④　　B. ②③

C. ①③　　D. ①②

74. 下列哪一情形，属于变相公开发行股票、公司、企业债券（　　）。

①采用广告、电话、传真、信函、推介会、说明会、网络、短信等方式向社会公众非公开进行股权转让

②公司股东委托他人以公开方式向社会公众转让股票，累计超过200人

③向特定对象发行证券累计不超过200人

④未经中国证监会核准，向特定对象转让股票，转让后公司股东累计超过200人

A. ①②③　　B. ①②④

C. ①③④　　D. ②③④

75. 按照《最高人民检察院　公安部关于公安机关管辖的刑事案件立案追诉标准的规定（二）》第三十八条的规定，诱骗投资者买卖证券、期货合约，可予以立案追诉的情形不包括（　　）。

①获利或者避免损失数额累计在5万元以上的

②造成投资者直接经济损失数额在10万元以上的

③诱骗投资者买卖证券、期货合约数额在10万元以上的

④致使交易价格和交易量异常波动的

A. ①②③　　B. ①②④

C. ①③④　　D. ②③④

76. 以下叙述中，属于证券公司合规管理基本制度的有（　　）。

①明确合规管理目标、基本原则、机构设置及职责、合规考核及风险隐患报告、责任追究等问题

②审慎评估公司合规经营管理行为对证券市场的影响

③证券公司应结合本公司实际经营情况，制定指导经营活动依法合规开展的具体管理制度或操作流程，切实加强对各项经营活动的合规管理

④证券公司应当制定工作人员执业行为准则，引导工作人员树立良好的合规意识和职业道德行为规范，确保工作人员执业行为依法合规

A. ①②③④　　B. ①②④

C. ①③④　　D. ②③④

77. 证券公司内部控制是指证券公司为实现经营目标，根据经营环境变化，对证券公司经营与管理过程中的风险进行识别、评价和管理的制度安排、组织体系和控制措施。有效的内部控制应当为证券公司实现（　　）目标提供合理保证。

①保证经营的合法合规及证券公司内部规章制度的贯彻执行

②防范经营风险和道德风险

③保障客户及证券公司资金的安全、完整

④提高证券公司经营效率和效果

⑤保证证券公司利润最大化

⑥保证公司业务记录、财务信息和其他信息的可靠、完整、及时

A. ①②③④⑤　　B. ②③④⑤⑥

C. ①②③④⑥　　D. ①②④⑤⑥

78. 证券公司应当在报送年度报告的同时向中国证监会相关派出机构报送年度合规报告。年度合规报告内容包括（　　）。

①证券公司和各层级子公司合规管理的基本情况

②合规负责人及合规部门履行合规管理职责情况

③公司违法违规行为、合规风险的发现、监管部门和自律组织处罚及整改情况

④合规管理有效性的评估及整改情况

⑤内部控制的监督、检查和评价机制

⑥合规人员配置情况、合规性专项考核情况、合规负责人及合规管理人员薪酬保障落实情况

A. ①②③④⑥　　B. ②③④⑤⑥

C. ①③④⑤⑥　　D. ①②③⑤⑥

79. 以下属于证券公司分类监管的评价指标体系及评价方法中加分项的有（　　）。

①证券公司上一年度营业收入位于行业前20名

②证券公司上一年度代理买卖证券业务收入位于行业前20名，且营业部平均代理买卖证券业务收入位于行业中位数以上或证券公司上一年度营业部平均代理买卖证券业务收入位于行业前20名

③证券公司最近1个、2个评价期内主要风险控制指标持续达标的

④证券公司净资本达到规定标准的5倍以上的

⑤证券公司上一年度净利润为正且成本管理能力位于行业前20名的

A. ①③④⑤　　B. ①②③⑤

C. ②③⑤　　D. ①②⑤

80. 证券公司净资本或者其他风险控制指标不符合规定标准的，派出机构应当责令公司限期改正；整改期内，中国证监会及其派出机构应当区别情形，对证券公司采取的措施有（　　）。

①停止批准新业务

②停止批准增设、收购营业性分支机构

③限制分配红利

④限制转让财产或在财产上设定其他权利

⑤限制债务担保

⑥限制股权结构的重大变化

A. ①②③④　　B. ②③④⑤

C. ③④⑤⑥　　D. ①②③⑥

81. 以下对风险管理机制要求的说法，正确的有（　　）。

①建立逐日盯市制度并进行报告

②建立压力测试机制并实施

③选择与公司风险偏好相适应的应对策略与机制

④建立各层级畅通的风险沟通机制

A. ①②③④　　B. ①②③

C. ①③④　　D. ②③④

82. 以下有资格由普通投资者申请转化为专业投资者的有（　　）。

①最近一年末净资产800万元，最近1年末金融资产500万元，且具有3年黄金投资经验的王某

②最近一年末净资产1 000万元，最近1年末金融资产500万元，且具有2年期货投资经验的张某

③金融资产500万元，且具有2年外汇投资经历的赵某

④最近3年个人年均收入50万元，且具有2年金融产品设计工作经历的陈某

A. ①②　　B. ③④

C. ①③　　D. ②④

83. 经营机构违反《证券期货投资者适当性管理办法》，存在下列（　　）情形的，应当给予警告，并处3万元以下罚款；对直接负责的主管人员和其他直接责任人员，给予警告，并处3万元以下罚款。

①未按规定划分产品或者服务风险等级的

②未按规定录音录像或者采取配套留痕安排的

③未按规定制定或者落实适当性内部管理制度和相关制度机制的

④未按规定对专业投资者进行细化分类和管理的

⑤未按规定展开适当性自查的

⑥未按规定妥善保存相关信息资料的

A. ①②③④⑥　　B. ②③④⑤⑥

C. ①③④⑤⑥　　D. ①②③⑤⑥

84. 申请从事一般证券业务应当具备的条件包括（　　）。

①已取得证券从业资格

②被证券公司、基金管理公司、基金托管机构、基金销售机构聘用

③最近1年未受过刑事处罚

④未被中国证监会认定为证券市场禁入者，或者已过禁入期的

A. ①②③　　B. ②③④

C. ①③④　　D. ①②④

85. 按照《证券业从业人员资格管理实施细则（试行）》，执业证书的申请程序依次是（　　）。

①申请人登录证券业协会执业证书管理系统，填写执业证书申请表，连同打印的书面申请表及其他申请材料提交所在机构

②机构资格管理员对执业证书申请表进行初审并确认，书面申请表由机构保管备查，电子申请表提交证券业协会

③证券业协会对机构提交的执业证书申请表进行审核，必要时可要求机构提交书面申请表及有关证明材料，协会在收到完整申请材料后30日内审核完毕

A. ①②③　　B. ②③①

C. ①③②　　D. ②①③

86. 分公司具有非独立性，主要表现在（　　）。

①分公司不具有法人资格，不能独立享有权利、承担责任，其一切行为的后果及责任由公司承担

②分公司没有独立的公司名称及章程，其对外从事经营活动必须以总公司的名义，遵守总公司的章程

③分公司在人事、经营上没有自主权，其主要业务活动及主要管理人员由总公司决定并委任，并根据总公司的委托或授权进行业务活动

④分公司没有独立的财产，其所有资产属于总公司，并作为总公司的资产列入总公司的资产负债表中

A. ①②③④　　B. ②③④

C. ①②③　　D. ①②④

87. 下列职权属于股份有限公司董事会的有（　　）。

①召集股东会会议

②决定公司的经营计划和投资方案

③制定公司合并、分立、解散或者变更公司形式的方案

④修改公司章程

⑤决定公司内部管理机构的设置

⑥制定公司基本管理制度

⑦决定聘任或者解雇公司经理及其报酬事项

A. ②③⑤⑥⑦　　B. ①②③⑤⑥⑦

C. ①③④⑥⑦　　D. ①②③④⑤⑥⑦

88. 按照合伙企业利润分配和亏损分担的原则，下列顺序正确的是（　　）。

①合伙人协商决定　　②按照合伙协议的约定办理

③合伙人平均分配、分担　　④合伙人按照实缴出资比例分担

A. ①②④③　　B. ②③①④

C. ①②③④　　D. ②①④③

89. 公司债券上市交易后，公司存在下列哪些情形时，证券交易所可以暂停其公司债券上市交易（　　）。

①发行公司债券所募集的资金不按照核准的用途使用

②公司情况发生重大变化不符合公司债券上市条件

③未按照公司债券募集办法履行义务

④公司最近两年连续亏损

A. ①③④　　B. ①②④

C. ②③④　　D. ①②③④

90. 基金财产债权债务独立性的意义，主要体现在（　　）。

①有利于保障基金财产的安全

②有利于保护基金份额持有人的合法权益

③有利于基金财产的稳定运作，提高基金的运作效率

④有利于维护基金财产的独立性

A. ①②④　　B. ②③④

C. ①②③④　　D. ①③④

91. 下列选项中，属于证券登记结算机构职能的有（　　）。

①证券的存管和过户　　②公布证券交易即时行情

③证券持有人名册登记　　④证券账户、结算账户的设立

A. ①②③　　B. ①③④

C. ①②④　　D. ②③④

92. 下列事项中，属于有限责任公司监事会职权的有（　　）。

①检查公司财务

②对董事、高级管理人员执行公司职务的行为进行监督

③当董事、高级管理人员的行为损害公司的利益时，要求董事、高级管理人员予以纠正

④提议召开临时股东会会议

⑤对公司增加或者减少注册资本作出决定

⑥向股东会会议提出提案

A. ①②③④⑥　　B. ②③④⑤

C. ①③④⑤⑥　　D. ②③④⑤⑥

93. 证券公司违反《证券公司和证券投资基金管理公司合规管理办法》规定的，对直接负责的董事、监事、高级管理人员和其他责任人员，可以采取以下（　　）等行政监管措施。

①出具警示函　　②责令参加培训

③责令定期报告　　④监管谈话

⑤认定为不适当人选　　⑥拘留

A. ①②④⑤　　B. ②③④⑤

C. ①③④⑤　　D. ①②⑤⑥

94. 按照《证券业从业人员资格管理办法》，从事证券业务的专业人员包括（　　）。

①证券公司中从事自营、经纪、承销、投资咨询、受托投资管理等业务的专

业人员，包括相关业务部门的管理人员

②基金管理公司、基金托管机构中从事基金销售、研究分析、投资管理、交易、监察稽核等业务的专业人员，包括相关业务部门的管理人员

③基金销售机构中从事基金宣传、推销、咨询等业务的专业人员，包括相关业务部门的管理人员

④购买证券的个人投资者

A. ①②③　　B. ②③④

C. ①③④　　D. ①②④

95. 经营证券经纪业务、证券资产管理业务、融资融券业务和证券承销与保荐业务中两种以上业务的证券公司，应当建立独立董事制度。其中，证券公司有如下（　　）情形的，独立董事不得少于董事人数的 1/4。

①董事长、经营管理的主要负责人由同一人负责

②内部董事人数占董事人数的 1/5 以上

③内部监事人员占监事人数的 1/3 以上

④董事长在监事会中任职

A. ①②　　B. ①②③

C. ①③④　　D. ②③

96. 《证券监督管理条例》规定，当证券公司出现以下（　　）情况时，中国证监会可以对证券公司及其有关董事、监事、高级管理人员、境内外分支机构负责人予以谴责，责令公司更换董事、监事、高级管理人员或限制其权利。

①治理结构不健全　　②经营管理混乱

③账外设账　　④账外经营

A. ①②③④　　B. ①②③

C. ①③④　　D. ②③④

97. 属于某证券公司的高级管理人员的有（　　）。

①合规负责人李某　　②副总经理王某

③独立董事孙某　　④财务负责人周某

⑤董事会秘书陈某　　⑥执行委员会成员钱某

A. ①②③④⑤　　B. ②③④⑤⑥

C. ①②③④⑥　　D. ①②④⑤⑥

98. 按照《证券公司内部控制指引》的要求，证券公司应当建立的机制和制度包括（　　）。

①动态的净资本监控机制　　②逐级问责机制

③隔离墙制度　　　　　　　　　④董监高的任职制度
⑤内部员工和客户的信息反馈机制　⑥危机处理机制
A. ①②③④⑤　　　　　　　　B. ②③④⑤⑥
C. ①②③④⑥　　　　　　　　D. ①②③⑤⑥

99. 证券公司经纪业务内部控制应当重点防范挪用客户交易结算资金及其他客户资产、非法融入融出资金以及结算风险等。具体而言，经纪业务方面的主要制度包括（　　）。

①法人集中清算制度
②客户交易结算资金集中管理制度
③高级管理人员分工制度
④交易数据安全备份制度
⑤交易清算差错的处理程序和审批制度
⑥重大交易差错的报告制度
A. ①②③④⑤　　　　　　　　B. ②③④⑤⑥
C. ①③④⑤⑥　　　　　　　　D. ①②④⑤⑥

100. 证券、期货交易内幕的知情人员或者非法获取证券、期货交易内幕信息的人员，在涉及证券的发行，证券、期货交易或者其他对证券、期货交易价格有重大影响的信息尚未公开前，买入或卖出该证券，或者从事与该内幕信息有关的期货交易，或者泄露该信息，或者明示、暗示他人从事上述交易活动，相应处罚办法有（　　）。

①没收违法所得，处违法所得 1 倍以上 5 倍以下罚金
②没收违法所得或者违法所得不足 10 万元的，处以 10 万元以上 30 万元以下的罚款
③情节严重的，处 5 年以下有期徒刑或拘役，并处或单处违法所得 1 倍以上 5 倍以下罚金
④情节特别严重的，处 5 年以上 10 年以下有期徒刑，并处违法所得 1 倍以上 5 倍以下罚金
A. ①③　　　　　　　　　　　B. ①②③④
C. ①④　　　　　　　　　　　D. ③④

参考答案与解析

1. 参考答案：D

考点：本题考查对违法控制证券公司5%以上股权情形的监督管理措施。

2. 参考答案：C

考点：本题考查分公司的法律地位。分公司在人事、经营上没有自主权，其主要业务活动及主要管理人员由总公司决定并委任，并根据总公司的委托或授权进行业务活动，选项C错误。

3. 参考答案：D

考点：本题考查董事会会议的召集和主持。董事长负责召集和主持董事会会议。董事长不能履行职务或者不履行职务的，由副董事长履行职务。副董事长不能履行职务或者不履行职务的，由半数以上董事共同推举1名董事履行职务。

4. 参考答案：A

考点：本题考查企业的特征。普通合伙企业由普通合伙人组成，合伙人对合伙企业债务承担无限连带责任；有限合伙企业只是部分普通合伙人对合伙企业债务承担无限连带责任。选项A正确。

5. 参考答案：D

考点：本题考查证券交易所的组织架构。因违法行为或者违纪行为被解除职务的证券交易所、证券登记结算机构的负责人或者证券公司的董事、监事、高级管理人员，自被解除职务之日起未逾5年的，不得担任证券交易所的负责人。

6. 参考答案：A

考点：本题考查《证券法》。根据《证券法》第二百二十二条的规定，证券公司或者其股东、实际控制人违反规定，拒不向证券监督管理机构报送或者提供经营管理信息和资料，或者报送、提供的经营管理信息和资料有虚假记载、误导性陈述或者重大遗漏的，责令改正，给予警告，并处以3万元以上30万元以下的罚款，可以暂停或者撤销证券公司相关业务许可。对直接负责的主管人员和其他直接责任人员，给予警告，并处以3万元以下的罚款，可以撤销任职资格或者证券从业资格。

7. 参考答案：C

考点：对于选项 A、B、D，对期货投资者存在违规超仓、未按规定及时追加交易保证金等违规行为或者交易所规定的其他情形的，交易所可以采取强行平仓措施。

8. 参考答案：A

考点：本题考查《期货交易管理条例》第六十六条的规定，选项 A 属于期货交易所应责令改正、给予警告的行为。

9. 参考答案：C

考点：根据《证券法》第一百二十八条第十七条的规定，公司登记机关应当依照法律、行政法规的规定，凭国务院证券监督管理机构的批准文件，办理证券公司及其境内分支机构的设立、变更、注销登记。

10. 参考答案：C

考点：本题考查违反客户资产的保护规定的法律责任。证券公司未按照规定存放、管理客户的交易结算资金、委托资金和客户担保账户内的资金、证券的，责令改正，给予警告，没收违法所得，没有违法所得或者违法所得不足 3 万元的，处以 3 万元以上 30 万元以下的罚款。

11. 参考答案：A

考点：本题考查对证券公司建立独立董事制度方面的要求。经营证券经纪业务、证券资产管理业务、融资融券业务和证券承销与保荐业务中两种以上业务的证券公司，应当建立独立董事制度。

12. 参考答案：A

考点：证券公司设董事会的，内部董事人数不得超过董事人数的 1/2。

13. 参考答案：A

考点：本题考查专门委员会的有关要求。薪酬与提名委员会的负责人应当由独立董事担任。

14. 参考答案：C

考点：本题考查自营业务内部控制的有关规定。选项 A，自营业务由独立于自营业务的部门统一管理，建立自营账户审批和稽核程序；选项 B，证券公司的监督检查部门或其他独立监控部门负责对证券持仓、盈亏状况、风险状况和交易活动进行有效监控；选项 D，确保自营资金来源的合法性。

15. 参考答案：C

考点：本题考查证券公司投资银行类业务的内部控制的有关规定。对投资银行类项目负有主要管理或执行责任人员的收入递延支付年限原则上不得少于3年。

16. 参考答案：A

考点：本题考查证券公司内部控制监督、检查与评价机制的有关规定。监督检查部门应加强对内部控制执行情况的现场检查、非现场检查和常规稽核、非常规稽核，并将检查结果报证券公司注册地中国证监会派出机构。

17. 参考答案：D

考点：本题考查证券公司合规经营的基本原则和应遵守的基本要求。应建立业务风险识别、评估和控制的完整体系属于内部控制制度机制建设的基本要求。

18. 参考答案：A

考点：本题考查证券公司合规负责人的职责。选项B，对董事会负责；选项C，其他相关高级管理人员对证券公司报送的申请材料或报告中基本事实和业务数据的真实性、准确性及完整性负责；选项D，证券公司不采纳合规负责人建议的，应将有关事项交于董事会决定。

19. 参考答案：C

考点：本题考查证券公司信息隔离墙制度中内幕信息的基本概念。该证券公司接受了一项30万元的政府补助，不会对该证券公司的市场价格产生重大影响，并且属于已经公开的信息，所以选项C不属于内幕信息。

20. 参考答案：A

考点：本题考查证券公司观察名单、限制名单管理的基本要求。观察名单的进入时点，以与客户签署保密协议、对项目立项、进场开展工作和实际获知项目内幕信息中较早者为准。

21. 参考答案：C

考点：证券公司风险控制指标体系的核心是净资本和流动性。

22. 参考答案：C

考点：本题考查证券公司风险控制指标管理基本规定。

23. 参考答案：D

考点：本题考查证券公司从事相关证券业务的净资本标准。

24. 参考答案：D

考点：本题考查风险控制指标监管报表报送或者编制方面问题的监管措施。

25. 参考答案：D

考点：本题考查证券公司全面风险管理体系的内容。

26. 参考答案：B

考点：从事发布证券研究报告业务的证券公司可以向客户转发港股研究报告，但最近3年因发布证券研究报告业务违法违规行为受到行政处罚或者被采取重大行政监管措施的证券公司除外。

27. 参考答案：B

考点：财务顾问接受上市公司并购重组与多方当事人委托的，不得存在利益冲突或者潜在的利益冲突。接受委托的，财务顾问应当指定2名财务顾问主办人负责；同时，可以安排1名项目协办人参与。故选项B错误。

28. 参考答案：B

考点：上市公司就并购重组事项出具盈利预测报告的，在相关并购重组活动完成后，凡不属于上市公司管理层实现无法获知且事后无法控制原因，上市公司或者购买资产实现的利润未达盈利预测报告或者资产评估报告预测金额80%的，中国证监会责令财务顾问及其财务顾问主办人在股东大会及中国证监会指定报刊上公开说明未实现盈利预测的原因并向股东和社会公众道歉。利润实现数未达到盈利预测50%的，中国证监会可以同时对财务顾问及其财务顾问主办人采取监管谈话、出具警示函、责令定期报告等监管措施。

29. 参考答案：C

考点：上市公司、证券公司、证券交易所、证券登记结算机构、证券服务机构，隐匿、伪造、篡改或者毁损有关文件和资料的，给予警告，并处以30万元以上60万元以下的罚款。

30. 参考答案：C

考点：金融债券发行业务的一般规定。未经中国人民银行批准，任何金融机构不得擅自发行金融债券。

31. 参考答案：B

考点：本题考查非金融机构开展基金托管业务的条件。在从业人员方面规定拟从事基金清算、核算、投资监督、信息披露、内部稽核监控等业务的职业人员不少于8人，并具有基金从业资格。其中，核算、监督等核心业务岗位应当具备2年以上托管业务从业经验。

32. 参考答案：A

考点：本题考查违反债券发行与承销有关规定的法律责任。超过批准数额发行企业债券的，责令退还超额发行部分或者核减相当于超额发行金额的贷款额度，处以相当于超额发行部分5%以下的罚款。

33. 参考答案：B

考点：本题考查证券自营业务的具体操作要求。自营业务必须以证券公司自身名义、通过专用自营席位进行，并由非自营业务部门负责自营账户的管理，包括开户、销户、使用登记等。选项 A 错误。自营业务资金的出入必须以公司名义进行，禁止以个人名义从自营账户中调入调出资金，禁止从自营账户中提取现金。选项 C 错误。对自营资金执行独立清算制度，自营清算岗位应当与经纪业务、资产管理业务及其他业务的清算岗位分离。选项 D 错误。

34. 参考答案：C

考点：私募基金子公司及其下设特殊目的的机构可以以现金管理为目的管理闲置资金，但应当坚持有效控制风险、保持流动性的原则，且只能投资于公开发行的国债、央行票据、短期融资券、投资级公司债等。

35. 参考答案：D

考点：本题考查证券公司以自有资金参与集合计划的相关知识点。证券公司自有资金参与、退出集合资产管理计划时，应当提前 5 日告知客户的资产托管机构。

36. 参考答案：B

考点：金融资产的计量原则。如果偏离 5% 或以上的产品数超过所发行产品总数的 5%，金融机构不得再发行以摊余成本计量金融资产的资产管理产品。

37. 参考答案：C

考点：本题考查金融产品的分级要求。分级私募产品应当根据所投资资产的风险程度设定分级比例，固定收益类产品的分级比例不得超过 3:1。

38. 参考答案：C

考点：本题考查资产证券的相关规定。基础资产不得附带抵押、质押等担保负担或者其他权利限制。

39. 参考答案：B

考点：本题考查融资融券业务的决策授权体系。业务决策机构由有关高级管理人员和部门负责人组成，负责制定融资融券业务操作流程，选择可从事融资融券业务的分支机构，确定对单一客户和单一证券的授信额度、融资融券的期限和利率、保证金比例和最低维持担保比例、可充抵保证金的证券种类及折算率、客户可融资买入和融券卖出的证券种类。

40. 参考答案：B

考点：本题考查业务规则在交易制度方面的要求。业务规则将降低最低申报股份数量要求，选项 A 错；业务规则规定申请挂牌公司股东人数可以超过 200 人，选项 C 错；业务规则规定为可转换公司债券及其他证券品种预留了空间，选项 D 错。

41. 参考答案：D

证券金融公司可以根据化解证券公司违约风险的需要，建立转融通互保基金。转融通互保基金的管理办法，由证券金融公司制定，报中国证监会备案后实施。

42. 参考答案：C

考点：符合下列情形之一的，为公开发行证券：

（1）向不特定对象发行证券的；

（2）向特定对象发行证券累计超过200人的；

（3）法律、行政法规规定的其他发行行为。

43. 参考答案：B

考点：选项A、B，考查《刑法》第一百九十二条的规定，以非法占有为目的，使用诈骗方法非法集资，数额较大的，处5年以下有期徒刑或者拘役，并处2万元以上20万元以下罚金；数额特别巨大的，处10年以上有期徒刑或者无期徒刑，并处5万元以上50万元以下罚金或者没收财产。选项C、D，考查《刑法》第一百七十六条的规定，非法吸收公众存款或者变相吸收公众存款，扰乱金融秩序的，处3年以下有期徒刑或者拘役，单处或者并处2万元以上20万元以下罚金。单位犯该罪的，对单位判处罚金，并对其直接负责的主管人员和其他直接责任人员，依照前述的规定处罚。

44. 参考答案：B

考点：本题考查《最高人民检察院　公安部关于公安机关管辖的刑事案件立案追诉标准的规定（二）》第六条的规定，虚增或者虚减资产达到当前披露的资产总额30%以上的，应予立案追诉。

45. 参考答案：D

考点：诱骗投资者买卖证券、期货合约罪的犯罪主体是特殊主体，主要包括两个方面：

（1）证券交易所、期货交易所、证券公司、期货经纪公司的从业人员；

（2）证券业协会、期货业协会或者证券期货监督管理部门的工作人员。

46. 参考答案：A

考点：本题考查证券公司委托证券经纪人开展证券经纪业务营销的要求。证券公司应当对证券经纪人进行不少于60小时的职业前培训，其中法律法规和职业道德的培训时间不少于20个小时；负责电话回访的人员不得从事客户招揽和客户服务活动。证券公司应当对证券经纪人所招揽和服务客户的账户进行有效监控，发现异常情况的，应立即查明原因并按照规定处理。

47. 参考答案：B

考点：本题考查场外衍生品相关知识。不具备证券自营业务资格的证券公司只能以对冲风险为目的，从事金融衍生产品交易。

48. 参考答案：B

考点：沪伦通包括东、西两个业务方向。东向业务，是指伦交所上市公司在上交所挂牌中国存托凭证，是指由存托人签发、以境外证券为基础在中国境内发行、代表境外基础证券权益的证券；西向业务，是指上交所 A 股上市公司在伦交所挂牌全球存托凭证。

49. 参考答案：C

考点：本题考查证券公司、证券投资机构发布证券研究报告的基本原则。选项 A 属于客观原则，选项 B 属于公平原则，选项 D 属于审慎原则。

50. 参考答案：C

考点：本题考查发布证券研究报告的利益冲突防范机制。从事发布证券研究报告业务的人员，不得同时从事证券自营、证券资产管理等具有利益冲突的业务，选项 C 错误。

51. 参考答案：D

考点：本题考查客户交易结算资金三方存管制度的主要内容。根据《客户交易结算资金管理办法》，客户资金三方存管制度的主要内容包括：明确“单独立户”要求，防止资金被混合使用；明确“封闭运行”要求，防止资金被违规动用；除客户取款、交易等情形外，证券公司不得动用客户资金；除向客户收取与证券交易有关的佣金、费用或者代扣税款等特定情形外，证券公司不得将客户资金转入自有资金账户

52. 参考答案：C

考点：本题考查“荐股软件”的主要监管要求，选项①②③④均正确。

53. 参考答案：C

考点：本题考查证券投资顾问业务的内部控制要求，选项①②③④均正确。应注意选项④的具体时间规定，证券投资顾问业务档案的保存期限自协议终止之日起不得少于 5 年。

54. 参考答案：D

考点：关于从事金融产品代销业务，本题考查对代销机构和从业人员的资格要求。

55. 参考答案：C

考点：本题考查不得向公众披露的私募业务信息的类型。

56. 参考答案：C

考点：本题考查全国股份转让系统公司对业务规则规定的监管对象。

57. 参考答案：B

考点：本题考查全国股份转让系统的功能。境内符合条件的股份公司均可通过主办券商申请在全国股份转让系统挂牌，公开转让股份，进行股权融资、债权融资、资产重组等活动。

58. 参考答案：D

考点：本题考查标的证券为开放式基金需满足的条件，选项①②③④均符合条件。

59. 参考答案：D

考点：本题考查证券公司申请融资融券业务的程序要求，选项①②③④均属于证券公司申请融资融券资格时应当提交的材料。

60. 参考答案：B

考点：本题考查合格境外投资者的资格条件。最近 3 年没有受到监管机构的重大处罚，没有重大事项正在接受司法部门、监管机构的立案调查。

61. 参考答案：D

考点：本题考查刚性兑付的相关情形，选项①②③④均属于刚性兑付的情况。

62. 参考答案：C

考点：本题考查规范金融机构资产管理业务应遵循的规则。除上述四项外，还有坚持积极稳妥审慎推进。

63. 参考答案：C

考点：本题考查资产管理业务基本要求。资产管理业务的基本要求包括业务资质、审慎经营、客户利益至上、勤勉尽责、业务隔离，选项④错误。

64. 参考答案：B

考点：本题考查证券（股票类）发行与承销信息披露的有关规定。发行人和主承销商在披露发行市盈率时，应同时披露发行市盈率的计算方式。在进行行业市盈率比较分析时，应当按照中国证监会有关上市公司行业分类指引中制定的行业分类标准确定发行人行业归属，并分析说明行业归属的依据。存在多个市盈率口径时，应当充分列示可供选择的比较基准，并应当按照审慎、充分提示风险的原则选取和披露行业平均市盈率。发行人还可以同时披露市净率等反映发行人所在行业特点的估值指标。

65. 参考答案：B

考点：发行人全体董事、监事、高级管理人员应当在债券募集说明书上签字，承诺不存在虚假记载、误导性陈述或者重大遗漏，并承担相应的法律责任，但是能够证明自己没有过错的除外。

66. 参考答案：A

考点：本题考查监管部门对证券投资咨询业务的监管措施。就同一问题向不同客户提供的投资分析、预测或者建议不一致的；就同一问题向社会公众和其自营部门提供的咨询意见不一致，为自营业务获利的需要误导社会公众的，由证监会派出机构单处或者并处警告、没收违法所得、1 万元以上 10 万元以下罚款。选项④是对于证券投资咨询机构的监管措施。

67. 参考答案：A

考点：本题考查证券投资咨询人员执业行为的总体要求。选项④属于证券分析师执业行为准则。证券分析师制作发布证券研究报告、提供相关服务，应当向客户进行必要的风险提示。

68. 参考答案：D

考点：本题考查证券投资咨询机构及其执业人员应进行执业回避的情形，选项①②③④均正确。

69. 参考答案：D

考点：本题考查证券投资顾问业务风险揭示环节的规范要求，选项①②③④均正确。

70. 参考答案：D

考点：本题考查证券投资咨询的形式。

71. 参考答案：A

考点：存托人可以委托境外金融机构担任托管人。

72. 参考答案：D

考点：本题考查沪港通和深港通的基本交易规则。沪港通和深港通的基本交易规则包括订单设计、订单修改、T+2 交收制度、额度控制、回转交易等内容。

73. 参考答案：C

考点：本题考查《刑法》第一百七十九条的规定，未经国家有关主管部门批准，擅自发行股票或者公司、企业债券，数额巨大、后果严重或者有其他严重情节的，处 5 年以下有期徒刑或者拘役，并处或者单处非法募集资金金额 1% 以上 5% 以下罚金。单位犯该罪的，对单位处以罚金，并对其直接负责的主管人员和其他直接责任人员，处 5 年以下有期徒刑或者拘役。

74. 参考答案：B

考点：符合下列情形之一的，为公开发行证券：

（1）向不特定对象发行证券的；

（2）向特定对象发行证券累计超过 200 人的；

（3）法律、行政法规规定的其他发行行为。

75. 参考答案：B

考点：本题考查《最高人民检察院　公安部关于公安机关管辖的刑事案件立案追诉标准的规定（二）》第三十八条的规定。诱骗投资者买卖证券、期货合约，涉嫌下列情形之一的，应予立案追诉：

（1）获利或者避免损失数额累计在 5 万元以上的；

（2）造成投资者直接经济损失数额在 5 万元以上的；

（3）致使交易价格和交易量异常波动的；

（4）其他造成严重后果的情形。

76. 参考答案：C

考点：证券公司合规管理基本制度。审慎评估公司经营管理行为对证券市场的影响为证券公司合规经营的基本原则与应遵守的基本要求。

77. 参考答案：C

考点：本题考查证券公司有效内部控制的目标。

78. 参考答案：A

考点：本题考查证券公司合规报告的内容规定。

79. 参考答案：D

考点：本题考查证券公司分类监管的评价指标体系及评价方法中加分项。证券公司最近 2 个、3 个评价期内主要风险控制指标持续达标的，可加分。证券公司净资本达到规定标准的 10 倍以上的，每一倍数加 0. 1 分，最高可加 3 分。

80. 参考答案：A

考点：本题考查风险控制指标不符合规定标准的监管措施指标。

81. 参考答案：A

考点：本题考查风险管理的政策和机制。

82. 参考答案：B

考点：本题考查由普通投资者转化为专业投资者的申请资格。

83. 参考答案：D

考点：本题考查对经营机构违反适当性管理规定的监管措施。选项④应为未按规定对普通投资者进行细化分类和管理。

84. 参考答案：D

考点：本题考查申请从事一般证券业务应当具备的条件。申请从事一般证券业务的人员，必须最近3年未受过刑事处罚。

85. 参考答案：A

考点：本题考查从业人员申请执业证书的程序。

86. 参考答案：A

考点：本题考查分公司的法律地位。分公司具有非独立性，主要表现在：

(1) 分公司不具有法人资格，不能独立享有权利、承担责任，其一切行为的后果及责任由公司承担；

(2) 分公司没有独立的公司名称及章程，其对外从事经营活动必须以总公司的名义，遵守总公司的章程；

(3) 分公司在人事、经营上没有自主权，其主要业务活动及主要管理人员由总公司决定并委任，并根据总公司的委托或授权进行业务活动；

(4) 分公司没有独立的财产，其所有资产属于总公司，并作为总公司的资产列入总公司的资产负债表中。选项①②③④均正确。

87. 参考答案：B

考点：本题考查股份有限公司董事会职权。其中，选项①②③⑤⑥⑦属于董事会职权，选项④修改公司章程属于股东大会职权。

88. 参考答案：D

考点：本题考查《合伙企业法》的规定。根据《合伙企业法》第三十三条的规定，合伙企业利润分配和亏损分担的原则：按照合伙协议的约定办理；合伙协议未约定或者约定不明确的，由合伙人协商决定；协商不成的，由合伙人按照实缴出资比例分配、分担；无法确定出资比例的，由合伙人平均分配、分担。

89. 参考答案：D

考点：本题考查债券交易暂停的情形。公司债券上市交易后，公司有下列情形之一的，由证券交易所决定暂停其公司债券上市交易：

(1) 公司有重大违法行为；

(2) 公司情况发生重大变化不符合公司债券上市条件；

(3) 发行公司债券所募集的资金不按照核准的用途使用；

(4) 未按照公司债券募集办法履行义务；

(5) 公司最近两年连续亏损。

90. 参考答案：C

考点：本题考查基金财产债权债务独立性的意义。主要体现在：有利于维护基金财产的独立性；有利于保障基金财产的安全；有利于保护基金份额持有人的合法权益；有利于基金财产的稳定运作，提高基金的运作效率。

91. 参考答案：B

考点：本题考查证券登记结算机构的职能。证券登记结算机构应履行下列职能：证券账户、结算账户的设立；证券的存管和过户；证券持有人名册登记；证券交易所上市证券交易的清算和交收；受发行人的委托派发证券权益；办理与上述业务有关的查询；国务院证券监督管理机构批准的其他业务。公布证券交易即时行情属于证券交易所的职能。

92. 参考答案：A

考点：本题考查有限责任公司监事会的职权。其中，选项①②③④⑥属于监事会职权，而选项⑤属于股东会职权，因此应选 A。

93. 参考答案：A

考点：本题考查证券公司及有关人员违反合规管理规定的监管措施。证券公司违反《证券公司和证券投资基金管理公司合规管理办法》规定的，对直接负责的董事、监事、高级管理人员和其他责任人员，可以采取出具警示函、责令参加培训、责令改正、监管谈话、认定为不适当人选等行政监管措施。

94. 参考答案：A

考点：本题考查从事证券业务的专业人员范围。按照《证券业从业人员资格管理办法》，从事证券业务的专业人员，是指证券公司中从事自营、经纪、承销、投资咨询、受托投资管理等业务的专业人员。包括：相关业务部门的管理人员；基金管理公司、基金托管机构中从事基金销售、研究分析、投资管理、交易、监察稽核等业务的专业人员，含相关业务部门的管理人员；基金销售机构中从事基金宣传、推销、咨询等业务的专业人员，含相关业务部门的管理人员；证券投资咨询机构中从事证券投资咨询业务的专业人员及其管理人员；证券资信评估机构中从事证券资信评估业务的专业人员及其管理人员；中国证监会规定需要取得从业资格和执业证书的其他人员。

95. 参考答案：A

考点：经营证券经纪业务、证券资产管理业务、融资融券业务和证券承销与保荐业务中两种以上业务的证券公司，应当建立独立董事制度。其中，证券公司有如下情形的，独立董事不得少于董事人数的 1/4：董事长、经营管理的主要负责人由同一人负责；内部董事人数占董事人数的 1/5 以上；中国证监会认定的其他情形。

96. 参考答案：A

考点：本题考查持续监管方面的内容。

97. 参考答案：D

考点：本题考查证券公司高级管理人员的定义。高级管理人员是指证券公司的总经理、副总经理、财务负责人、合规负责人、董事会秘书以及实际履行上述职务的人员。证券机构行使经营管理职责的管理委员会、执行委员会以及类似机构的成员为高级管理人员。

98. 参考答案：D

考点：本题考查证券公司内部控制制度及机制建设的基本要求。

99. 参考答案：D

考点：本题考查证券公司经纪业务内部控制的主要内容。高级管理人员分工制度属于投资银行类业务内部控制。

100. 参考答案：D

考点：本题考查证券公司违规使用内幕消息的法律责任。情节严重的，处5年以下有期徒刑或者拘役，并处或者单处违法所得1倍以上5倍以下罚金；情节特别严重的，处5年以上10年以下有期徒刑，并处违法所得1倍以上5倍以下罚金。

《证券市场基本法律法规》模拟试卷五

一、单选题（共 50 题，每题 1 分，共 50 分。以下各选项中，只有一项符合题目要求，不选、错选均不得分）

1. 以下不属于证券公司定期报送的内容是（　　）。

A. 年度报告　　B. 每日报告

C. 月度报告　　D. 临时报告

2. 未经（　　）的允许，任何机构和个人不得从事保荐业务。

A. 中国人民银行　　B. 财政部

C. 中国证监会　　D. 国务院

3. 证券公司风险管理部门具备 3 年以上的证券、金融、会计、信用技术等有关领域工作经验人员占公司总部员工的比例不应低于（　　）。

A. 2%　　B. 5%

C. 10%　　D. 20%

4. 下列说法错误的是（　　）。

A. 出具财务顾问报告、估值报告及其他专业文件的证券服务机构及其从业人员未履行诚实守信、勤勉尽责义务，由中国证监会责令改正，并可以采取监管谈话、出具警示函、责令公开说明等监管措施

B. 财务顾问及其财务顾问主办人或者其他责任人员所发表的专业意见存在虚假记载，相关部门可以依据《公司法》予以处罚

C. 财务顾问及其财务顾问主办人在相关并购重组信息未依法公开前，泄露该信息，中国证监会依据《证券法》予以处罚

D. 中国证券业协会对财务顾问及其财务顾问主办人违反自律规范的行为，依法进行调查，给予纪律处分

5. 甲公司是一家有限责任公司，下列有关该公司董事会的说法错误的是（　　）。

A. 甲公司股东人数只有 3 人，规模较小，决定不设董事会

B. 甲公司决定不设副董事长

C. 董事李某任期内辞职导致董事会成员低于法定人数，在改选出的董事就任前，李某仍应当按照法律、行政法规和公司章程的规定，履行董事职务

D. 董事会中的职工代表由董事会民主选举产生

6. 证券公司应当在每月结束之日起（　　）个工作日内，向中国证监会及其派出机构报送月度风险控制指标监管报表。

A. 5　　B. 7

C. 10　　D. 15

7. 对于财政与预算拨款、银行贷款或者国家规定不得用于购买企业债券的其他资金购买企业债券的，以及办理储蓄业务的机构用所吸收的储蓄存款购买企业债券的，责令收回该资金，处以相当于购买企业债券金额（　　）以下的罚款。

A. 1%　　B. 3%

C. 5%　　D. 10%

8. 下面有关公司设立方式的说法正确的是（　　）。

A. 发起设立适用于有限责任公司、股份有限公司和合伙企业

B. 募集设立适用于有限责任公司和股份有限公司

C. 募集设立时，全部股份均向社会公开募集

D. 发起设立时，由发起人认购公司应发行的全部股份

9. 下列说法错误的是（　　）。

A. 证券期货经营机构发行的资产管理计划不得投资于不符合国家产业政策、环境保护政策的项目（证券市场投资除外）

B. 证券期货经营机构开展私募资产管理业务，不得委托个人或不符合条件的第三方机构为其提供投资建议，管理人依法应当承担的职责不因委托而免除

C. 证券期货经营机构可以开展或参与具有“资金池”性质的私募资产管理业务

D. 证券期货经营机构不得对私募资产管理业务主要业务人员及相关管理团队实施过度激励

10. 下列说法错误的是（　　）。

A. 证券自营业务是指经中国证监会批准经营证券自营业务的证券公司用自有资金以自己的名义开设的证券账户买卖依法公开发行的股票、债券、证券投资基金或者国务院证券监督管理机构认可的其他证券，以获取利益的行为

B. 具备证券自营业务资格的证券公司只能以对冲风险为目的，从事金融衍生品交易

C. 证券自营业务的主要投资对象是股票、债券和证券投资基金等

D. 证券公司委托其他证券公司或者基金管理公司进行证券投资管理，且投资规模合计不超过其净资本80%的，无须取得证券自营业务规格

11. 证券公司应对流动性风险实施限额管理，根据其业务规模、性质、复杂程度、流动性风险偏好和外部市场发展变化、监管要求等情况，设定流动性风险限额并对其执行情况进行监控。证券公司应至少（　　）对流动性风险限额进行一次评估，必要时进行调整。

A. 每两年　　B. 每年

C. 每半年　　D. 每季度

12. 保荐机构应当指定（　　）名保荐代表人负责1家发行人的保荐工作，出具由法定代表人签字的专项授权书，并确保保荐机构有关部门和人员的有效分工合作。

A. 1　　B. 2

C. 3　　D. 5

13. 为降低期限错配风险，金融机构应当强化资产管理产品久期管理，封闭式资产管理产品期限不得低于（　　）天。

A. 120　　B. 90

C. 60　　D. 30

14. 按照《证券期货投资者适当性管理办法》的要求，（　　）专业投资者指的是符合一定条件的专业投资者，即符合一定资产、财务规模并且具备一定投资知识和经验的投资者。此类投资者需提供相关证明材料，经经营机构核验属实的可以直接认定为专业投资者。

A. 第一类　　B. 第二类

C. 第三类　　D. 第四类

15. 下列选项中，不符合有限责任公司应当具备条件的是（　　）。

A. 有符合公司章程规定的全体股东认缴的出资额

B. 股东符合法定人数。应当有2人以上200人以下为发起人，其中须有半数以上发起人在中国境内有住所

C. 股东共同制定公司章程

D. 有公司住所

16. 按照《证券法》的规定，满足下列哪一情形，属于公开发行证券

（　　）。

A. 向不特定对象发行证券的

B. 向特定对象发行证券累计达到 200 人的

C. 向特定对象转让股票，未经中国证监会核准，转让后公司股东累计超过 200 人

D. 采用广告、电话、传真、信函、推介会、说明会、网络、短信等方式向社会公众非公开进行股权转让

17. 证券公司的组织架构划分为（　　）。

A. 三会一课　　B. 三会一层

C. 三会　　D. 三会两制

18. 按照《证券法》的规定，以下关于违规披露、不披露重要信息行政责任的具体承担方式理解错误的是（　　）。

A. 发行人、上市公司或者其他信息披露义务人未按照规定披露信息，或者披露的信息有虚假记载、误导性陈述或者重大遗漏的，对直接负责的主管人员给予警告，并处以 3 万元以上 30 万元以下的罚款

B. 发行人、上市公司或者其他信息披露义务人未按照规定报送有关报告，或者报送的报告有虚假记载、误导性陈述或者重大遗漏的，责令改正，给予警告，并处以 30 万以上 60 万元以下的罚款

C. 收购人未按照规定履行上市公司收购的公告、发出收购要约等义务的，责令改正，给予警告，并处以 10 万元以上 30 万元以下的罚款

D. 收购人未按照规定履行上市公司收购的公告、发出收购要约等义务的，对直接负责的主管人员和其他直接责任人员给予警告，并处以 30 万元以上 60 万元以下的罚款

19. 行为恶劣、严重扰乱证券市场秩序、严重损害投资者利益或者在重大违法活动中起主要作用等情节较为严重的，可以对有关责任人员采取（　　）的证券市场禁入措施。

A. 1～3 年　　B. 3～5 年

C. 5～10 年　　D. 终身

20. 经营机构从业人员违反相关法律法规和《证券期货投资者适当性管理办法》规定，情节严重的，中国证监会可以依法采取（　　）的措施。

A. 出具警示函　　B. 责令改正

C. 市场禁入　　D. 监管谈话

21. 非公开发行公司债券，募集资金应当用于约定的用途。除（　　）外，

募集资金不得转借他人。

A. 民营企业　　B. 国有企业

C. 金融企业　　D. 事业单位

22. 董事会应当至少每（　　）举行一次全面的内部控制检查评价工作。

A. 年　　B. 半年

C. 季度　　D. 月

23. 证券公司控股或者实际控制的企业、资产托管机构、证券服务机构未按照规定向国务院证券监督管理机构报送、提供有关信息、资料，或者报送、提供的信息、资料中有虚假记载、误导性陈述或者重大遗漏的，对直接负责的主管人员和其他直接责任人员，给予警告，可以处以（　　）万元以下的罚款。

A. 3　　B. 5

C. 10　　D. 30

24. 下列关于证券经纪人的说法正确的是（　　）。

A. 经验丰富的证券经纪人可以同时接受几家证券公司的委托

B. 证券经纪人可以代理证券公司从事客户招揽和客户服务以外的活动

C. 证券公司应当对证券经纪人进行不少于60个小时的执业培训，其中法律法规和职业道德的培训时间不少于20个小时

D. 证券公司应当在与证券经纪人签订委托合同、对其进行执业前培训并经测试合格后，为其向中国证监会进行执业注册登记

25. 独立董事最多可以在（　　）家证券公司担任独立董事。

A. 2　　B. 3

C. 4　　D. 5

26. 承销商应当保留推介、定价、配售等承销过程中的相关资料至少（　　）年并存档备查。

A. 5　　B. 4

C. 3　　D. 2

27. 下列有关信息公开不实的法律责任，说法错误的是（　　）。

A. 上市公司披露资料有重大遗漏，致使投资者在证券交易中遭受损失的，发行人、上市公司应当承担赔偿责任

B. 上市公司披露资料有虚假记载、误导性陈述，致使投资者在证券交易中遭受损失的，发行人、上市公司应当承担赔偿责任

C. 发行人、上市公司的董事、监事、高级管理人员和其他直接责任人员以及保荐人、承销的证券公司，必须与发行人、上市公司承担连带责任

D. 发行人、上市公司的控股股东、实际控制人有过错的，应当与发行人、上市公司承担连带赔偿责任

28. 下列不属于沪港通可交易的证券品种是（　　）。

A. 上证 180 指数成分股

B. 香港联合交易所上市的 A + H 股公司股票

C. 上证 380 指数成分股

D. A + H 股上市公司的证券交易所上市 A 股

29. 国务院证券监督管理机构应当对变更公司章程的重要条款进行审查，并在自受理之日起（　　）个工作日作出批准或者不予批准的书面决定。

A. 20　　B. 30

C. 45　　D. 60

30. 证券研究报告可以使用的信息来源不包括（　　）。

A. 政府部门、行业协会、证券交易所等机构发布的政策、市场、行业以及企业相关信息

B. 上市公司相关内幕信息或者未公开重大信息

C. 上市公司按照法定信息披露义务通过指定媒体公开披露的信息

D. 证券公司、证券投资咨询机构等第三方合法取得的市场、行业及企业的相关信息

31. 按照《证券监督管理条例》的要求，以下（　　）公司应当建立独立董事制度。

A. 经营证券经纪业务、证券资产管理业务和证券承销与保荐业务的甲公司

B. 经营融资融券业务、投资银行类业务和研究咨询业务的乙公司

C. 经营证券经纪业务、自营业务和证券投资顾问业务的丙公司

D. 经营证券承销与保荐业务、研究咨询业务和自营业务的丁公司

32. 下列各项中，不属于债券存续期间重大事项的是（　　）。

A. 发行人经营方针、经营范围或生产经营外部条件等发生重大变化

B. 发行人主要资产被查封、扣押、冻结

C. 发行人当年累计新增借款或对外提供担保超过上年末净资产的 20%

D. 发行人放弃债权或财产，超过上年末净资产的 5%

33. 证券公司委托其他证券公司或者基金管理公司进行证券投资管理，且投资规模合计不超过其净资本（　　）的，无须取得证券自营业务资格。

A. 90%　　B. 80%

C. 70%　　D. 60%

34. 违反《证券法》规定，操纵证券市场的，责令依法处理非法持有的证券，没收违法所得，并处以（　　）的罚款。

A. 30 万元以上 60 万元以下　　B. 3 万元以上 60 万元以下

C. 违法所得 1 倍以上 5 倍以下　　D. 违法所得 1 倍以上 10 倍以下

35. 按照《证券公司风险控制指标计算标准规定》，自营权益类证券及其衍生品的合计额不得超过（　　）的 100%。

A. 营业利润　　B. 最近 3 年累计净利润

C. 净资本　　D. 总资产

36. 按照《刑法》第一百八十五条之一规定，背信运用受托财产，情节严重的，对单位判处罚金，并对其直接负责的主管人员和其他直接责任人员，处 3 年以下有期徒刑或者拘役，并处 3 万元以上（　　）万元以下罚金；情节特别严重的，处（　　）年以上（　　）年以下有期徒刑，并处 5 万元以上 50 万元以下罚金。

A. 10；5；10　　B. 20；6；15

C. 30；3；10　　D. 40；5；20

37. 证券公司管理敏感信息的基本原则是（　　），这是信息隔离墙制度中敏感信息管理的核心原则。

A. 责任自负原则　　B. 需知原则

C. 分散投资原则　　D. 理智投资原则

38. 按照《最高人民检察院　公安部关于公安机关管辖的刑事案件立案追诉标准的规定（二）》第三十八条的规定，诱骗投资者买卖证券、期货合约，可予以立案追诉的情形不包括（　　）。

A. 获利或者避免损失数额累计在 5 万元以上的

B. 造成投资者直接经济损失数额在 10 万元以上的

C. 诱骗投资者买卖证券、期货合约数额在 10 万元以上的

D. 致使交易价格和交易量异常波动的

39. 证券公司对根据《涉及恐怖活动资产冻结管理办法》被采取冻结措施的资产的管理及处置，应当按照（　　）等相关规定执行；没有规定的参照公安机关、国家安全机关、检察机关的相关规定执行。

A. 财政部；中国银保监会　　B. 财政部；中国证监会

C. 中国人民银行；中国银保监会　D. 中国人民银行；中国证监会

40. 证券公司、证券投资咨询机构和其他财务顾问机构最近（　　）个月内因涉嫌违法违规经营正在被调查的，不得担任财务顾问。

A. 12　　B. 24

C. 36　　D. 48

41. 发行人最后一次付息兑付日前（　　）个工作日公布兑付公告。

A. 3　　B. 5

C. 7　　D. 10

42. 对于未规定风险控制指标标准及计算要求的新产品、新业务，证券公司在投资该产品或者开展该业务前，应当按照规定事先向（　　）、（　　）报告或者报批。

A. 中国证监会；公司所在地的中国证监会派出机构

B. 中国证监会；公司注册地的中国证监会派出机构

C. 中国人民银行；公司所在地的中国证监会派出机构

D. 中国人民银行；公司注册地的中国证监会派出机构

43. 证券公司在业务经营中，必须遵守法律、法规、规章及其他规范性法律文件的规定，接受（　　）的监督管理。

A. 中国人民银行　　B. 中国证券业协会

C. 中国证监会　　D. 国务院证券监督管理机构

44. 按照《证券公司风险控制指标计算标准规定》，下列证券公司自营业务的指标错误的是（　　）。

A. 自营权益类证券及其衍生品的合计额不得超过净资本的100%

B. 自营非权益类证券及其衍生品的合计额不得超过净资本的500%

C. 持有一种权益类证券的成本不得超过净资本的20%

D. 持有一种非权益类证券的规模不得超过其总规模的20%

45. 除了基于分类监管要求确定证券公司基本类别之外，证券公司还可能因为发生违法违规等事项被监管机构调整基本类别。比如，未在确定分类结果期限之前上报自评结果的，将公司分类结果直接认定为（　　）。

A. CC 级　　B. C 级

C. D 级　　D. E 级

46. 按照《证券投资基金法》第二十条、第一百二十三条的规定，公开募集基金的基金管理人、基金托管人不得泄露因职务便利获取的未公开信息、利用该信息从事或者明示、暗示他人从事相关的交易活动。有上述行为的，将（　　），并处（　　）罚款。

A. 责令改正，没收违法所得；违法所得 1 倍以上 5 倍以下

B. 给予警告；10 万元以上 100 万元以下

C. 暂停或者撤销基金从业资格；3 万元以上 30 万元以下

D. 责令改正，没收违所得；10 万元以上 50 万元以下

47. （　　）负责债券融资工具交易的日常监测。

A. 中国人民银行　　B. 中国银行间市场交易商协会

C. 全国银行间同业拆借中心　　D. 中央国债登记结算有限责任公司

48. 证券公司操作证券市场，受到最严厉的处罚是（　　）。

A. 单处罚金

B. 处 5 年以下有期徒刑，并处罚金

C. 处 5 年以上 10 年以下有期徒刑，并处罚金

D. 处拘役，并处罚金

49. 按照《证券法》第一百三十五条、第一百三十六条的规定，证券公司必须将其证券经纪业务、证券承销业务、证券自营业务和（　　）业务分开办理，不得混合操作。

A. 证券保荐

B. 证券投资咨询

C. 与证券交易活动有关的财务顾问

D. 证券资产管理

50. 在资产管理集合计划存续期间，持续 5 个工作日客户少于（　　）人的，集合计划应当终止。

A. 2　　B. 3

C. 4　　D. 5

二、多选题（共 50 题，每题 1 分，共 50 分。以下各选项中，至少有一项符合题目要求，不选、错选均不得分）

51. 下列属于证券投资顾问禁止行为的有（　　）。

①以任何方式向客户承诺或者保证投资收益

②向客户提供建议服务

③向他人泄露客户的投资决策计划信息

④以个人名义向客户收取证券投资顾问服务费用

A. ①②③　　B. ①②④

C. ①③④　　D. ①②③④

52. 下列属于证券公司从事客户资产管理业务所禁止的行为有（　　）。

①以转移资产管理账户收益或亏损为目的，在自营账户与资产管理账户之间

或者不同的资产管理账户之间进行买卖，损害客户的利益

②利用所管理的客户资产为第三方谋取不正当利益，进行利益输送

③自营业务抢先于资产管理业务进行交易，损害客户的利益

④以获取佣金或者其他利益为目的，用客户资产进行不必要的证券交易

A. ①②③　　B. ①②③④

C. ①②④　　D. ②③④

53. 证券公司治理基本要求包括（　　）。

①建立健全组织架构、明确职责划分

②不得侵犯客户合法权益

③建立完备的内部控制体系

④实时监控有关账户的交易行为

A. ①②④　　B. ①②③

C. ①③　　D. ①②③④

54. 中国证券业协会诚信管理中，处罚处分信息包括（　　）。

①处罚处分机构或个人名称

②处罚处分时间

③会员对本单位从业人员作出的处罚处分

④文号

A. ①②③　　B. ②③④

C. ①③④　　D. ①②④

55. 证券公司开展融资融券业务，需要遵循的基本原则有（　　）。

①合法合规性原则　　②集中管理原则

③业务隔离原则　　④了解客户原则

A. ①②③　　B. ②③④

C. ①②④　　D. ①②③④

56. 审计委员会的主要职责包括（　　）。

①监督年度审计工作

②提请聘任外部审计机构

③负责内部审计与外部审计之间的沟通

④对合规和风险管理的机构设置及其职责进行审议并提出意见

A. ①②③④　　B. ①②④

C. ①②③　　D. ②③④

57. 资产证券化中，管理人不得有下列行为（　　）。

①募集资金不入账或者进行其他任何形式的账外经营

②超过计划说明书约定的规模募集资金

③侵占、挪用专项计划资产

④以专项计划资产设定担保或者形成其他或有负债

A. ①②④　　B. ①②③

C. ①②③④　　D. ①③④

58. 证券公司信息技术全管理中的应急预案包括（　　）。

①应急管理建设目标　　②备份信息系统建设

③备份数据恢复机制　　④业务恢复或替代措施

⑤应急联系方式

A. ①②④⑤　　B. ①②③⑤

C. ①②③④⑤　　D. ①②③④

59. 在交易所上市交易的并经交易所认可的可作为融资买入或融资卖出的证券统称为标的证券，标的证券主要包括（　　）。

①股票　　②证券投资基金

③债券　　④其他证券

A. ①②③　　B. ①③④

C. ①②④　　D. ①②③④

60. 证券公司经营融资融券业务，应当以自己的名义，在证券登记结算机构开立（　　）。

①融券专用证券账户　　②客户信用交易担保证券账户

③信用交易证券交收账户　　④信用交易资金交收账户

A. ①②③　　B. ①③④

C. ①②④　　D. ①②③④

61. 下列事项中，属于股份有限公司的章程中应当记载的事项有（　　）。

①公司名称和住所

②公司经营范围

③公司股份总数、每股金额和注册资本

④公司的机构及其产生办法、职权、议事规则

⑤董事会的组成、职权和议事规则

⑥公司的法定代表人

⑦监事会的组成、职权和议事规则

A. ①②④⑤⑥⑦　　B. ①②③⑥⑦

C. ①②③④⑤⑥⑦　　D. ①②③⑤⑥⑦

62. 下面有关公募基金向公众发布宣传推介材料，说法错误的有（　　）。

①基金销售机构制作的基金宣传推介材料，应当事先经基金销售机构负责基金销售业务和合规管理的高级管理人员审查，出具合规意见

②基金宣传材料可以预测基金的证券投资业绩

③基金代销机构同时销售多只基金时，可以主要推荐某只或者某几只基金

④基金推介材料可以登载个人的推荐性文字

A. ①　　B. ①②④

C. ②③④　　D. ①③④

63. 证券公司与客户关系的基本原则包括（　　）。

①保守客户秘密　　②履行法定信息披露义务

③完善客户沟通、投诉处理机制　　④不得挪用、侵占客户资金

⑤不得开展业务竞争　　⑥履行公司财务报告披露义务

A. ①②③④⑤　　B. ②③④⑤⑥

C. ①②③④⑥　　D. ①②④⑤⑥

64. 融资融券的标的证券为债券的，应当符合的条件有（　　）。

①债券托管面值在1亿元以上

②债券信用评级在AA级（含）以上

③债券剩余期限在2年以上

④交易所规定的其他情形

A. ①②③　　B. ①③④

C. ①②④　　D. ①②③④

65. 下列有关公开发行公司证券的条件中，正确的有（　　）。

①累计债券余额不得超过公司净资产的40%

②最近5年平均可分配利润足以支付公司债券1年的利息

③股份有限公司的净资产不低于人民币3 000万元，有限责任公司的净资产不低于人民币6 000万元

④债券的利率不超过国务院限定的利率水平

A. ②③④　　B. ①②④

C. ①③④　　D. ①②③④

66. 按照《证券发行上市保荐业务管理办法》规定，个人申请保荐代表人资格，应当具备的条件有（　　）。

①具备3年以上保荐相关业务经历

②最近3年内在《证券发行上市保荐业务管理办法》第二条规定的境内证券发行项目中担任过项目协办人

③参加中国证监会认可的保荐代表人胜任能力考试且成绩合格有效

④未负有数额较大到期未偿还的债务

⑤诚实守信，品行良好，无不良诚信记录，最近5年内未受到中国证监会的行政处罚

A. ①②③⑤　　B. ②③④⑤

C. ①②③④　　D. ①③④⑤

67. 根据《证券公司融资融券业务管理办法》，证券发行人的权利包括（　　）。

①请求召开证券持有人会议　　②参加证券持有人会议

③提案、表决　　④配售股份的认购

A. ①②③　　B. ①③④

C. ②③④　　D. ①②③④

68. 内幕信息的知情人包括（　　）。

①持有公司2%以上股权的股东及其董事、监事、高级管理人员，公司的实际控制人及其董事监事、高级管理人员

②发行人控股的公司及其董事、监事、高级管理人员

③由于所任公司职务可以获取公司有关内幕信息的人员

④保荐人、承销的证券公司、证券交易所、证券登记结算机构、证券服务机构的有关人员

A. ①②④　　B. ②③④

C. ①③④　　D. ①②③④

69. 按照《最高人民检察院　公安部关于公安机关管辖的刑事案件立案追诉标准的规定（二）》第五条的规定，公司因欺诈发行股票、债券，以下哪些情形应予立案追溯（　　）。

①利用募集的资金从事公司活动的

②发行数额达到300万元的

③转移或者隐瞒所募集资金的

④伪造、变造国家机关公文、有效证明文件或者相关凭证、单据的

A. ①②　　B. ②④

C. ①③　　D. ③④

70. 证券金融公司开展转融通业务，可以使用的资金和证券包括（　　）。

①自有资金和证券

②通过证券交易所的业务平台融入的资金和证券

③通过证券金融公司的业务平台融入的资金

④依法筹集的其他证券和资金

A. ①②③　　B. ①③④

C. ②③④　　D. ①②③④

71. 属于证券公司投资银行类业务的包括（　　）。

①承销与保荐　　②上市公司并购重组财务顾问

③公司债券受托管理　　④受托投资管理

⑤非上市公司推荐　　⑥资产证券化

A. ①②③④⑤　　B. ②③④⑤⑥

C. ①③④⑤⑥　　D. ①②③⑤⑥

72. 证券账户开立的总体要求包括（　　）。

①证券公司为客户办理开户，应当遵循合法、自愿、审慎原则，审核客户身份的真实性，确保客户资料真实、准确和完整

②证券公司应建立健全客户账户开户管理制度、操作流程和风险识别、评估与控制体系，确保风险可测、可控、可承受

③证券公司可以在经营场所内为客户现场开立账户，也可以通过见证、网上及中国证监会认可的其他方式为客户开立账户

④证券公司应当建立健全客户头数和纠纷处理机制，明确处理流程，妥善处理客户投诉与客户之间的纠纷，持续做好客户投诉及纠纷处理工作

A. ①②③　　B. ①③④

C. ①②④　　D. ①②③④

73. 按照《最高人民检察院　公安部关于公安机关管辖的刑事案件立案追诉标准的规定（二）》第三十九条的规定，当合谋持有证券的流通股份数达到该证券的实际流通股份总量（　　）以上，且在该证券连续（　　）个交易日内联合或者连续买卖股份数累计达到该证券同期总成交量（　　）以上的，应予立案追诉。

①10%　　②20%

③30%　　④40%

A. ①④②　　B. ③①②

C. ②④①　　D. ③②③

74. 下列事项中，属于有限责任公司的章程中应当记载的事项包括（　　）。

①公司名称和住所

②公司经营范围

③公司股份总数、每股金额和注册资本

④股东的姓名或者名称

⑤股东的出资方式、出资额和出资时间

⑥公司的法定代表人

⑦监事会的组成、职权和议事规则

A. ①②④⑤⑥　　B. ①②③④⑥⑦

C. ①②③④⑤⑥⑦　　D. ①②④⑤⑥⑦

75. 证券金融公司应当遵循的风险控制指标规定有（　　）。

①净资本与各项风险资本准备之和的比例不得低于100%

②对单一证券公司转融通余额，不得超过证券金融公司净资本的50%

③融出的每种证券余额不得超过该证券上市可流通市值的15%

④充抵保证金的每种证券余额不得超过该证券总市值的15%

A. ①②③　　B. ①②④

C. ②③④　　D. ①②③④

76. 下列说法正确的有（　　）。

①发布证券研究报告实行集中统一管理

②证券公司、证券投资咨询机构应当严格执行合规管理制度，对于发布证券研究报告相关的人员资格，利益冲突、跨越隔离墙等情形进行合规审查和监控

③证券公司、证券投资咨询机构应当加强对制作发布证券研究报告相关人员的业务、合规培训和职业道德教育，提升相关人员的专业能力、合规意识和职业道德水平

④发布证券研究报告相关业务档案的保存期限自证券报告发布之日起不得少于5年

A. ①②③　　B. ①②④

C. ①③④　　D. ①②③④

77. 以下（　　）属于应重点监控的异常交易行为。

①大笔申报、连续申报或者密集申报，以影响证券交易价格

②频繁申报或频繁撤销申报，以影响证券交易价格或其他投资者的投资决定

③巨额申报，且申报价格明显偏离申报时的证券市场成交价格

④一段时期内进行大量且连续的交易

A. ①②③④　　B. ①②③

C. ①②④　　　　　　　　D. ②③④

78. 下列关于佣金管理的表述正确的有（　　）

①证券经纪商向客户收取的佣金不得高于证券交易金额的5‰，也不得低于代收的证券交易监管费和证券交易所手续费等

②A股，证券投资基金每笔交易佣金不足5元的，按5元收取

③B股，每笔交易佣金不足1美元或5港元的，按1美元或5港元收取

④国债现券、企业债（含可转债）、国债回购以及以后出现的新的交易品种，其交易佣金标准由证券交易所制定并报中国证监会和原国家计委备案，备案15天内无异议后实施

A. ①②③　　　　　　　　B. ①②④

C. ②③④　　　　　　　　D. ①②③④

79. 下列有关公司增加或者减少注册资本的说法，正确的有（　　）。

①公司应当自作出减少注册资本决议之日起10日内通知债权人，并于30日内在报纸上公告

②公司应当自作出减少注册资本决议之日起30日内通知债权人，并于45日内在报纸上公告

③债权人自接到通知书之日起10日内，未接到通知书的自公告之日起30日内，要求公司清偿债务或者提供担保

④债权人自接到通知书之日起30日内，未接到通知书的自公告之日起45日内，要求公司清偿债务或者提供担保

A. ①③　　　　　　　　B. ①④

C. ②③　　　　　　　　D. ②④

80. 证券公司可以从事的业务包括（　　）。

①股票期权经济业务

②自营业务

③做市业务

④与股票期权备兑开仓以及行权相关的证券现货经纪业务

A. ①②③④　　　　　　　　B. ①②③

C. ①③④　　　　　　　　D. ①②④

81. 关于股票质押式回购业务的风险管理，以下说法正确的有（　　）。

①证券公司应当对股票质押式回购实行集中统一管理

②证券公司应当建立健全业务隔离制度

③证券公司应当建立标的证券的制度管理

④股票质押率上限不得超过50%

A. ①②③　　B. ①②④

C. ②③④　　D. ①②③④

82. 关于融资融券的标的证券的下列说法，错误的有（　　）。

①标的证券暂停交易后恢复交易日在融资融券债务到期日之后的，融资融券的期限不可以顺延

②标的股票交易被实施风险警示的，交易所自该股票被实施风险警示日后一天将其调整出标的证券范围

③标的证券进入终止上市程序的，交易所自发行人作出相关公告当日起将其调整出标的证券范围

④证券被调整出标的证券范围的，在调整实施前未了结的融资融券合同无效

A. ①②③　　B. ①②④

C. ②③④　　D. ①②③④

83. 下列选项中属于《证券公司监督管理条例》立法宗旨的有（　　）。

①加强对证券公司的监督管理　　②规范证券公司的行为

③防范证券公司的风险　　④履行诚信义务

A. ①②③　　B. ②③④

C. ①②④　　D. ①③④

84. 评估普通投资者风险承受能力的主要因素有（　　）。

①财务状况　　②投资知识

③投资目标　　④投资水平

⑤风险偏好

A. ①②③④　　B. ②③④⑤

C. ①②③⑤　　D. ①③④⑤

85. 证券公司作为融出方的，单一证券公司接受单只A股股票质押的数量不得超过该股票A股股本的（　　）。

A. 20%　　B. 30%

C. 40%　　D. 50%

86. 以下属于第一类专业投资者的有（　　）。

①私募基金管理人

②期货公司子公司

③金融机构高级管理人员

④获得职业资格认证的从事金融相关业务的注册会计师和律师

⑤QFII

⑥RQFII

A. ①②⑤⑥　　B. ①②③④

C. ①②④⑤　　D. ①②④⑥

87. 以下属于证券经纪业务管理风险防范措施的有（　　）。

①要加强对经纪业务营销管理

②严格执行经纪业务操作规程

③建立经纪业务营销和账户管理操作信息管理系统，防范从业人员执业行为引发的危险，保护客户合法权益

④建立经纪业务检查稽核制度

A. ①②③　　B. ①③④

C. ①②④　　D. ①②③④

88. 证券公司违反《证券公司和证券投资基金管理公司合规管理办法》规定的，对直接负责的董事、监事、高级管理人员和其他责任人员，可以采取的行政监管措施有（　　）。

①出具警示函　　②责令参加培训

③责令定期报告　　④监管谈话

⑤认定为不适当人选　　⑥拘留

A. ①②④⑤　　B. ②③④⑤

C. ①③④⑤　　D. ①②⑤⑥

89. 目前，证券业从业资格考试的入门资格考试科目包括（　　）。

①《证券市场基本法律法规》　　②《投资银行业务》

③《金融市场基础知识》　　④《证券投资顾问业务》

A. ①②　　B. ②④

C. ①③　　D. ②③

90. 全国股份转让系统是经国务院批准，依据《证券法》设立的全国性证券交易所，主要为（　　）中小微企业发展服务。

①创新型企业　　②创业型企业

③成长型　　④成熟型企业

A. ①②④　　B. ①③④

C. ①②③④　　D. ①②③

91. 证券公司风险控制指标无法达标，严重危害证券市场秩序、损害投资者利益的，中国证监会可以区别情形，对其采取措施有（　　）。

①责令停业整顿

②指定其他机构托管、接管

③撤销经营证券业务许可

④撤销

⑤限制业务活动

⑥认定董事、监事、高级管理人员为不适当人选

A. ①②③④　　B. ②③④⑤

C. ③④⑤⑥　　D. ①②③⑥

92. 在投资者准入方面，针对创新创业型中小企业风险较高的特征，全国中小企业股份转让系统实行严格的投资者适当性管理制度，并设定较高的投资者准入标准；对自然人投资者从（　　）等方面设置准入要求。

①财务状况　　②投资资质

③投资经验　　④专业知识

A. ①②④　　B. ①③④

C. ①②③④　　D. ①②③

93. 证券金融公司是中国证监会根据国务院的决定，批准设立专司转融通业务的股份有限公司，证券金融公司不以营利为目的，履行的职责有（　　）。

①为证券公司融资融券业务提供资金和证券的转融通服务

②对证券公司融资融券业务运行情况进行监控

③监测分析全市场融资融券交易情况，运用市场化手段防控风险

④中国证监会规定的其他职责

A. ①②③　　B. ①③④

C. ②③④　　D. ①②③④

94. 按照《证券业从业人员执业行为准则》的规定，证券从业人员不得从事的活动包括（　　）。

①从事内幕交易或利用未公开信息交易活动，泄露利用工作便利获取的内幕信息或其他未公开信息，或明示、暗示他人从事内幕交易活动

②利用工作之便向任何机构和个人输送利益，损害客户和所在机构利益

③保守所在机构的商业秘密、客户的商业秘密及个人隐私，对客户服务结束或者离开所在机构后，仍应按照有关规定或合同约定承担上述保密义务

④向客户作出投资不受损失或保证最低收益的承诺

A. ①②③　　B. ②③④

C. ①③④　　D. ①②④

95. 以下条件中，可以作为借入人通过约定申报和非约定申报方式参与科创板转融券业务的有（　　）。

①技术系统准备就绪

②业务管理制度和风险控制制度健全，具有切实可行的业务实施方案

③符合条件的公募基金、社保基金、保险资金等机构投资者以及参与科创板发行人首次公开发行的战略投资者

④具有融资融券业务资格，并已开通转融通业务权限

A. ①②④　　B. ①③④

C. ②③④　　D. ①②③④

96. 证券公司风险控制指标体系以净资本和流动性为核心，主要的风险控制指标包括（　　）。

①净资本　　②风险覆盖率

③资本杠杆率　　④销售利润率

⑤流动性覆盖率　　⑥净稳定资金率

A. ①②③④⑥　　B. ②③④⑤⑥

C. ①③④⑤⑥　　D. ①②③⑤⑥

97. 证券投资咨询机构及其执业人员在与自身有利益冲突的（　　）情形下，应当进行执业回避。

①经中国证监会核准的公开发行证券的企业的承销商或上市推荐人及其所属的证券投资咨询机构和证券投资咨询执业人员，不得在公众传播媒体上刊登或发布其为用户撰写的投资价值分析报告

②证券公司的自营、受托投资管理、财务顾问和投资银行等业务部门的专业人员在离开原岗位后的6个月内不得从事面向社会公众开展的证券投资咨询业务

③证券投资咨询机构或其执业人员在知悉本机构、本人以及财产上的利害关系人与有关证券有利害关系时，不得就该证券的走势或投资的可行性提出建议或评价

④中国证监会根据合理理由认定的其他可能存在利益冲突的情况

A. ①②③　　B. ①②④

C. ①③④　　D. ①②③④

98. 证券公司在柜台市场发行、销售与转让产品可采取的方式包括但不限于（　　）。

①协议　　②拍卖竞价

③标购竞价　　④集中竞价

A. ①②④　　B. ①③④

C. ①②③④　　D. ①②③

99. 除财务顾问的法定代表人或者其授权代表人之外，应当在财务顾问专业意见上签名的还有（　　），并加盖财务顾问单位公章。

①部门负责人　　②内部核查机构负责人

③财务顾问主办人　　④项目协办人

A. ①②③　　B. ①③④

C. ②③④　　D. ①②③④

100. 下面关于证券公司代销金融产品的基本原则说法正确的有（　　）。

①避免利益冲突　　②分散管理

③集中统一管理　　④利益最大化

A. ①③　　B. ①②

C. ②③④　　D. ①③④

参考答案与解析

1. 参考答案：B

考点：本题考查证券公司监督管理中信息、材料报送的有关规定。定期报送包括年度、月度报告和临时报告。

2. 参考答案：C

考点：按照证券发行保荐业务的一般规定，证券公司从事证券发行上市保荐业务，应按照《证券发行上市保荐业务管理办法》的规定向中国证监会申请保荐机构资格。

3. 参考答案：A

考点：证券公司风险管理部门具备3年以上的证券、金融、会计、信用技术等有关领域工作经验人员占公司总部员工的比例不应低于2%。

4. 参考答案：D

考点：选项B可依据《证券法》予以处罚。

5. 参考答案：D

考点：本题考查有限责任公司董事会的规定。董事会中的职工代表由公司职工通过职工代表大会、职工大会或其他形式民主选举产生。

6. 参考答案：B

考点：本题考查风险控制指标报告的有关要求。

7. 参考答案：C

考点：本题考查违反债券发行与承销有关规定的法律责任。

8. 参考答案：D

考点：本题考查公司的设立方式。发起设立适用于有限责任公司和股份有限公司，选项A错误；募集设立只适用于股份有限公司，选项B错误；募集设立时，发起人认购公司应发行股份的一部分，其余股份向社会公开募集或者向特定对象募集而设立公司，选项C错误。

9. 参考答案：C

考点：本题考查私募资产管理业务的专项监管要求。证券期货经营机构不得开展或参与具有“资金池”性质的私募资产管理业务。

10. 参考答案：B

考点：本题考查证券自营业务的含义及投资范围。不具备证券自营业务资格的证券公司只能以对冲风险为目的，从事金融衍生品交易。

11. 参考答案：B

考点：本题考查证券公司流动性风险限额管理的基本要求。

12. 参考答案：B

考点：本题考查参与保荐工作的保荐代表人数量。

13. 参考答案：B

考点：为降低期限错配风险，金融机构应当强化资产管理产品久期管理，封闭式资产管理产品期限不得低于90天。

14. 参考答案：B

考点：本题考查专业投资者的范围和分类。

15. 参考答案：B

考点：本题考查有限责任公司设立条件。设立有限责任公司，应当具备下列条件：

（1）股东符合法定人数。有限责任公司由50个以下股东出资设立。

（2）有符合公司章程规定的全体股东认缴的出资额。

（3）股东共同制定公司章程。

（4）有公司名称，建立符合有限责任公司要求的组织机构。

（5）有公司住所。选项B是股份有限公司的要求。

16. 参考答案：A

考点：符合下列情形之一的，为公开发行证券：

（1）向不特定对象发行证券的；

（2）向特定对象发行证券累计超过200人的；

（3）法律、行政法规规定的其他发行行为。

17. 参考答案：B

考点：证券公司应按照《公司法》等法律、行政法规要求，建立健全“三会一层”的组织架构，明确股东（大）会、董事会、监事会、经理层之间的职责划分。

18. 参考答案：D

考点：本题考查《证券法》第二百一十三条的规定，收购人未按照规定履行上市公司收购的公告、发出收购要约等义务的，对直接负责的主管人员和其他直接责任人员给予警告，并处以 3 万元以上 30 万元以下的罚款。

19. 参考答案：C

考点：本题考查证券市场禁入措施的期限。

20. 参考答案：C

考点：本题考查对经营机构违反适当性管理规定的监管措施。

21. 参考答案：C

考点：非公开发行公司债券，募集资金应当用于约定的用途。除金融企业外，募集资金不得转借他人。

22. 参考答案：A

考点：本题考查证券公司内部控制监督、检查与评价机制的细节规定。

23. 参考答案：A

考点：本题考查违反监督管理措施的法律责任。证券公司控股或者实际控制的企业、资产托管机构、证券服务机构未按照规定向国务院证券监督管理机构报送、提供有关信息、资料，或者报送、提供的信息、资料中有虚假记载、误导性陈述或者重大遗漏的，责令改正，给予警告，并处以 3 万元以上 20 万元以下的罚款；对直接负责的主管人员和其他直接责任人员，给予警告，可以处以 3 万元以下的罚款。

24. 参考答案：C

考点：证券经纪人只能接受一家证券公司的委托，并专门代理证券公司从事客户招揽和客户服务等活动，选项 A、B 错误；选项 D，应向中国证券业协会登记。

25. 参考答案：A

考点：独立董事最多可以在 2 家证券公司担任独立董事。

26. 参考答案：C

考点：本题考查证券（股票类）发行与承销信息披露的有关规定。承销商应当保留推介、定价、配售等承销过程中的相关资料至少 3 年并存档备查。

27. 参考答案：C

考点：本题考查信息公开不实的法律责任。上市公司披露资料有虚假记载、误导性陈述或者重大遗漏，致使投资者在证券交易中遭受损失的，发行人、上市公司应当承担赔偿责任；发行人、上市公司的董事、监事、高级管理人员和其他直接责任人员以及保荐人、承销的证券公司，必须与发行人、上市公司承担连带责任，但是能够证明自己没有过错的除外，选项 C 错误。发行人、上市公司的控股股东、实际控制人有过错的，应当与发行人、上市公司承担连带赔偿责任。

28. 参考答案：B

考点：本题考查沪港通和深港通的相关概念。香港联合交易所上市的 A + H 股公司股票属于深港通。

29. 参考答案：C

考点：证券公司变更公司章程中的重要条款，必须经国务院证券监督管理机构批准。国务院证券监督管理机构应当对变更公司章程的重要条款进行审查，并在自受理之日起 45 个工作日作出批准或者不予批准的书面决定。

30. 参考答案：B

考点：本题考查发布证券研究报告业务关键环节的规范要求。按照规定，证券公司不得以任何形式使用或者泄露国家保密信息、上市公司内幕信息以及未公开的重大信息。

31. 参考答案：A

考点：本题考查对证券公司建立独立董事制度方面的要求。经营证券经纪业务、证券资产管理业务、融资融券业务和证券承销与保荐业务中两种以上业务的证券公司，应当建立独立董事制度。

32. 参考答案：D

考点：本题考查债券存续期间重大事件的披露。发行人放弃债权或财产超过上年末净资产 10% 的。

33. 参考答案：B

考点：证券公司委托其他证券公司或者基金管理公司进行证券投资管理，且投资规模合计不超过其净资本 80% 的，无须取得证券自营业务资格。

34. 参考答案：C

考点：本题考查《证券法》。根据《证券法》第二百零三条的规定，违反本法规定，操纵证券市场的，责令依法处理非法持有的证券，没收违法所得，并处以违法所得 1 倍以上 5 倍以下的罚款；没有违法所得或者违法所得不足 30 万元的，处以 30 万元以上 300 万元以下的罚款。

35. 参考答案：C

考点：本题考查证券自营业务的风险控制指标。自营权益类证券及其衍生品的合计额不得超过净资本的 100%。

36. 参考答案：C

考点：本题考查《刑法》第一百八十五条之一规定，背信运用受托财产，情节严重的，对单位判处罚金，并对其直接负责的主管人员和其他直接责任人员，处3年以下有期徒刑或者拘役，并处3万元以上30万元以下罚金；情节特别严重的，处3年以上10年以下有期徒刑，并处5万元以上50万元以下罚金。

37. 参考答案：B

考点：本题考查证券公司管理敏感信息的基本原则。证券公司应当按照需知原则管理敏感信息，确保敏感信息仅限于存在合理业务需求或管理职责需要的工作人员。

38. 参考答案：C

考点：本题考查《最高人民检察院　公安部关于公安机关管辖的刑事案件立案追诉标准的规定（二）》第三十八条的规定。诱骗投资者买卖证券、期货合约，涉嫌下列情形之一的，应予立案追诉：

（1）获利或者避免损失数额累计在5万元以上的；

（2）造成投资者直接经济损失数额在5万元以上的；

（3）致使交易价格和交易量异常波动的；

（4）其他造成严重后果的情形。

39. 参考答案：D

考点：本题考查恐怖活动资产冻结工作的有关规定。

40. 参考答案：C

考点：证券公司、证券投资咨询机构和其他财务顾问机构最近36个月内因违法违规经营受到处罚或者因涉嫌违法违规经营正在被调查的，不得担任财务顾问。

41. 参考答案：B

考点：本题考查金融债券发行与承销信息披露的有关规定。发行人最后一次付息及兑付日前5个工作日公布兑付公告。

42. 参考答案：B

考点：本题考查证券公司风险控制指标管理基本规定。

43. 参考答案：D

考点：本题考查证券公司的监督管理。

44. 参考答案：C

考点：本题考查证券自营业务的风险控制指标。持有一种权益类证券的成本不得超过净资本的30%。

45. 参考答案：C

考点：本题考查证券公司基本类别的调整。

46. 参考答案：A

考点：本题考查《证券投资基金法》第二十条、第一百二十三条的规定。公开募集基金的基金管理人、基金托管人不得泄露因职务便利获取的未公开信息、利用该信息从事或者明示、暗示他人从事相关的交易活动。有上述行为的，责令改正，没收违法所得，并处违法所得1倍以上5倍以下罚款；没有违法所得或者违法所得不足100万元的，并处10万元以上100万元以下罚款。

47. 参考答案：C

考点：本题考查监管部门对非金融企业债券融资工具发行与承销的监管措施。

48. 参考答案：C

考点：本题考查证券公司违反自营业务相关规定的法律责任。

49. 参考答案：D

考点：本题考查《证券法》第一百三十五条、第一百三十六条的规定，证券公司必须将其证券经纪业务、证券承销业务、证券自营业务和证券资产管理业务分开办理，不得混合操作。

50. 参考答案：A

考点：本题考查集合资产管理业务集合计划应当终止的情形。在资产管理集合计划存续期间，持续5个工作日客户少于2人的，集合计划应当终止。

51. 参考答案：C

考点：本题考查证券投资顾问的禁止行为。向客户提供适当的建议服务属于证券投资顾问执业行为准则。

52. 参考答案：B

考点：本题考查证券公司从事客户资产管理业务的禁止性行为，选项①②③④均正确。

53. 参考答案：B

考点：证券公司治理基本要求是：建立健全组织架构、明确职责划分；不得侵犯客户合法权益；建立完备的内部控制体系。

54. 参考答案：D

考点：本题考查中国证券业协会诚信管理的有关规定，会员对本单位从业人员作出的处罚处分不作为处罚处分信息，但应计入诚信信息备注栏。

55. 参考答案：D

考点：本题考查证券公司融资融券业务的基本原则，选项①②③④均属于融资融券业务的基本原则。

56. 参考答案：C

考点：合规管理和风险管理是风险控制委员会的职责。

57. 参考答案：C

考点：本题考查资产证券化中管理人不得有的行为。

58. 参考答案：C

考点：应急预案包括应急管理建设目标、备份信息系统建设、备份数据恢复机制、业务恢复或替代措施、应急联系方式、与客户沟通方式、向监管部门及有关单位的报告路径、应急预案披露与更新机制等。

59. 参考答案：D

考点：本题考查标的证券涵盖范围，在交易所上市交易的并经交易所认可的可作为融资买入或融资卖出的证券统称为标的证券，标的证券主要包括股票、证券投资基金、债券、其他证券。

60. 参考答案：D

考点：本题考查证券公司信用业务账户体系，选项①②③④均可自行开立。

61. 参考答案：D

考点：股份有限公司章程应当载明下列事项：公司名称和住所；公司经营范围；公司股份总数、每股金额和注册资本；发起人的姓名或者名称、认购的股份数、出资方式和出资时间；董事会的组成、职权和议事规则；公司的法定代表人；监事会的组成、职权和议事规则；公司利润分配方法；公司的解散事由与清算方法；公司的通知和公告办法；股东大会会议认为需要规定的其他事项。

62. 参考答案：C

考点：公募基金向公众发布宣传推介材料的相关要求。基金宣传推介材料必须、准确，与基金合同、基金招募说明书相符，不得预测基金的证券投资业绩；基金代销机构同时销售多只基金时，不得有歧视性宣传推介活动和销售政策；不得登载单位或者个人的推荐性文字。

63. 参考答案：C

考点：本题考查证券公司与客户关系的基本原则。不得开展业务竞争是证券公司与股东之间关系的特别规定。

64. 参考答案：C

考点：本题考查标的证券为债券需满足的条件。当标的物为债券的，应当要求债券剩余期限在 1 年以上。

65. 参考答案：C

考点：本题考查公开发行公司债券。公开发行公司债券，最近 3 年平均可分配利润必须足以支付公司债券 1 年的利息，②说法错误。

66. 参考答案：C

考点：本题考查个人申请保荐代表人资格应具备的条件。按照《证券发行上市保荐业务管理办法》规定，个人申请保荐代表人资格，应当具备以下条件：

（1）具备3年以上保荐相关业务经历；

（2）最近3年内在《证券发行上市保荐业务管理办法》第二条规定的境内证券发行项目中担任过项目协办人；

（3）参加中国证监会认可的保荐代表人胜任能力考试且成绩合格有效；

（4）未负有数额较大到期未偿还的债务；

（5）诚实守信，品行良好，无不良诚信记录，最近3年内未受到中国证监会的行政处罚；

（6）中国证券业协会规定的其他条件。

67. 参考答案：D

考点：本题考查证券发行人的权利，除选项①②③④外，还包括请求分配投资收益等。

68. 参考答案：B

考点：本题考查证券交易内幕信息的知情人。证券交易内幕信息的知情人包括：

（1）发行人的董事、监事、高级管理人员；

（2）持有公司5%以上股权的股东及其董事、监事、高级管理人员，公司的实际控制人及其董事、监事、高级管理人员；

（3）发行人控股的公司及其董事、监事、高级管理人员；

（4）由于所任公司职务可以获取公司有关内幕信息的人员；

（5）证券监督管理机构工作人员以及由于法定职责对证券的发行、交易进行管理的其他人员；

（6）保荐人、承销的证券公司、证券交易所、证券登记结算机构、证券服务机构的有关人员；

（7）国务院证券监督管理机构规定的其他人。

69. 参考答案：D

考点：本题考查《最高人民检察院　公安部关于公安机关管辖的刑事案件立案追诉标准的规定（二）》第五条的规定。欺诈发行股票、证券案，涉嫌下列情形之一的，应予立案追诉：

（1）发行数额在500万元以上的；

（2）伪造、变造国家机关公文、有效证明文件或者相关凭证、单据的；

（3）利用募集的资金进行违法活动的；

（4）转移或者隐瞒所募集资金的；

（5）其他后果严重或者有其他严重情节的情形。

70. 参考答案：D

考点：本题考查转融通业务资金和证券的来源，选项①②③④均正确。

71. 参考答案：D

考点：本题考查证券公司投资银行类业务的主要内容。受托投资管理业务不属于投资银行类业务。

72. 参考答案：A

考点：本题考查《证券公司开立客户账户规范》中作出的客户账户开立总体要求。选项④属于证券公司委托证券经纪人开展证券经纪业务营销的要求。

73. 参考答案：D

考点：本题考查《最高人民检察院 公安部关于公安机关管辖的刑事案件立案追诉标准的规定（二）》第三十九条的规定，单独或者合谋，持有或实际控制证券的流通股份数达到该证券的实际流通股份总量30%以上，且在该证券连续20个交易日内联合或者连续买卖股份数累计达到该证券同期总成交量30%以上的，应予立案追诉。

74. 参考答案：A

考点：本题考查有限责任公司章程应当记载的事项。有限责任公司章程应当载明下列事项：公司名称和住所；公司经营范围；股东的姓名或者名称；股东的出资方式、出资额和出资时间；公司的机构及其产生办法、职权、议事规则；公司的法定代表人；股东会会议认为需要规定的其他事项。公司股份总数、每股金额和注册资本和监事会的组成、职权和议事规则属于股份有限公司章程的应当载明事项。

75. 参考答案：B

考点：本题考查证券金融公司的风险控制指标规定。融出的每种证券余额不得超过该证券上市可流通市值的10%。

76. 参考答案：D

考点：本题考查发布证券研究报告的内部控制要求。

77. 参考答案：A

考点：本题考查异常交易行为管理，上海证券交易所和深圳证券交易所对可能影响证券交易价格或者证券交易量的异常交易行为，予以重点监控，重点监控交易行为包括：

（1）可能对证券交易价格产生重大影响的信息披露前，大量买入或者卖出相关证券。

（2）以同一身份证明文件、营业执照或其他有效证明文件开立的证券账户之间，大量或者频繁进行互为对手方的交易。

（3）委托、授权给同一机构或者同一个人代为从事交易的证券账户之间，大量或者频繁互为对手方的交易。

（4）两个或两个以上固定的或涉嫌关联的证券账户之间，大量或者频繁进行互为对手方交易。

（5）大笔申报、连续申报或者密集申报，以影响证券交易价格。

（6）频繁申报或频繁撤销申报，以影响证券交易价格或其他投资者的投资决定。

（7）巨额申报，且申报价格明显偏离申报时的证券市场成交价格。

（8）一段时期内进行大量且连续的交易。

（9）在同一价位或者相近价位大量或者频繁进行回转交易。

（10）大量或者频繁进行高买低卖交易。

（11）进行与自身公开发布的投资分析、预测或建议相背离的证券交易。

（12）在大宗交易中进行虚假或其他扰乱市场秩序的申报。

（13）证券交易所认为需要重点监控的其他异常交易。

78. 参考答案：C

考点：本题考查《关于调整证券交易佣金收取标准的通知》的第一条。证券经纪商向客户收取的佣金不得高于证券交易金额的3‰，也不得低于代收的证券交易监管费和证券交易所手续费等。

79. 参考答案：B

考点：本题考查公司增资、减资程序。公司应当自作出减少注册资本决议之日起10日内通知债权人，并于30日内在报纸上公告；债权人自接到通知书之日起30日内，未接到通知书的自公告之日起45日内，要求公司清偿债务或者提供担保。选项B正确。

80. 参考答案：B

考点：本题考查股票期权业务相关知识。选项④为期货公司可以从事的业务。

81. 参考答案：A

考点：本题考查股票质押式回购业务的风险管理的规定。股票质押率上限不得超过60%。

82. 参考答案：B

考点：本题考查标的证券暂停终止的相关规定。标的证券暂停交易后恢复交易日在融资融券债务到期日之后的，融资融券的期限可以顺延。标的股票交易被实施风险警示的，交易所自该股票被实施风险警示当日将其调整出标的证券范围。证券被调整出标的证券范围的，在调整实施前未了结的融资融券合同仍然有效。

83. 参考答案：A

考点：依法审慎经营、履行诚信义务是属于证券公司的一般性规定。《证券公司监督管理条例》立法宗旨有：

（1）加强对证券公司的监督管理；

（2）规范证券公司的行为；

（3）防范证券公司的风险；

（4）保护投资者的合法权益和社会公共利益；

（5）促进证券业健康发展。

84. 参考答案：C

考点：本题考查确定普通投资者风险承受能力的主要因素。

85. 参考答案：B

考点：本题考查股票质押式回购业务的管理要求。

86. 参考答案：A

考点：本题考查专业投资者范围。

87. 参考答案：D

考点：本题考查证券经纪业务管理风险的防范措施。

88. 参考答案：A

考点：本题考查证券公司及有关人员违反合规管理规定的监管措施。证券公司违反《证券公司和证券投资基金管理公司合规管理办法》规定的，对直接负责的董事、监事、高级管理人员和其他责任人员，可以采取出具警示函、责令参加培训、责令改正、监管谈话、认定为不适当人选等行政监管措施。

89. 参考答案：C

考点：本题考查证券业从业资格考试中入门考试的科目，包括“证券市场基本法律法规”和“金融市场基础知识”。

90. 参考答案：D

考点：本题考查全国股份转让系统的服务对象，选项①②③均正确。

91. 参考答案：A

考点：本题考查风险控制指标不符合规定标准的监管措施指标。

92. 参考答案：B

考点：本题考查业务规则在投资者准入方面对自然人投资者的要求，选项①③④均正确。

93. 参考答案：D

考点：本题考查证券金融公司的职责，选项①②③④均属于证券金融公司的职责。

94. 参考答案：D

考点：本题考查申请从事一般证券业务应当具备的条件，选项③是证券从业人员应当遵守的要求。

95. 参考答案：A

考点：本题考查科创板转融通业务的借入人条件，选项①②④正确，选项③是科创板证券出借业务的条件。

96. 参考答案：D

考点：本题考查证券公司风险控制指标体系中主要的风险控制指标。

97. 参考答案：D

考点：本题考查证券投资咨询机构及其执业人员应进行执业回避的情形，选项①②③④均正确。

98. 参考答案：D

考点：本题考查证券公司开展柜台市场业务发行、销售与转让的产品可采取的方式。证券公司开展柜台市场业务发行、销售与转让的产品可采取的方式有：协议、报价、做市、拍卖竞价、标购竞价等，不得采用集中竞价的方式。

99. 参考答案：D

考点：本题考查财务顾问主办人签章及报告制度。

100. 参考答案：A

考点：证券公司代销金融产品的基本原则。

《证券市场基本法律法规》模拟试卷六

一、单选题（共50题，每题1分，共50分。以下各选项中，只有一项符合题目要求，不选、错选均不得分）

1. 证券公司从事发行上市保荐业务，应向（　　）申请保荐机构资格。

A. 中国人民银行　　B. 财政部

C. 中国证监会　　D. 国务院

2. 独立董事与其他董事任期相同，连任时间不得超过（　　）年。

A. 3　　B. 4

C. 5　　D. 6

3. 按照《证券公司投资银行类业务内部控制指引》的要求，以下关于证券公司投资银行类业务内部控制的说法错误的是（　　）。

A. 不得以业务包干等承包方式开展投资银行类业务，或者以其他形式实施过度激励

B. 不得将投资银行类业务人员薪酬收入与其承做的项目收入直接挂钩

C. 对投资银行类项目负有主要管理或执行责任人员的收入递延支付年限原则上不得少于5年

D. 在开展投资银行类业务时，应当在综合评估项目成本的基础上合理确定报价

4. 证券公司应建立健全相对集中，权责统一的投资决策与授权机制，（　　）是证券公司自营业务的最高决策机构。

A. 投资决策机构　　B. 自营业务部门

C. 董事会　　D. 分支机构

5. 有限责任公司和股份有限公司的主要区别不包括（　　）。

A. 有限责任公司中，股东以其认缴的出资额为限对公司承担责任；股份有限公司中，股东对公司承担无限连带责任

B. 股东人数上，有限责任公司设立时股东不得超过 50 人；股份有限公司股东人数无上限

C. 股份流动性上，有限责任公司股份转让前须征求其他股东意见；股份有限公司的资本划分为等额股份，股份转让相对便捷、自由

D. 股份有限公司可以公开发行股份募集资金；有限责任公司不可

6. 下列对于公司章程的描述，说法错误的是（　　）。

A. 公司章程是一种自治性规则

B. 公司章程是公司治理的重要依据

C. 公司章程仅对普通员工有效，对公司股东、董事、高级管理人员没有约束力

D. 公司章程是公司成立的必要条件

7. 证券公司应当（　　）计算客户交存的担保物价值与其所欠债务的比例。

A. 逐日　　B. 每周

C. 逐月　　D. 每季度

8. 按照《证券公司监督管理条例》第五十七条的规定，证券公司从事（　　），其客户的交易结算资金应当存放在（　　），以每个客户的名义独立立户管理。

A. 证券经纪业务；商业银行

B. 证券资产管理；证券交易所

C. 证券经纪业务；国务院证券监督管理机构

D. 证券承销业务；证券登记结算有限公司

9. 按照《证券公司全面风险管理规范》的要求，（　　）承担全面风险管理的最终责任。

A. 监事会　　B. 经理层

C. 董事会　　D. 各业务部门、分支机构和子公司

10. 在证券交易活动中作出虚假陈述或者信息误导的，责令改正，处以（　　）的罚款。

A. 3 万元以上 20 万元以下　　B. 10 万元以上 60 万元以下

C. 3 万元以上 60 万元以下　　D. 30 万元以上 300 万元以下

11. 上市公司就并购重组事项出具盈利预测报告的，在相关并购重组活动完成后，凡不属于上市公司管理层事前无法获知且事后无法控制原因，上市公司或者购买资产实现的利润未达盈利预测报告或者资产评估报告预测金额（　　）的，中国证监会可以同时对财务顾问及其财务顾问主办人采取监管谈话、出具警

示函、责令定期报告等监管措施。

A. 90%　　B. 80%

C. 60%　　D. 50%

12. 证券公司设董事会的，内部董事人数不得超过董事人数的（　　）。

A. 1/2　　B. 1/3

C. 1/4　　D. 1/5

13. 违反《公司法》规定，虚报注册资本取得公司登记的，可对虚报注册资本的公司，处以虚报注册资本金额（　　）的罚款，情节严重的，撤销公司登记或者吊销营业执照。

A. 5%以上10%以下　　B. 5%以上15%以下

C. 10%以上15%以下　　D. 15%以上20%以下

14. 可充抵保证金的证券折算率，在计算保证金金额时应当以证券市值或净值按规定折算率进行折算。上证180指数成分股股票的折算率最高不超过（　　），其他股票折算率最高不超过（　　）。

A. 80%；75%　　B. 75%；70%

C. 70%；65%　　D. 65%；60%

15. 证券公司在开展业务创新时，在可行性研究的基础上，应当及时与（　　）沟通，履行创新业务的报备（报批）程序。

A. 中国证券业协会　　B. 中国证监会

C. 中国证监会派出机构　　D. 中国证券登记结算有限责任公司

16. 证券金融公司向证券公司转融通的期限不得超过（　　）。

A. 3个月　　B. 6个月

C. 9个月　　D. 12个月

17. 证券公司应当将子公司的风险管理纳入统一体系，子公司风险管理工作负责人应由证券公司首席风险官考核，考核权重不低于（　　）。

A. 30%　　B. 40%

C. 50%　　D. 60%

18. 公司的发起人、股东在公司成立后，抽逃其出资的，由公司登记机关责令改正，处以所抽逃出资金额（　　）的罚款。

A. 5%以上10%以下　　B. 5%以上15%以下

C. 10%以上15%以下　　D. 15%以上20%以下

19. 下列关于委托交易的说法，错误的是（　　）。

A. 客户向证券公司下达委托指令的方式包括柜台委托、网上委托、电话委

托和热键委托等

B. 客户委托证券公司代理其进行证券交易而发出的委托及撤销委托等指令的内容和方式应符合证券市场的交易规则及协议的相关约定

C. 对于客户可能营销正常交易秩序的异常交易行为，证券公司有权按照证券交易所的要求对客户的交易委托采取限制措施

D. 客户通过证券公司委托系统进行证券交易时，如因客户操作失误或因客户指令违反证券市场交易规则或协议约定，或其他可归咎于客户的原因而造成损失的，由证券公司承担

20. 非公开募集基金合格投资者的单位和个人应满足的条件，下列不符合的是（　　）。

A. 具备相应风险识别能力和风险承担能力

B. 达到规定财产规模或者收入水平

C. 基金份额认购金额不低于规定限额

D. 最近一年末净资产不低于 800 万元的法人单位

21. 公募基金宣传推介材料应当在向公众分发或者发布（　　）个工作日内报工商所注册登记所在地中国证监会派出机构备案。

A. 1　　B. 3

C. 5　　D. 7

22. （　　）主要为企业融资及相关企业改制、并购、资产重组等活动提供方案设计、交易估值、提出专业意见等专业服务。

A. 财务顾问　　B. 业务顾问

C. 投资顾问　　D. 资产管理顾问

23. 证券公司全面风险管理要求对各类风险进行管理，其中，（　　）是指证券公司无法以合理成本及时获得充足资金，以期偿付到期债务，履行其他支付义务和满足正常业务开展的资金需求的风险。

A. 流动性风险　　B. 信用风险

C. 操作风险　　D. 声誉风险

24. 下列说法错误的是（　　）。

A. 证券投资咨询人员符合取得证券投资咨询执业资格的申请条件的，中国证监会通过职业证书管理系统在中国证监会有关部门备案后，颁发执业证书，并在互联网上公告

B. 向客户提供证券投资顾问服务的人员，应当具有证券投资咨询执业资格，并在中国证券业协会注册登记为证券投资顾问

C. 证券投资咨询人员不得同时在 2 个或 2 个以上的证券投资咨询机构执业

D. 同一人员不得同时注册为证券分析师和证券投资顾问

25. 某上市公司因信息系统故障，造成年报未在规定日期前发布；近期高级管理人员发生频繁更换，公司未及时披露该信息，造成公司股价异常波动；该公司甲某利用职务之便，吸收公众存款数额达到 30 万元；使用诈骗手段集资数额达到 5 万元。下列选项中说法错误的是（　　）。

A. 该上市公司未披露重要信息，构成违规披露、不披露重要信息罪

B. 该上市公司因信息系统故障，造成未按规定披露公司年报，不符合违规披露、不披露重要信息罪的认定

C. 甲某使用诈骗手段集资数额达到 5 万元，因性质恶劣，应予立案追诉

D. 甲某利用职务之便，吸收公众存款达到 30 万元，应予立案追诉

26. 按照《证券公司治理准则》的要求，关于证券公司与股东之间关系的特别规定，以下选项错误的是（　　）。

A. 证券公司的控股股东、实际控制人不得利用其控制地位或滥用权力损害公司客户的合法权益

B. 证券公司的控股股东可以直接任免证券公司的董事、监事和高级管理人员

C. 证券公司的股东、实际控制人不得违反公司章程的规定干预证券公司的经营管理活动

D. 证券公司与其他关联方应当在业务等方面严格分开，各自独立经营、独立核算、独立承担责任和风险

27. 按照《证券公司风险控制指标计算标准规定》，证券公司自营业务，持有一种权益类证券的市值与其总市值的比例不得超过（　　）。

A. 2%　　　　B. 3%

C. 5%　　　　D. 10%

28. 下列不属于特殊普通合伙企业特殊之处的表现是（　　）。

A. 特殊普通合伙企业属于普通合伙企业，其合伙人对企业债务承担无限连带责任

B. 1 个合伙人或者数个合伙人在执业活动中因故意或者重大过失造成合伙企业债务的，应当承担无限责任或者无限连带责任，其他合伙人以其在合伙企业中的财产份额为限承担责任

C. 合伙人执业活动中，因故意或者重大过失造成的合伙企业债务，以合伙企业财产对外承担责任后，该合伙人应当按照合伙协议的约定对给合伙企业造成

的损失承担赔偿责任

D. 合伙人在执业活动中，非因故意或者重大过失造成的合伙企业债务以及合伙企业的其他债务，由全体合伙人承担无限连带责任

29. 操纵证券、期货市场表现为利用资金、信息等优势或者滥用职权操纵市场、制造市场假象，影响证券、期货市场。下列选项中属于操纵证券、期货市场手段的是（　　）。

A. 发行人的董事在涉及证券发行的信息尚未公开前，从事与该信息相关的证券交易活动

B. 某基金管理人与他人串通以事先约定好的时间进行交易

C. 某一散户在某一时点进行大额证券买卖

D. 某行业协会工作人员将对证券交易价格有重大影响的信息暗示给他人从而将该证券卖出

30. 净资产不低于人民币（　　）的企事业单位法人、合伙企业为《公司债券发行与交易管理办法》所称合格投资者。

A. 3 000 万元　　B. 2 000 万元

C. 1 000 万元　　D. 500 万元

31. 董事会专门委员会包括薪酬与提名委员会、审计委员会和风险控制委员会，专门委员会应当向（　　）负责，并按照章程的规定向（　　）提交工作报告。

A. 董事会；监事会　　B. 董事会；股东会

C. 股东会；股东会　　D. 董事会；董事会

32. 净资本指标与上月相比发生 20% 以上不利变化或不符合规定标准时，证券公司应当在（　　）个工作日内向公司全体董事报告，（　　）个工作日内向公司全体股东报告。

A. 5；15　　B. 10；15

C. 5；10　　D. 10；20

33. 托管机构挪用托管客户金融债券，取得违法所得 55 万元，则中国人民银行应对其采取的措施是（　　）。

A. 没收违法所得

B. 没收违法所得，并处违法所得 1 倍以上 3 倍以下罚款

C. 没收违法所得，并处违法所得 1 倍以上 5 倍以下罚款

D. 处 50 万元以上 200 万元以下罚款

34. 按照《最高人民检察院　公安部关于公安机关管辖的刑事案件立案追诉

标准的规定（二）》第四十条的规定，当擅自运用客户资金或者其他委托、信托的财产数额在（　　）万元以上的，应予立案追诉。

A. 30　　B. 50

C. 60　　D. 100

35.《证券公司监督管理条例》《证券公司治理准则》对证券公司董事会的设置和议事规则作出了具体的规定，以下规定中错误的是（　　）。

A. 内部董事人数不得超过董事人数的 1/2

B. 证券公司可以聘请外部专业人士担任董事

C. 证券公司董事会每年至少召开一次会议

D. 董事会会议所作决议须经过无关联关系董事过半数通过

36. 集合资产管理计划的投资者人数不超过（　　）人。

A. 100　　B. 150

C. 200　　D. 250

37. 按照《证券公司信息隔离墙制度指引》的要求，某证券公司的敏感信息包括内幕信息和其他未公开信息。下列不属于该证券公司内幕信息的是（　　）。

A. 该证券公司的经营方针和经营范围发生了重大变化

B. 该证券公司董事会通过了一项重要投资行为

C. 该证券公司接受了一项 30 万元的政府补助

D. 该证券公司分配股利或者增资的计划

38.（　　）为债务融资工具在银行间债券市场的交易提供服务。

A. 中国人民银行　　B. 中国银行间市场交易商协会

C. 全国银行间同业拆借中心　　D. 中央国债登记结算有限责任公司

39. 下列说法错误的是（　　）。

A. 资产管理产品的发行人或者管理人违反真实公允确定净值原则，对产品进行保本保收益，视为刚性兑付

B. 资产管理产品的发行人或者管理人采取滚动发行等方式，实现产品保本保收益的，视为刚性兑付

C. 资产管理产品不能如期兑付或者兑付困难时，发行或者管理该产品的金融机构自行筹集资金偿付或者委托其他机构代为偿付，不应视为刚性兑付

D. 经认定存在刚性兑付行为的，应该区分存款类金融机构和非存款类持牌金融机构进行惩处

40. 证券公司净资本或者其他风险控制指标不符合规定标准的，派出机构应当责令公司限期改正；证券公司未按时报送整改计划的，派出机构应当（　　）。

A. 督促其加快整改　　B. 立即限制其业务活动

C. 延长整改期限　　D. 不予理睬

41. 证券公司分类监管制度是证券行业的一项基础性制度。下列关于证券公司分类监管的评价指标体系及评价方法的说法正确的是（　　）。

A. 证券公司分类监管评价设定正常经营的证券公司为 120 分

B. 分类评价每季度进行一次

C. 分类监管评价的评价期为上一年度 4 月 30 日到本年度 5 月 1 日

D. 证券公司在基准分的基础上，根据证券公司风险管理能力评价指标与标准、市场竞争力、持续合规状况等方面的情况，进行相应加分或扣分

42. 证券公司编造虚假信息，扰乱证券、期货交易市场，造成严重后果的，（　　）。

A. 处 5 年以下有期徒刑或者拘役，并处或单处违法所得 1 倍以上 5 倍以下罚金

B. 处 5 年上 10 年以下有期徒刑，并处违法所得 1 倍以上 5 倍以下罚金

C. 处 5 年上 10 年以下有期徒刑，并处违法所得 1 倍以上 10 倍以下罚金

D. 处 5 年以下有期徒刑或者拘役，并处或者单处 1 万元以上 10 万元以下的罚金

43. 在上市公司收购行为完成后，收购人应当在（　　）内将收购情况报告国务院证券监督管理机构和证券交易所，并予公告。

A. 3 日　　B. 5 日

C. 15 日　　D. 30 日

44. 下列哪一种情形下，公司可以再次公开发行公司债券（　　）。

A. 对已公开发行的公司债券或者其他债务有违约或者延迟支付本息的事实仍处于继续状态

B. 累计债券余额达到公司净资产的 30%

C. 前一次公开发行的公司债券尚未募足

D. 违反《证券法》规定，改变公开发行的公司债券所募资金的用途

45. 中国证监会对证券发行承销过程实施（　　），发现涉嫌违法违规或者存在异常情形的，可责令发行人和承销商暂停或中止发行，对相关事项进行调查处理。

A. 事前监管　　B. 事前事中监管

C. 事中事后监管　　D. 事后监管

46. 下列不属于原始权益人的职责是（　　）。

A. 依照法律、行政法规、公司章程和相关协议的规定或者约定移交基础资产

B. 配合并支持管理人、托管人履行职责

C. 配合并支持其他为资产证券化业务提供服务的机构履行职责

D. 办理资产支持证券发行事宜

47. 按照《证券法》第一百八十九条的规定，欺诈发行股票、证券罪因承担的法律责任中，错误的是（　　）。

A. 发行人不符合发行条件，以欺骗手段骗取发行核准，尚未发行证券的，处以 100 万元的罚款

B. 发行人不符合发行条件，以欺骗手段骗取发行核准，已经发行证券的，处以非法所募资金金额 3% 的罚款

C. 对直接负责的主管人员和其他直接责任人员处以 5 万元的罚款

D. 发行人的控股股东、实际控制人指使从事骗取发行核准，且已发行证券的，处以 30 万元的罚款

48. 合格境外机构投资者在境内开展证券投资业务，托管人资格应经中国证监会和国家外汇管理局审批，实收资本不少于（　　）亿元人民币。

A. 80　　B. 70

C. 60　　D. 50

49. 证券公司风险控制指标体系的核心是（　　）。

A. 收益性和安全性　　B. 净资本和收益性

C. 净资本和流动性　　D. 安全性和流动性

50. 按照《证券法》第二百条的规定，故意提供虚假资料，隐匿、伪造、篡改或者销毁交易记录，诱骗投资者买卖证券、期货合约的从业人员或者工作人员，（　　），并处以 3 万元以上（　　）万元以下的罚款。

A. 给予警告；20　　B. 撤销证券从业资格；10

C. 责令改正；20　　D. 给予警告；10

二、多选题（共 50 题，每题 1 分，共 50 分。以下各选项中，至少有一项符合题目要求，不选、错选均不得分）

51. 证券的承销方式包括（　　）。

①统销　　②包销

③代销　　④直销

A. ①③　　B. ②③

C. ①②③　　　　D. ①②③④

52. 根据《证券公司融资融券业务管理办法》的规定，除下列情形外，任何人不得动用证券公司客户信用交易担保证券账户内的证券和客户信用交易担保资金账户内的资金（　　）。

①为客户进行融资融券交易的结算

②收取客户应当归还的资金、证券

③收取客户应当支付的利息、费用、税款

④收取客户应当支付的违约金

A. ①②③　　　　B. ①③④

C. ②③④　　　　D. ①②③④

53. 证券金融公司开展转融通业务，应当了解证券公司的（　　）等，并以书面和电子的方式予以记录和保存。

①基本情况　　　　②业务范围

③财务状况　　　　④违约记录

A. ①②③　　　　B. ①③④

C. ②③④　　　　D. ①②③④

54. 经营机构违反《证券期货投资者适当性管理办法》的下列（　　）情形，应当给予警告，并处3万元以下罚款；对直接负责的主管人员和其他直接责任人员，给予警告，并处3万元以下罚款。

①未按规定划分产品或者服务风险等级的

②未按规定录音录像或者采取配套留痕安排的

③未按规定制定或者落实适当性内部管理制度和相关制度机制的

④未按规定对专业投资者进行细化分类和管理的

⑤未按规定展开适当性自查的

⑥未按规定妥善保存相关信息资料的

A. ①②③④⑥　　　　B. ②③④⑤⑥

C. ①③④⑤⑥　　　　D. ①②③⑤⑥

55. 下列行为中违反《中国人民银行法》的有（　　）。

①发行人以不正当手段操纵市场价格、误导投资者

②承销人发布虚假信息或泄露非公开信息

③托管机构债券遗失

④注册会计师所出具的文件含有虚假记载、误导性陈述或重大遗漏的

A. ①②　　　　B. ①②③

C. ③④　　D. ①②③④

56. 金融机构为资产管理产品投资的非标准化债权类资产或者股权类资产发生（　　）行为的，视为刚性兑付。

①提供任何直接或间接的担保　　②提供显性或隐性的担保

③回购　　④其他代为承担风险的承诺

A. ①②③　　B. ②③④

C. ①②　　D. ①②③④

57. 证券金融公司应当依照办法的规定制定转融通业务规则，明确（　　）。

①账户管理　　②授信管理

③标的证券管理　　④保证金管理

A. ①②③　　B. ①③④

C. ②③④　　D. ①②③④

58.《证券监督管理条例》规定，当证券公司出现（　　）情况时，中国证监会可以对证券公司及其有关董事、监事、高级管理人员、境内外分支机构负责人予以谴责，责令公司更换董事、监事、高级管理人员或限制其权利。

①治理结构不健全　　②经营管理混乱

③账外设账　　④账外经营

A. ①②③④　　B. ①②③

C. ①③④　　D. ②③④

59. 发生异常情况的，交易各方可以按《业务协议》中约定的（　　）等方式来处理。

①提前购回　　②延期购回

③终止购回　　④交易所认可的其他约定方式

A. ①②④　　B. ①③④

C. ①②③④　　D. ①②③

60. 按照《证券业从业人员资格管理办法》，从事证券业务的专业人员是指（　　）。

①证券公司中从事自营、经纪、承销、投资咨询、受托投资管理等业务的专业人员，包括相关业务部门的管理人员

②基金管理公司、基金托管机构中从事基金销售、研究分析、投资管理、交易、监察稽核等业务的专业人员，包括相关业务部门的管理人员

③基金销售机构中从事基金宣传、推销、咨询等业务的专业人员，包括相关业务部门的管理人员

④购买证券的个人投资者

A. ①②③　　B. ②③④

C. ①③④　　D. ①②④

61. 证券公司从事客户资产管理业务，不得有（　　）行为。

①挪用客户资产

②向客户作出保证其资产本金不受损失或者取得最低收益的承诺

③以欺诈手段或者其他不当方式误导、诱导客户

④将资产管理业务与其他业务分开操作

A. ①②③　　B. ①②③④

C. ①②④　　D. ②③④

62. 境内符合条件的股份公司均可通过主办券商申请在全国股份转让系统挂牌，公开转让股份，进行（　　）等活动。

①股权融资　　②债券融资

③债务重组　　④资产重组

A. ①②④　　B. ①③④

C. ①②③④　　D. ①②③

63. 目前，证券业从业资格考试的入门资格考试科目包括（　　）。

①证券市场基本法律法规　　②投资银行业务

③金融市场基础知识　　④证券投资顾问业务

A. ①②　　B. ②④

C. ①③　　D. ②③

64. 下列说法正确的有（　　）。

①客户在进行委托前须确保已完全了解有关交易规则，避免发出无效指令

②客户发出的指令被证券公司委托系统或证券交易所交易系统拒绝受理，则该委托应视为无效委托

③证券公司接受客户委托指令时，如果出现由于客户原委托指令未撤销而造成证券公司无法执行客户新的委托指令的，由此导致的后果、风险和损失，由客户承担

④客户在委托有效期内对未显示成交回报的委托发出撤销委托指令，但由于市场价格随时波动及成交回报速度的原因，客户的撤销委托指令虽经证券公司发出，但客户委托可能已在市场成交，此时客户应承认并接受该成交结果

A. ①②③　　B. ①②④

C. ③④　　D. ①②③④

65. 股份有限公司申请股票上市，下列条件中符合规定的有（　　）。

①公司最近5年无重大违法行为，财务会计报告无虚假记载

②公司股本总额不少于人民币3 000万元

③公开发行的股份达到公司股份总数的25%以上；公司股本总额超过人民币4亿元的，公开发行股份的比例为10%以上

④股票经国务院证券监督管理机构核准已公开发行

A. ①②④　　B. ②③④

C. ①②③④　　D. ①③④

66. 设立证券登记结算机构，需要具备的条件包括（　　）。

①主要管理人员和从业人员必须具有证券从业资格

②具有证券登记、存管和结算服务所必需的场所和设施

③自有资金不少于人民币2亿元

④国务院证券监督管理机构规定的其他条件

A. ①②③④　　B. ②③④

C. ①②③　　D. ①③④

67. 证券公司应当在报送年度报告的同时向中国证监会相关派出机构报送年度合规报告。年度合规报告包括（　　）。

①证券公司和各层级子公司合规管理的基本情况

②合规负责人及合规部门履行合规管理职责情况

③公司违法违规行为、合规风险的发现、监管部门和自律组织处罚及整改情况

④合规管理有效性的评估及整改情况

⑤内部控制的监督、检查和评价机制

⑥合规人员配置情况、合规性专项考核情况、合规负责人及合规管理人员薪酬保障落实情况

A. ①②③④⑥　　B. ②③④⑤⑥

C. ①③④⑤⑥　　D. ①②③⑤⑥

68. 证券公司董事会风险控制委员的主要职责是对（　　）进行审议并提出意见。

①合规管理和风险管理的总体目标、基本政策

②合规管理和风险管理的机构设置及其职责

③需董事会审议的重大决策风险和重大风险解决方案

④需董事会审议的合规报告

⑤需董事会审议的风险评估报告

A. ①②③④⑤　　B. ①②④⑤

C. ①②③⑤　　D. ②③④⑤

69. 按照《证券公司内部控制指引》和《证券公司投资银行类业务内部控制指引》的要求，证券公司投资银行类业务内部控制的组织结构要求设立严密有效的三道业务防线，其中，第一道防线、第二道防线和第三道防线依次分别是（　　）。

①质量控制

②项目组、业务部门

③内核、合规、风险管理等部门或机构

A. ①②③　　B. ②③①

C. ②①③　　D. ③①②

70. 按照《证券法》规定，设立证券公司，主要股东应当具有持续盈利能力，信誉良好，最近（　　）年无重大违法违规记录，净资产不低于人民币（　　）亿元。

①2　　②3

③4　　④5

A. ①②　　B. ②①

C. ③④　　D. ④①

71. 下列属于主办券商在全国股转系统开展做市业务时规则的说法中，正确的有（　　）。

①主办券商应当建立做市业务内部报告制度，明确业务运作、风险监控、业务稽核及其他有关信息的报告路径和反馈机制

②主办券商开展做市业务，可以干预挂牌公司日常经营，其业务人员可以在挂牌公司兼职

③主办券商应当建立健全做市业务动态风险监控机制，监控做市业务风险的动态变化，提高动态监控效率

④主办券商应按全国股份转让系统公司要求报告其做市股票库存、做市业务盈亏及相关风险监控指标等信息

A. ①②④　　B. ①③④

C. ①②③④　　D. ①②③

72. 下列事项中，属于有限责任公司股东会职权的有（　　）。

①决定公司的经营方针和投资计划

②决定公司的经营计划和投资方案

③对公司合并、分立、解散、清算或者变更公司形式作出决议

④修改公司章程

⑤决定公司内部管理机构的设置

⑥对发行公司债券作出决议

A. ①②④⑤⑥　　B. ①③④⑥

C. ①③④⑤⑥　　D. ①②③④⑤⑥

73. 证券公司经纪业务内部控制应当重点防范挪用客户交易结算资金及其他客户资产、非法融入融出资金以及结算风险等。具体而言，经纪业务方面的主要制度包括（　　）。

①法人集中清算制度

②客户交易结算资金集中管理制度

③高级管理人员分工制度

④交易数据安全备份制度

⑤交易清算差错的处理程序和审批制度

⑥重大交易差错的报告制度

A. ①②③④⑤　　B. ②③④⑤⑥

C. ①③④⑤⑥　　D. ①②④⑤⑥

74. 证券公司风险控制指标体系以净资本和流动性为核心，主要的风险控制指标包括（　　）。

①净资本　　②风险覆盖率

③资本杠杆率　　④销售利润率

⑤流动性覆盖率　　⑥净稳定资金率

A. ①②③④⑥　　B. ②③④⑤⑥

C. ①③④⑤⑥　　D. ①②③⑤⑥

75. 公司在进行清算时，隐匿财产，对资产负债表或者财产清单作虚假记载或者在未清偿债务前分配公司财产的，由公司登记机关责令改正，对公司处于隐匿财产或者未清偿债务前分配公司财产金额（　　）的罚款；对直接负责的主管人员和其他直接负责人员处以（　　）的罚款。

①5%以上15%以下　　②5%以上10%以下

③3万元以上10万元以下　　④1万元以上10万元以下

A. ①③　　B. ②③

C. ①④　　D. ②④

76. 以下（　　）是证券公司与客户关系的基本原则。

①保守客户秘密　②履行法定信息披露义务

③完善客户沟通、投诉处理机制　④不得挪用、侵占客户资金

⑤不得开展业务竞争　⑥履行公司财务报告披露义务

A. ①②③④⑤　B. ②③④⑤⑥

C. ①②③④⑥　D. ①②④⑤⑥

77. 下列说法正确的有（　　）。

①资产证券化业务是指以基础资产所产生的现金流为偿付支持，通过结构化等方式进行信用增级，在此基础上发行资产支持证券的业务活动

②基础资产是指符合法律法规规定，权属明确，可以产生独立、可预测的现金流且可特定化的财产权利或者财产基础资产只能是单项财产权利或者财产

③原始权益人是指按照本规定及约定向专项计划转移其合法拥有的基础资产以获得资金的主体

④管理人是指为资产支持证券持有人之利益，对专项计划进行管理及履行其他法定及约定职责的证券公司、基金管理公司子公司

A. ①②　B. ①②③

C. ①②③④　D. ①③④

78. 以下关于融资融券业务的决策授权体系错误的有（　　）。

①由部门负责人确定融资融券业务的总规模

②业务决策机构确定对具体客户的授信额度

③业务执行部门确定单一客户的授信额度

④分支机构可自行决定客户的开户、保证金收取

A. ①②③　B. ①③④

C. ①②④　D. ①②③④

79. 按照《最高人民检察院　公安部关于公安机关管辖的刑事案件立案追诉标准的规定（二）》第三十九条的规定，当合谋持有证券的流通股份数达到该证券的实际流通股份总量（　　）%以上，且在该证券连续（　　）个交易日内联合或者连续买卖股份数累计达到该证券同期总成交量（　　）%以上的，应予立案追诉。

①10　②20

③30　④40

A. ①④②　B. ③①②

C. ②④①　D. ③②③

80. 经营证券经纪业务、证券资产管理业务、融资融券业务和证券承销与保荐业务中两种以上业务的证券公司，应当建立独立董事制度。其中，证券公司有如下情形的，独立董事不得少于董事人数的1/4（　　）。

①董事长、经营管理的主要负责人由同一人负责

②内部董事人数占董事人数的1/5以上

③内部监事人员占监事人数的1/3以上

④董事长在监事会中任职

A. ①②　　B. ①②③

C. ①③④　　D. ②③

81. 下列关于证券公司设立的另类投资公司说法错误的有（　　）。

①另类子公司下不得再下设任何机构

②证券公司应当将另类子公司的合规与风险管理纳入公司统一体系

③另类子公司可以从事投资以外的业务

④证券公司应当清晰划分证券公司与另类子公司的业务范围

A. ③　　B. ②④

C. ②③　　D. ①④

82. 按照《证券业从业人员资格管理办法》，取得从业资格的人员，通过机构申请执业证书需具备的条件有（　　）。

①已被机构聘用

②最近2年未受过刑事处罚

③未被中国证监会认定为证券市场禁入者，或者已过禁入期的

④品行端正，具有良好的职业道德

A. ①②③　　B. ②③④

C. ①③④　　D. ①②④

83. 证券公司及其直接负责的主管人员和其他直接责任人员在承销证券过程中，有下列（　　）之一的，情节比较严重的，还可以采取3个月至12个月暂不受理其证券承销业务有关文件的监管措施；依法应予行政处罚的，依照《证券法》第一百九十一条的规定予以处罚。

①夸大宣传，或以虚假广告等不正当手段诱导、误导投资者

②以不正当竞争手段招揽承销业务

③未按照事先披露的原则和方式配售股票，或其他未依照披露文件实施的行为

④向投资者提供除招股意向书等公开信息以外的发行人其他信息

A. ①②④　　B. ①②③

C. ①③④　　D. ①②③④

84. 客户向证券公司申请开展融资融券业务，应由客户本人向证券公司营业部提出申请，并根据证券公司营业部的要求提供相应的书面申请材料（　　）。

①有效身份证明文件　　②融资融券业务申请表

③客户财务状况证明　　④担保品证明

A. ①②③　　B. ①③④

C. ①②④　　D. ①②③④

85. 以下叙述中，属于证券公司合规管理基本制度的有（　　）。

①明确合规管理目标、基本原则、机构设置及职责、合规考核及风险隐患报告、责任追究等问题

②审慎评估公司合规经营管理行为对证券市场的影响

③证券公司应结合本公司实际经营情况，制定指导经营活动依法合规开展的具体管理制度或操作流程，切实加强对各项经营活动的合规管理

④证券公司应当制定工作人员执业行为准则，引导工作人员树立良好的合规意识和职业道德行为规范，确保工作人员执业行为依法合规

A. ①②③④　　B. ①②④

C. ①③④　　D. ②③④

86. 下列说法正确的有（　　）。

①证券分析师参加媒体组织的研究评价活动，应当经所在公司同意，秉承公平竞争的原则，不得以不正当手段争取较高的研究评价结果

②证券分析师应当相互尊重，共同维护行业声誉，不得在公众场合及媒体上发表贬低、损害同行声誉的言论，不得以不正当手段与同行竞争

③证券分析师明知特定客户，公司内部其他部门的要求或拟委托的事项违反了法律、法规、中国证监会监管规定、行业自律规则以及公司管理制度的，应当予以拒绝，并及时向公司报告

④证券分析师应当珍惜职业称号和职业声誉，以真实姓名执业

A. ①②③　　B. ①②③④

C. ①③④　　D. ②③④

87. 下列属于基金托管业务基本规范的有（　　）。

①资产独立　　②结算职责

③资金存管　　④配合管理人召集基金委托人大会

⑤估值复核

A. ①②③④　　　　B. ①②③⑤

C. ①②④⑤　　　　D. ①②③④⑤

88. 下列说法正确的有（　　）。

①发行人和主承销商在披露发行市盈率时，应同时披露发行市盈率的计算方式

②在进行行业市盈率比较分析时，应当按照中国证监会有关上市公司行业分类指引中制定的行业分类标准确定发行人行业归属，并分析说明行业归属的依据

③存在多个市盈率口径时，应当充分列示可供选择的比较基准，并应当按照审慎、充分提示风险的原则选取和披露行业平均市盈率

④存在多个市盈率口径时，应当充分列示可供选择的比较基准，并应当按照审慎、充分提示风险的原则选取和披露行业平均市盈率

A. ①②④　　　　B. ①②③④

C. ①②　　　　D. ①②③

89. 下面关于证券公司代销金融产品与委托人签署书面代销合同，应约定的有（　　）。

①证券公司对金融产品承担担保责任

②因金融产品设计和运营产生的责任由委托人承担

③因委托人提供的信息不真实、不准确、不完整而产生的责任由委托人承担

④双方在信息披露、风险揭示等方面的分工

A. ①③　　　　B. ①②④

C. ②③④　　　　D. ①③④

90. 证券经纪业务合规风险的防范措施包括（　　）。

①证券公司要加强合规文化建设，从高级管理人员到普通员工都要增强法制观念和合规意识

②要建立健全各项规章制度，严格按经纪业务内部控制的要求完善内部控制机制和制度

③对客户交易结算资金实行第三方存管，对经纪业务账户管理、交易、清算、核算、操作权限、风险控制等实行集中统一管理；对风险程度和重要性不同的业务，实行实时复核、分级审批。加强对经纪业务主要环节和风险点的控制

④建立客户投诉处理及责任追究机制

A. ①②③　　　　B. ①③④

C. ①②④　　　　D. ①②③④

91. 证券公司应当逐日计算客户交存的担保物价值与其所欠债务的比例。当

该比例低于约定的维持担保比例时，应当通知客户在约定的期限内补交担保物，客户经证券公司认可后，可以提交除可充抵保证金以外的其他（　　）等资产。

①证券　　②动产

③不动产　　④股权

A. ①②③　　B. ①③④

C. ①②④　　D. ①②③④

92. 证券经营机构及其工作人员在落实执行投资者适当性管理的过程中，应当遵循的原则有（　　）。

①投资者利益优先　　②勤勉尽责

③客观性　　④有效性

⑤审慎性　　⑥差异性

A. ①②③④⑤　　B. ②③④⑤⑥

C. ①③④⑤⑥　　D. ①②③④⑥

93. 证券投资咨询机构利用“荐股软件”从事证券投资咨询业务，必须遵守（　　）等法律法规和中国证监会的有关规定。

①《证券法》

②《证券、期货投资咨询管理暂行办法》

③《公司法》

④《证券交易管理条例》

A. ②③④　　B. ①②

C. ①②③④　　D. ①③④

94. 上海证券交易所在科创板推出不同于主板的交易机制改革措施包括（　　）。

①引入盘后固定价格交易　　②优化融券交易机制

③新增两种市价申报方式　　④收紧涨跌幅限制

A. ①②④　　B. ①②③

C. ①③④　　D. ①②③④

95. 以下有资格由普通投资者申请转化为专业投资者的有（　　）。

①最近一年末净资产 800 万元，最近 1 年末金融资产 500 万元，且具有 3 年黄金投资经验的王某

②最近一年末净资产 1 000 万元，最近 1 年末金融资产 500 万元，且具有 2 年期货投资经验的张某

③金融资产 500 万元，且具有 2 年外汇投资经历的赵某

④最近3年个人年均收入50万元，且具有2年金融产品设计工作经历的陈某

A. ①②　　B. ③④

C. ①③　　D. ②④

96. 融资融券标的证券为开放式基金的，应当符合的条件有（　　）。

①上市交易超过5个交易日的

②最近5个交易日内的日平均资产规模不低于5亿元

③基金持有户数不少于2 000户

④基金份额不存在分拆、合并等分级转换情形

A. ①②③　　B. ①③④

C. ②③④　　D. ①②③④

97. 证券公司、证券投资咨询机构提供证券投资顾问服务，应当与客户签订证券投资顾问服务协议，并对协议实行编号管理。协议内容包括（　　）。

①当事人的权利义务

②证券投资顾问服务的内容和方式

③争议或者纠纷解决方式

④终止或者解除协议的条件和方式

A. ①②③　　B. ①②④

C. ①③④　　D. ①②③④

98. 证券公司、证券投资咨询机构向客户提供证券投资顾问服务，应当将（　　）告知客户。

①公司名称、地址、联系方式、投诉电话、证券投资咨询资格业务等

②证券投资顾问的姓名及其证券投资咨询执业资格编码

③证券投资顾问服务的内容和方式

④投资决策由客户作出，投资风险由客户承担，证券投资顾问不得代客户作出投资决策

A. ①②③　　B. ①②④

C. ①③④　　D. ①②③④

99. 证券公司、证券投资咨询机构发布证券研究报告相关人士进行上市公司调研活动，应当符合（　　）要求。

①事先履行所在地证券公司、证券投资咨询机构的审批程序

②不得向证券研究报告相关销售服务人员、特定客户和其他无关人员泄露研究部门或研究子公司未来一段时间的整体调研计划、调研底稿，以及调研后发布

证券研究报告的计划、研究观点的调整信息

③不得主动寻求上市公司相关内幕信息或者未公开重大信息

④被动知悉上市公司内幕信息或者未公开重大信息的，应当对有关信息内容进行保密，并及时向所在机构的合规管理部门报告本人已获知有关信息的事实，在有关信息公开前不得发布涉及该上市的证券研究报告

A. ①②③　　B. ①②④

C. ①③④　　D. ①②③④

100. 关于从事金融产品代销业务，对代销机构和从业人员的资格要求，下列说法正确的有（　　）。

①证券公司代销金融产品，应当按照《证券公司监督管理条例》的规定取得代销金融产品业务资格

②任何个人不得以个人名义办理基金的销售或者相关业务

③从事基金销售业务的人员还应当取得基金销售业务资格

④办理基金销售业务或者办理基金销售相关业务，并向基金销售机构收取以基金交易（含开户）为基础的相关佣金的机构应当向中国证监会派出机构进行注册或者经证监会认定

A. ①③　　B. ①②③

C. ②③④　　D. ①②③④

参考答案与解析

1. 参考答案：C

考点：按照证券发行保荐业务的一般规定，证券公司从事证券发行上市保荐业务，应按照《证券发行上市保荐业务管理办法》的规定向中国证监会申请保荐机构资格。

2. 参考答案：D

考点：独立董事与其他董事任期相同，连任时间不得超过6年。

3. 参考答案：C

考点：本题考查证券公司投资银行类业务内部控制的有关规定。对投资银行类项目负有主要管理或执行责任人员的收入递延支付年限原则上不得少于3年。

4. 参考答案：C

考点：本题考查证券自营业务的决策与授权。投资决策机构是自营业务的最高管理机构，董事会是自营业务的最高决策机构。

5. 参考答案：A

考点：本题考查有限责任公司和股份有限公司的区别。有限责任公司的股东以其认缴的出资额为限对公司承担责任，股份有限公司的股东其认购的股份为限对公司承担责任，二者都是有限责任，选项A错误。

6. 参考答案：C

考点：本题考查公司章程。公司是公司组织或活动的基本准则，它对公司、股东、董事、监事、高级管理人员具有同样的约束力。

7. 参考答案：A

考点：本题考查证券公司计算担保物与债务比例的周期，证券公司应当逐日计算客户交存的担保物价值与其所欠债务的比例。

8. 参考答案：A

考点：本题考查《证券公司监督管理条例》第五十七条的规定。证券公司从事证券经纪业务，其客户的交易结算资金应当存放在商业银行，以每个客户的名义独立立户管理。

9. 参考答案：C

考点：本题考查全面风险管理的责任主体。

10. 参考答案：A

考点：本题考查《证券法》。根据《证券法》第二百零七条的规定，在证券交易活动中作出虚假陈述或者信息误导的，责令改正，处以 3 万元以上 20 万元以下的罚款；属于国家工作人员的，还应当依法给予行政处分。

11. 参考答案：D

考点：上市公司就并购重组事项出具盈利预测报告的，在相关并购重组活动完成后，凡不属于上市公司管理层事前无法获知且事后无法控制原因，上市公司或者购买资产实现的利润未达盈利预测报告或者资产评估报告预测金额 80% 的，中国证监会责令财务顾问及其财务顾问主办人在股东大会及中国证监会指定报刊上公开说明未实现盈利预测的原因并向股东和社会公众道歉。利润实现数未达到盈利预测 50% 的，中国证监会可以同时对财务顾问及其财务顾问主办人采取监管谈话、出具警示函、责令定期报告等监管措施。

12. 参考答案：A

考点：证券公司设董事会的，内部董事人数不得超过董事人数的 1/2。

13. 参考答案：B

考点：本题考查虚假取得公司登记的法律责任。根据《公司法》第一百九十八条的规定：虚报注册资本、提交虚假材料或者采取其他欺诈手段隐瞒重要事实取得公司的登记的，由公司登记机关责令改正，对虚报注册资本的公司，处以虚报注册资本金额 5% 以上 15% 以下的罚款。

14. 参考答案：C

考点：本题考查可充抵保证金的证券的折算率。可充抵保证金的证券折算率，在计算保证金金额时应当以证券市值或净值按规定折算率进行折算。上证 180 指数成分股股票的折算率最高不超过 70%，其他股票折算率最高不超过 65%。

15. 参考答案：B

考点：本题考查证券公司业务创新的有关规定。在可行性研究的基础上，应当及时与中国证监会沟通，履行创新业务的报备（报批）程序。

16. 参考答案：B

考点：本题考查转融通的期限。

17. 参考答案：C

考点：本题考查证券公司将子公司的风险管理纳入统一体系的要求。

18. 参考答案：B

考点：本题考查公司抽逃出资的法律责任。公司的发起人、股东在公司成立后，抽逃其出资的，由公司登记机关责令改正，处以所抽逃出资金额5%以上15%以下的罚款。

19. 参考答案：D

考点：本题考查委托交易中的委托方式和委托指令。选项D，对于因客户操作失误或因客户指令违反证券市场交易规则或协议约定，或其他可归咎于客户的原因而造成损失的，由客户承担。

20. 参考答案：D

考点：本题考查非公开募集基金合格投资者的单位和个人应满足的条件。最近一年末净资产不低于1 000万元的法人单位才符合条件，选项D错误。

21. 参考答案：C

考点：证券公司代销公募基金相关要求。

22. 参考答案：A

考点：本题考查财务顾问的基本概念。

23. 参考答案：A

考点：本题考查证券公司流动性风险的定义。

24. 参考答案：A

考点：本题考查证券投资咨询人员资格管理。证券投资咨询人员符合取得证券投资职业资格的申请条件的，中国证券业协会通过职业证书管理系统向中国证监会有关部门备案后，颁发执业证书，并在协会的互联网上公告。

25. 参考答案：C

考点：本题考查《最高人民检察院　公安部关于公安机关管辖的刑事案件立案追诉标准的规定（二）》第四十九条的规定，个人集资诈骗，数额达到10万元以上的，应予立案追诉。

26. 参考答案：B

考点：本题考查证券公司与股东之间关系的特别规定。选项B，证券公司的控股股东不得超越职权，不得超越股东（大）会、董事会任免证券公司的董事、监事和高级管理人员。

27. 参考答案：C

考点：按照《证券公司风险控制指标计算标准规定》，一般来说，证券公司自营业务，持有一种权益类证券的市值与其总市值的比例不得超过5%。因包销、中国证监会认可的做市业务以及股票质押违约处理等导致的情形及中国证监会另有认定的除外。

28. 参考答案：A

考点：本题考查特殊普通合伙企业。特殊普通合伙企业特殊性在于，只有非因故意或者重大过失造成的合伙企业债务以及合伙企业的其他债务，由全体合伙人承担无限连带责任，选项 A 错误。

29. 参考答案：B

考点：操纵证券、期货市场，是指通过：

（1）单独或合谋，集中资金优势、持股或者持仓优势或者利用信息优势联合或者连续买卖；

（2）与他人串通以事先约定的时间、价格和方式相互进行交易；

（3）在自己实际控制的账户之间进行交易，或者以自己为交易对象，自买自卖等方式，操纵证券、期货市场（含交易价格、交易量等）的行为。

选项 A 和选项 D 属于内幕交易的情形。

30. 参考答案：C

考点：合格投资者的条件资质。净资产不低于人民币 1 000 万元的企事业单位法人、合伙企业为《公司债券发行与交易管理办法》所称合格投资者。

31. 参考答案：D

考点：本题考查董事会专门委员会的有关规定。专门委员会应当向董事会负责，并按照章程的规定向董事会提交工作报告。

32. 参考答案：C

考点：本题考查风险控制指标报告的有关要求。

33. 参考答案：C

考点：本题考查违反金融债券发行与承销有关规定的法律责任。

34. 参考答案：A

考点：本题考查《最高人民检察院　公安部关于公安机关管辖的刑事案件立案追诉标准的规定（二）》第四十条的规定。背信运用受托财产涉嫌下列情形之一的，应予立案追诉：

（1）擅自运用客户资金或者其他委托、信托的财产数额在 30 万元以上的；

（2）虽未达到上述数额标准，但多次擅自运用客户资金或者其他委托、信托的财产，或者擅自运用多个客户资金或者其他委托、信托的财产的；

（3）其他情节严重的情形。

35. 参考答案：C

考点：本题考查证券公司治理中对董事会的有关规定。证券公司董事会每年至少召开两次会议。

36. 参考答案：C

考点：集合资产管理计划的投资者人数不少于 2 人，不超过 200 人。

37. 参考答案：C

考点：本题考查证券公司信息隔离墙制度中内幕信息的基本概念。该证券公司接受了一项 30 万元的政府补助，不会对该证券公司的市场价格产生重大影响，并且属于已经公开的信息，所以选项 C 不属于内幕信息。

38. 参考答案：C

考点：本题考查非金融企业债务融资工具发行业务的一般规定。全国银行间同业拆借中心为债务融资工具在银行间债券市场的交易提供服务。

39. 参考答案：C

考点：本题考查刚性兑付的相关情形。资产管理产品不能如期兑付或者兑付困难时，发行或者管理该产品的金融机构自行筹集资金偿付或者委托其他机构代为偿付，应视为刚性兑付。

40. 参考答案：B

考点：本题考查风险控制指标不符合规定标准的监管措施。

41. 参考答案：D

考点：本题考查证券公司分类监管的评价指标体系及评价方法。证券公司分类监管评价设定正常经营的证券公司为 100 分；分类评价每年进行一次；分类监管评价的评价期为上一年度 5 月 1 日到本年度 4 月 30 日。

42. 参考答案：D

考点：考查证券公司违反自营业务相关规定的法律责任。证券公司编造虚假信息，扰乱证券、期货交易市场，造成严重后果的，处 5 年以下有期徒刑或者拘役，并处或者单处 1 万元以上 10 万元以下的罚金。

43. 参考答案：C

考点：本题考查。收购行为完成后，收购人应当在 15 日内将收购情况报告国务院证券监督管理机构和证券交易所，并予公告。

44. 参考答案：B

考点：本题考查再次公开发行公司债券的条件。有下列情形之一的，不得再次公开发行公司债券：

（1）前一次公开发行的公司债券尚未募足；

（2）对已公开发行的公司债券或者其他债务有违约或者延迟支付本息的事

实仍处于继续状态；

（3）违反《证券法》规定，改变公开发行的公司债券所募资金的用途。公司公开发行公司债券，累计债券余额不超过公司净资产的 40%，因此选项 B 正确。

45. 参考答案：C

考点：本题考查监管部门对证券（股票类）发行与承销的监管措施。中国证监会对证券发行承销过程实施事中事后监管，发现涉嫌违法违规或者存在异常情形的，可责令发行人和承销商暂停或中止发行，对相关事项进行调查处理。

46. 参考答案：D

考点：考查原始权益人的相关职责。选项 D 属于管理人的职责。

47. 参考答案：A

考点：本题考查《证券法》第一百八十九条的规定。发行人不符合发行条件，以欺骗手段骗取发行核准，尚未发行证券的，处以 30 万元以上 60 万元以下的罚款；已经发行证券的，处以非法所募资金金额 1% 以上 5% 以下的罚款。对直接负责的主管人员和其他直接责任人员处以 3 万元以上 30 万元以下的罚款。发行人的控股股东、实际控制人指使从事前款违法行为的，依照前款规定处罚。

48. 参考答案：A

考点：境外投资者托管人资格。托管人资格应经中国证监会和国家外汇管理局审批，实收资本不少于 80 亿元人民币。

49. 参考答案：C

考点：证券公司风险控制指标体系的核心是净资本和流动性。

50. 参考答案：B

考点：本题考查《证券法》第二百条的规定。故意提供虚假资料，隐匿、伪造、篡改或者销毁交易记录，诱骗投资者买卖证券、期货合约的从业人员或者工作人员，撤销证券从业资格，并处以 3 万元以上 10 万元以下的罚款。

51. 参考答案：B

考点：本题考查证券承销业务的种类。证券承销业务采取代销或者包销方式。

52. 参考答案：D

考点：本题考查对客户担保物的监控。除上述参考答案外，还有按照该办法的规定以及客户的约定处分担保物；客户提取还本付息、支付税费及违约金后的剩余证券和资金；法律法规和该办法规定的其他情形。

53. 参考答案：D

考点：本题考查证券金融公司在了解客户及信用评估时需要考查的内容，除选项①②③④外还包括风险控制能力。

54. 参考答案：D

考点：本题考查对经营机构违反适当性管理规定的监管措施。选项④应为未按规定对普通投资者进行细化分类和管理的。

55. 参考答案：D

考点：本题考查违反金融债券发行与承销有关规定的法律责任。

56. 参考答案：D

考点：本题考查刚性兑付的相关情形，选项①②③④均属于刚性兑付的情况。

57. 参考答案：D

考点：本题考查证券金融公司转融通业务的转融通业务规则。证券金融公司应当依照办法的规定制定转融通业务规则，明确账户管理、授信管理、标的证券管理、保证金管理、费率管理、信息披露等事项，报中国证监会备案后实施。

58. 参考答案：A

考点：考查持续监管方面的内容。

59. 参考答案：C

考点：本题考查股票质押回购式证券的异常情况处理。

60. 参考答案：A

考点：本题考查从事证券业务的专业人员范围。按照《证券业从业人员资格管理办法》，从事证券业务的专业人员，是指证券公司中从事自营、经纪、承销、投资咨询、受托投资管理等业务的专业人员。包括：相关业务部门的管理人员；基金管理公司、基金托管机构中从事基金销售、研究分析、投资管理、交易、监察稽核等业务的专业人员，含相关业务部门的管理人员；基金销售机构中从事基金宣传、推销、咨询等业务的专业人员，含相关业务部门的管理人员；证券投资咨询机构中从事证券投资咨询业务的专业人员及其管理人员；证券资信评估机构中从事证券资信评估业务的专业人员及其管理人员；中国证监会规定需要取得从业资格和执业证书的其他人员。

61. 参考答案：A

考点：本题考查证券公司从事客户资产管理业务的禁止性行为。选项④应该是禁止将资产管理业务与其他业务混合操作。

62. 参考答案：B

考点：本题考查全国股份转让系统的功能。境内符合条件的股份公司均可通过主办券商申请在全国股份转让系统挂牌，公开转让股份，进行股权融资、债权融资、资产重组等活动。

63. 参考答案：C

考点：本题考查证券业从业资格考试中入门考试的科目，包括“证券市场基本法律法规”和“金融市场基础知识”。

64. 参考答案：D

考点：本题考查委托指令的无效及撤销，选项①②③④均正确。

65. 参考答案：B

考点：本题考查股票上市。股份有限公司申请股票上市，应当符合下列条件：

（1）股票经国务院证券监督管理机构核准已公开发行。

（2）公司股本总额不少于人民币 3 000 万元。

（3）公开发行的股份达到公司股份总数的 25% 以上；公司股本总额超过人民币 4 亿元的，公开发行股份的比例为 10% 以上。

（4）公司最近 3 年无重大违法行为，财务会计报告无虚假记载。

66. 参考答案：A

考点：本题考查证券登记结算机构的设立条件。设立证券登记结算机构，应当具备下列条件：自有资金不少于人民币 2 亿元；具有证券登记、存管和结算服务所必需的场所和设施；主要管理人员和从业人员必须具有证券从业资格；国务院证券监督管理机构规定的其他条件。

67. 参考答案：A

考点：本题考查证券公司合规报告的内容规定。

68. 参考答案：A

考点：本题考查董事会专门委员会的有关要求。

69. 参考答案：C

考点：本题考查证券公司投资银行类业务内部控制组织结构要求的有关规定。记忆点：证券公司投资银行类业务的内部控制的第一道防线、第二道防线和第三道防线分别是项目组和业务部门、质量控制以及内核、合规、风险管理等部门或机构。

70. 参考答案：B

考点：本题考查《证券法》第一百二十二条、第一百二十四条的规定。设立证券公司，主要股东具有持续盈利能力，信誉良好，最近 3 年无重大违法违规记录，净资产不低于人民币 2 亿元。

71. 参考答案：B

考点：本题考查主办券商在全国股转系统开展做市业务的主要规则。

72. 参考答案：B

考点：本题考查有限责任公司股东会的职权。其中，选项①③④⑥属于股东会职权，而选项②⑤属于董事会职权，因此应选 B。

73. 参考答案：D

考点：本题考查证券公司经纪业务内部控制的主要内容。高级管理人员分工制度属于投资银行类业务内部控制。

74. 参考答案：D

考点：本题考查证券公司风险控制指标体系中主要的风险控制指标。

75. 参考答案：D

考点：本题考查公司的其他法律责任。根据《公司法》规定，公司在进行清算时，隐匿财产，对资产负债表或者财产清单作虚假记载或者在未清偿债务前分配公司财产的，由公司登记机关责令改正，对公司处于隐匿财产或者未清偿债务前分配公司财产金额 5% 以上 10% 以下的罚款；对直接负责的主管人员和其他直接负责人员处以 1 万元以上 10 万元以下的罚款。

76. 参考答案：C

考点：本题考查证券公司与客户关系的基本原则。不得开展业务竞争是证券公司与股东之间关系的特别规定。

77. 参考答案：D

考点：本题考查资产证券化的相关概念。基础资产，是指符合法律法规规定，权属明确，可以产生独立、可预测的现金流且可特定化的财产权利或者财产。基础资产可以是单项财产权利或者财产，也可以是多项财产权利或者财产构成的资产组合。

78. 参考答案：D

考点：本题考查融资融券业务的决策授权体系。由董事会确定融资融券业务的总规模。业务执行机构确定对具体客户的授信额度。业务决策部门确定单一客户的授信额度。分支机构不可自行决定客户的开户、保证金收取。

79. 参考答案：D

考点：本题考查《最高人民检察院　公安部关于公安机关管辖的刑事案件立案追诉标准的规定（二）》第三十九条的规定，单独或者合谋，持有或实际控制证券的流通股份数达到该证券的实际流通股份总量 30% 以上，且在该证券连续 20 个交易日内联合或者连续买卖股份数累计达到该证券同期总成交量 30% 以上的，应予立案追诉。

80. 参考答案：A

考点：经营证券经纪业务、证券资产管理业务、融资融券业务和证券承销与保荐业务中两种以上业务的证券公司，应当建立独立董事制度。其中，证券公司有如下情形的，独立董事不得少于董事人数的1/4：董事长、经营管理的主要负责人由同一人负责；内部董事人数占董事人数的1/5以上；中国证监会认定的其他情形。

81. 参考答案：C

考点：证券公司另类投资业务。选项B，证券公司应当清晰划分证券公司与另类子公司及其他子公司之间的业务范围，避免利益冲突和利益输送。选项C，另类子公司不得从事投资以外的业务。

82. 参考答案：C

考点：本题考查从业人员申请执业证书的条件。申请从事一般证券业务的人员，必须最近3年未受过刑事处罚。

83. 参考答案：D

考点：本题考查违反证券发行与承销有关规定的法律责任，选项①②③④均正确。

84. 参考答案：D

考点：本题考查融资融券业务客户的申请材料。除选项①②③④外，还包括客户已开设相关账户的基本信息等。

85. 参考答案：C

考点：本题考查证券公司合规管理基本制度。审慎评估公司经营管理行为对证券市场的影响为证券公司合规经营的基本原则与应遵守的基本要求。

86. 参考答案：B

考点：本题考查证券分析师执业行为准则。

87. 参考答案：D

考点：本题考查基金托管业务基本规范。基金托管业务基本规范包括资产独立、业务隔离、信息保密、资金存管、结算职责、风险准备金计提、估值复核、投资监督和配合管理人召集基金委托人大会。

88. 参考答案：B

考点：本题考查证券（股票类）发行与承销信息披露的有关规定。发行人和主承销商在披露发行市盈率时，应同时披露发行市盈率的计算方式。在进行行业市盈率比较分析时，应当按照中国证监会有关上市公司行业分类指引中制定的行业分类标准确定发行人行业归属，并分析说明行业归属的依据。存在多个市盈率口径时，应当充分列示可供选择的比较基准，并应当按照审慎、充分提示风险的原则选取和披露行业平均市盈率。发行人还可以同时披露市净率等反映发行人所在行业特点的估值指标。

89. 参考答案：C

考点：证券公司代销金融产品与委托人签署书面代销合同应该约定的内容。证券公司对金融产品不承担任何担保责任。

90. 参考答案：A

考点：本题考查证券经纪业务合规风险的防范措施。选项④为管理风险的防范措施。

91. 参考答案：B

考点：本题考查客户可补交担保物的类型，当该比例低于约定的维持担保比例时，应当通知客户在约定的期限内补交担保物，客户经证券公司认可后，可以提交除可充抵保证金以外的其他证券、不动产、股权等资产。

92. 参考答案：D

考点：本题考查证券经营机构执行投资者适当性基本原则。

93. 参考答案：B

考点：证券投资咨询机构利用“荐股软件”从事证券投资咨询业务，必须遵守《证券法》《证券、期货投资咨询管理暂行办法》《证券投资顾问业务暂行规定》等法律法规和中国证监会的有关规定。

94. 参考答案：B

考点：交易机制的特别规定包括：引入盘后固定价格交易，优化融券交易机制，新增两种市价申报方式，放宽涨跌幅限制，调整单笔申报数量，可以根据市场情况调整微观交易机制，调整交易信息公开指标，交易行为监督方面。

95. 参考答案：B

考点：本题考查由普通投资者转化为专业投资者的申请资格。

96. 参考答案：D

考点：本题考查标的证券为开放式基金需满足的条件，选项①②③④均符合条件。

97. 参考答案：D

考点：本题考查签订证券投资顾问服务协议环节的规范要求，选项①②③④均正确。

98. 参考答案：D

考点：本题考查证券投资顾问业务风险揭示环节的规范要求，选项①②③④均正确。

99. 参考答案：D

考点：本题考查证券研究报告调研活动管理，选项①②③④均属于进行调研活动的要求。

100. 参考答案：D

考点：本题考查关于从事金融产品代销业务，对代销机构和从业人员的资格要求。

《证券市场基本法律法规》模拟试卷七

一、单选题（共50题，每题1分，共50分。以下各选项中，只有一项符合题目要求，不选、错选均不得分）

1. 下列说法错误的是（　　）。

A. 证券公司在受理客户开户申请时，应当要求客户出具真实有效的身份证明文件，并采取必要措施对客户身份的真实性进行审核

B. 证券公司受理机构客户和自然人客户委托代理他人开户时，应当要求代理人出具真实有效的身份证明文件及授权委托文件，并采取必要措施对代理人身份的真实性及有效性进行审核。自然人客户委托他人代理开户的，应提供经公证的授权委托文件

C. 客户委托他人代理开户的，证券公司应采取必要措施对客户本人和代理人进行投资者教育

D. 证券公司应当统一组织回访客户，对新开户客户应当在60日内完成回访

2. 通过证券交易所的证券交易，投资者持有或者通过协议、其他安排与他人共同持有1家上市公司已发行股权达到（　　）时，继续进行收购的，触发要约收购。

A. 15%　　　　B. 25%

C. 30%　　　　D. 45%

3. 下列关于佣金管理的表述错误的是（　　）。

A. 佣金的收费标准因交易品种、交易场所的不同而有所差异

B. 证券交易的收费项目、收费标准和管理办法由证券交易所统一规定

C. 证券交易的收费必须合理，并公开收费项目、收费标准和收费办法

D. 证券公司应当公示对应类别的投资者具体证券交易佣金收取标准，证券公司实际收取的证券交易佣金应当与公示标准一致

4. 证券公司终止与证券经纪人的委托关系的，证券公司因故未能收回证券

经纪人证书的，应当自委托关系终止之日起 10 个工作日内，通过（　　）指定报纸和公司网站等媒体公告该证书作废。

A. 中国人民银行　　B. 中国证监会

C. 中国证券业协会　　D. 工商管理局

5. 证券研究报告可以使用的信息来源不包括（　　）。

A. 政府部门、行业协会、证券交易所等机构发布的政策、市场、行业以及企业相关信息

B. 上市公司相关内幕信息或者未公开重大信息

C. 上市公司按照法定信息披露义务通过指定媒体公开披露的信息

D. 证券公司、证券投资咨询机构等第三方合法取得的市场、行业及企业的相关信息

6.《期货交易管理条例》第十九条规定，期货公司办理变更注册资本且调整股权结构和变更业务范围事项，国务院期货监督管理机构应当分别自受理申请之日起（　　）日内作出批准或者不批准的决定。

A. 20；30　　B. 60；20

C. 20；60　　D. 40；40

7. 对于既属于大额交易又属于可疑交易的交易，证券公司应当（　　）。

A. 提交大额交易报告

B. 提交可疑交易报告

C. 分别提交大额交易报告和可疑交易报告

D. 不予理睬

8. 证券公司从事证券管理业务，投资范围或投资比例违反规定的，责令改正，给予警告，没收违法所得，并处（　　）的罚款。

A. 1 倍以上 3 倍以下　　B. 1 倍以上 5 倍以下

C. 3 倍以上 5 倍以下　　D. 5 倍以上 10 倍以下

9. 证券公司、证券投资咨询机构以软件工具、终端设备等为载体提供建议的，下列说法中，不符合要求的是（　　）。

A. 客观说明软件工具、中断设备的功能，不得对其功能进行虚假、不实、误导性宣传

B. 揭示软件工具、终端设备的固有缺陷和使用风险，不得隐瞒或者有重大遗漏

C. 对软件工具、终端设备所使用的数据信息来源要保密

D. 表示软件工具、终端设备具有选择证券投资品种或者提示买卖时机功能

的，应当说明起方法和局限

10. 下列有关股票发行的说法，错误的是（　　）。

A. 股票由法定代表人签字，公司盖章。发起人的股票，应当标明“发起人股票”字样

B. 发行无记名股票的，公司应当记载其股票数量、编号及发行日期

C. 公司向发起人、法人发行的股票，可以是记名股票，也可以是不记名股票

D. 公司发行记名股票，应当置备股东名册

11. 任何单位和个人在与证券公司建立业务关系或者证券公司为其提供（　　）金融服务时都应当提供真实有效的身份证件或者其他身份证明文件。

A. 一次性的　　B. 间隔的

C. 持续性的　　D. 定期的

12. 下列说法错误的是（　　）。

A. 企业债券持有人对企业的经营状况不承担责任

B. 企业债券可以继承和转让，但是不得抵押

C. 中央企业发行企业债券，由中国人民银行会同原国家计划委员会审批

D. 地方企业发行企业债券，由中国人民银行省、自治区、直辖市、计划单列市分行会同同级计划主管部门审批

13. 《证券期货市场诚信监督管理办法》规定的违法失信信息，在诚信档案中的效力期限为（　　），但因证券期货违法行为被行政处罚、市场禁入、刑事处罚和判决承担较大侵权、违约民事赔偿责任的信息，其效力期限为（　　）。

A. 3 年；5 年　　B. 3 年；6 年

C. 2 年；3 年　　D. 2 年；5 年

14. 证券交易内幕信息的知情人或者非法获取内幕信息的人，在涉及证券的发行、交易或者其他对证券的价格有重大影响的信息公开前，买卖该证券，或者泄露该信息，或者建议他人买卖该证券的，责令依法处理非法持有的证券，没收违法所得；没有违法所得或者违法所得不足 3 万元的，处以（　　）的罚款。

A. 30 万元以上 60 万元以下　　B. 3 万元以上 60 万元以下

C. 违法所得 1 倍以上 5 倍以下　　D. 违法所得 1 倍以上 10 倍以下

15. 发行人应于金融债券每次付息前（　　）个工作日公布付息公告。

A. 1　　B. 2

C. 3　　D. 4

16. 洗钱风险管理工作基本原则中，（　　）是指证券公司应依据风险评估

结果科学配置反洗钱资源，在洗钱风险较高的领域采取强化的反洗钱措施，在洗钱风险较低的领域采取简洁的反洗钱措施。

A. 风险相当原则　　B. 同一性原则
C. 自主管理原则　　D. 动态管理原则

17. 集合资产管理计划的投资者人数不超过（　　）人。

A. 100　　B. 150
C. 200　　D. 250

18. 证券的发行、交易活动的当事人具有平等的法律地位，其行为准则不包括下列选项中的（　　）。

A. 自愿　　B. 有偿
C. 无偿　　D. 诚实信用

19. 下列哪项不属于在主办券商管理方面业务规则的要求（　　）。

A. 取消对主办券商业务资格的事前审批
B. 加强了对主办券商的持续管理和信息披露
C. 督促主办券商勤勉执业、归位尽责
D. 增加了审批的同时，强化过程监管与行为监管

20. 一家公司发行股票、债券进行筹资，下列哪项行为构成欺诈发行股票、债券罪（　　）。

A. 行为人在招股说明书、认股书、公司、企业债券募集办法中隐瞒重要事实或编造重大虚假内容，但尚未发行股票和公司、企业债券

B. 行为人因过失制作了虚假招股说明书、认股书、公司、企业债券募集办法，且已经发行股票和公司、企业债券

C. 行为人制作了虚假的招股说明书、认股书、公司、企业债券募集办法发行股票或者公司、企业债券，并达到数量巨大、后果严重或者有其他严重情节

D. 行为人制作并向社会发行了虚假招股说明书、认股书、公司、企业债券募集办法

21. 洗钱风险评估指标体系包括客户特性、（　　）、业务（含金融产品、金融服务）、行业（含职业）四类基本要素。

A. 社会经济活动　　B. 信用
C. 时间　　D. 地域

22. 下列选项中，不属于基金份额持有人享有的权利是（　　）。

A. 按照规定要求召开基金份额持有人大会或者召集基金份额持有人大会
B. 对基金份额持有人大会审议事项行使表决权

C. 对所管理的不同基金财产分别管理、分别记账，进行证券投资

D. 依法转让或者申请赎回其持有的基金份额

23. 关于对集资诈骗罪和非法吸收公众存款罪刑事立案追诉标准的理解错误的有（　　）。

A. 个人集资诈骗，数额在10万元以上的

B. 单位集资诈骗，数额在50万元以上的

C. 个人非法吸收公众存款或者变相吸收公众存款数额10万元的

D. 单位非法吸收公众存款或者变相吸收公众存款给存款人造成直接经济损失数额达到50万元以上

24. 对于资产管理业务，下列说法错误的是（　　）。

A. 资产管理业务作为金融业务，属于特许经营行业，必须纳入金融监管

B. 非金融机构可以发行、销售资产管理产品，国家另有规定的除外

C. 非金融机构违反上述规定，为扩大投资者范围、降低投资门槛，利用互联网平台公开宣传、分拆销售具有投资门槛的投资标的、过度强调增信措施掩盖产品风险、设立产品二级交易市场等行为，按照国家规定等进行规范清理，构成非法集资、非法吸收公众存款、非法发行证券的，依法追究法律责任

D. 非金融机构违法违规开展资产管理业务并承诺或进行刚性兑付的，加重处罚

25. 证券公司应当自每月结束之日起（　　）个工作日内，报送月度报告。

A. 3　　B. 5

C. 7　　D. 10

26. 经营机构告知投资者不适合购买相关产品或者接受相关服务后，投资者仍主动要求购买风险等级高于其风险承受能力的产品或者接受相关服务的，经营机构应该确认投资者是否属于风险承受能力最低类别的投资者，若是，业务人员应（　　）。

A. 进行书面风险示警后，向其销售相关产品或提供相关服务

B. 拒绝向其销售或提供高于其风险承受能力的产品或服务

C. 直接向其销售相关产品或提供相关服务

D. 不予理睬

27. 证券金融公司应当每年按照税后利润的（　　）提取风险准备金。

A. 5%　　B. 10%

C. 15%　　D. 20%

28. 下列关于使用香港机构证券投资咨询服务的业务规范中，错误的是

（　　）。

A. 香港机构应当确保其发布港股研究报告、授权证券公司转发港股研究报告、为证券基金经营机构提供港股投资顾问服务的行为，符合内地和香港有关发布证券研究报告及证券投资顾问业务有关规定

B. 香港机构依法就港股研究报告的内容和发布行为对证券公司承担责任，证券公司依法就港股研究报告的内容和转发行为对客户承担责任

C. 证券基金经营机构以书面或者电子文件形式记录香港机构提供港股投资顾问服务的时间、方式、内容和依据等信息。相关业务档案的保存期限自协议终止之日起不得少于3年

D. 香港机构应当承诺配合中国证监会及其派出机构的监管工作，按照要求提供有关业务资料和信息

29. 经营机构告知投资者不适合购买相关产品或者接受相关服务后，投资者仍主动要求购买风险等级高于其风险承受能力的产品或者接受相关服务的，经营机构应该确认投资者是否属于风险承受能力最低类别的投资者；若不是，业务人员应（　　）。

A. 进行书面风险示警后，投资者仍坚持购买的，向其销售相关产品或提供相关服务

B. 拒绝向其销售或提供高于其风险承受能力的产品或服务

C. 直接向其销售相关产品或提供相关服务

D. 不予理睬

30. 发生影响或者可能影响证券公司经营管理、财务状况、风险控制指标或者客户资产安全的重大事件的，证券公司应当向国务院证券监督管理机构报送（　　），说明事件的起因、目前的状态、可能产生的后果和拟采取的相应措施。

A. 年度报告　　B. 半年度报告

C. 月度报告　　D. 临时报告

31. 按照《证券业从业人员资格管理办法》的规定，从业人员在执业过程中违反有关证券法律、行政法规以及中国证监会有关规定，受到聘用机构处分的，该机构应当在处分后（　　）内向协会报告。

A. 5日　　B. 10日

C. 15日　　D. 30日

32. 上市公司、证券公司，未按照有关规定保存有关文件和资料的，责令改正，给予警告，并处以（　　）的罚款。

A. 3万～30万元　　B. 4万～40万元

C. 30 万～60 万元　　　　D. 40 万～60 万元

33. 未经（　　）的允许，任何机构和个人不得从事保荐业务。

A. 中国人民银行　　　　B. 财政部

C. 中国证监会　　　　D. 国务院

34. 下列说法错误的是（　　）。

A. 发行人和主承销商在发行过程中公告的信息只需选择一家中国证监会指定的报刊披露

B. 首次公开发行股票申请文件受理后至发行人发行申请经中国证监会核准，依法刊登招股意向书前，发行人及与本次发行有关的当事人不得采取任何公开方式或变相公开方式进行与股票发行相关的推介活动，也不得通过其他利益关联方或委托他们进行相关活动

C. 发行人披露的招股意向书除发行价格和筹资金额必须招股说明书一致外，其他内容与格式可以不同

D. 如公告的发行价格市盈率高于哪个行业公司二级市场的平均市盈率，发行人和主承销商应该提醒投资者关注风险

35. 根据《证券经纪人管理暂行规定》，以下关于证券经纪人与证券公司之间的委托关系不正确的是（　　）。

A. 证券经纪人执业的前提条件是取得证券经纪人证书

B. 证券公司只能通过本公司员工的人员从事客户招揽和客户服务活动

C. 证券经纪人只能接受一家证券公司的委托

D. 证券经纪人只能是自然人

36. 科创板的网下投资者应当向（　　）注册，接受其管理。

A. 中国证监会　　　　B. 财政部

C. 中国人民银行　　　　D. 中国证券业协会

37. 以下属于从事技术、风险监控、合规管理人员可以从事的工作是（　　）。

A. 营销　　　　B. 客户账户存管

C. 客户资金存管　　　　D. 合规资格审查

38. 按照《证券公司为期货公司提供中间介绍业务试行办法》，证券公司从事期货中间介绍业务的，应当在其经营场所显著位置或者其网站公开的信息不包括（　　）。

A. 受托从事的介绍业务范围

B. 从事介绍业务的管理人员和业务人员的名单和照片

C. 投资产品预期收益率

D. 客户开户和交易流程

39. 按照《证券期货投资者适当性管理办法》的要求，（　　）专业投资者指的是普通投资者自愿申请转化的专业投资者，在其资产、财务规模以及投资知识和经验符合一定要求的前提下，经营机构有权自主决定是否同意其转化。

A. 第一类　　B. 第二类

C. 第三类　　D. 第四类

40. 下列关于私募投资基金登记备案的说法错误的是（　　）。

A. 私募基金子公司应当具备一定数量的高级管理人员和投资管理人员，具有5年以上投资管理或资产管理经验的人不得少于2人

B. 私募基金子公司具备具有2年以上投资管理或资产管理经验的投资管理人员不得少于2人

C. 私募基金子公司具有相关经验的高级管理人员和投资管理人员最近1年应当无不良诚信记录，未受到行政、刑事处罚、被采取监管措施或自律处分，且不存在因涉嫌违法违规正在被有关机关调查的情形

D. 私募基金子公司下设的特殊目的机构原则上不得再下设任何机构

41. 下列说法错误的是（　　）。

A. 证券公司应建立健全相对集中、权责统一的投资决策与授权机制

B. 董事会是自营业务的最高管理机构，负责确定具体的资产配置策略、投资事项和投资品种

C. 自营业务部门为自营业务的执行机构

D. 自营业务的管理和操作只能由证券公司自营业务部门负责

42. 下列关于欺诈发行股票、债券罪的犯罪与擅自发行股票、公司、企业债券罪的犯罪，理解正确的是（　　）。

A. 因为个人缺乏公信力，所以自然人不会成为欺诈发行股票、债券罪与擅自发行股票、公司、企业债券罪的主体

B. 因公司发布了虚假招股说明书、认股书、公司、企业债券募集办法，造成市场异常波动，构成欺诈发行股票、债券罪

C. 对擅自公开或者变相公开发行证券设立的公司，由依法履行监督管理职责的机构或者部门会同县级以上地方人民政府予以取缔

D. 未经国家有关部门批准，向社会发行、以转让股权等方式变相发行股票或者公司、企业债券的，构成擅自发行股票、公司、企业债券罪

43. 下列说法错误的是（　　）。

A. 证券公司、证券投资咨询机构应当建立合理的发布证券研究报告的相关人员绩效考核和激励机制，以维护发布证券研究报告行为的独立性，发布证券研究报告相关人员的薪酬标准与外部媒体评价单一指标直接挂钩

B. 与发布证券研究报告业务存在利益冲突不得参与对发布证券研究报告相关人员的考核

C. 证券分析师跨越信息隔离墙参与公司承销保荐、财务顾问业务等项目的，其个人薪酬不得与相关项目的业务收入直接挂钩

D. 证券公司、证券投资咨询机构的研究部门或者研究子公司接受特定客户委托，就尚未覆盖的具体股票提供含有证券估值或投资评级的研究成果或者投资分析意见的，自提供之日起6个月内不得就该股票发布证券研究报告

44. 申请证券投资咨询从业资格的机构，应当具备的条件不包括（　　）。

A. 有固定的业务场所和与业务相适应的通讯设备及其他信息传递设施

B. 有200万元人民币以上的注册资本

C. 单独从事证券投资咨询业务的机构，有5名以上取得证券投资咨询从业资格的专职人员

D. 同时从事证券和期货投资咨询业务的机构，有10名以上取得证券、期货投资咨询从业资格的专职人员

45. 甲公司是一家从事经纪业务的证券公司，8月接受乙客户的委托，进行证券买卖。下列说法中，正确的是（　　）。

A. 甲公司接受乙客户的委托，以自己的资金进行证券买卖

B. 甲公司接受乙客户的委托，与乙公司共享证券买卖收益

C. 甲公司认为乙客户的指令不合理，所以根据自己的分析进行交易

D. 甲公司向乙公司提供服务，以收取佣金作为报酬

46. 以下关于证券账户变更和注销的说法错误的是（　　）。

A. 投资者姓名或名称、有效身份证明文件类型及号码三项为关键信息

B. 投资者关键信息变更可以通过临柜、见证、网络、电话等方式办理

C. 证券账户持有余额为零且不存在与该证券账户相关的未了结业务的，投资者可以申请账户注销

D. 自然人投资者死亡的，证券账户持有人、证券资产合法继承人等相关当事人应当申请注销证券账户

47. 信息技术服务机构，是指为证券基金业务活动提供信息技术服务的机构。下列关于信息技术服务机构的说法错误的是（　　）。

A. 信息技术服务机构为证券基金业务活动提供信息技术服务，其中包括重

要信息系统的开发、测试、集成及测评

B. 证券公司借助信息技术手段从事证券基金业务活动的，可以委托信息技术服务机构提供产品或服务，证券公司依法承担的相关责任可以适当减轻

C. 证券公司应当清晰、准确、完整地掌握重要信息系统的技术架构、业务逻辑和操作流程等内容，确保重要信息系统运行始终处于自身控制范围

D. 除法律法规及中国证监会另有规定外，不得将重要信息系统的运维、日常安全管理交由信息技术服务机构独立实施

48. 发行人在持续督导期间首次公开发行股票并上市之日起 12 个月内累计（　　）以上的资产或者主营业务发生重组，中国证监会可根据情节轻重，自确认之日起 3 个月到 12 个月内不受理相关保荐代表人具体负责的推荐；情节特别严重的，撤销其保荐代表人资格。

A. 20%　　B. 30%

C. 50%　　D. 80%

49. 关于证券发行后，保荐代表人的更换规定不正确的是（　　）。

A. 证券发行后，除规定原因外保荐机构不得更换保荐代表人

B. 因保荐代表人离职或者被撤销保荐代表人资格的，应当更换保荐代表人

C. 保荐机构更换保荐代表人的，应当通知发行人，并在 3 个工作日内向中国证监会、证券交易所报告，说明原因

D. 原保荐代表人在具体负责保荐工作期间未勤勉尽职的，其责任不因保荐代表人的更换而免除或终止

50. 有限责任公司在对外转让股权时，经股东同意转让的股权，在同等条件下，其他股东有优先购买权。2 个以上股东主动行使优先购买权的，不能遵照下列哪个选项来分配（　　）。

A. 协商不成的，按照转让时各自的出资比例行使优先购买权

B. 公司章程对股权转让另有规定的，从其规定

C. 公司章程没有规定的，股东之间需要平均分配所转让的股权

D. 协商确定各自的购买比例

二、多选题（共 50 题，每题 1 分，共 50 分。以下各选项中，至少有一项符合题目要求，不选、错选均不得分）

51. 以下属于证券公司信息技术数据治理措施的有（　　）。

①数据安全保障措施　　②数据分类分级

③信息系统权限管理　　④经营数据和客户信息保护

A. ①②④　　B. ①②③

C. ①②③④　　D. ①②④

52. 下列关于证券公司开展股票期权业务的主要业务规则的说法正确的有（　　）。

①投资者应当在证券公司、期货公司营业场所现场办理股票期权交易开户手续，并书面签署风险揭示书

②不具备证券自营业务资格的证券公司，其自有资金不能参与股票期权交易

③证券期货经营机构从事股票期权相关业务的，应当建立健全并有效执行信息隔离制度

④保证金以现金、证券交易所及证券登记结算机构认可的证券方式交纳

A. ①②③　　B. ①②④

C. ②③④　　D. ①③④

53. 证券公司开展柜台市场业务的总体要求有（　　）。

①具备从业资格　　②遵守法律法规

③遵循诚实信用　　④遵循公平自愿原则

A. ①②④　　B. ①③④

C. ①②③④　　D. ①②③

54. 公司债券上市交易后，公司存在下列哪种情形，证券交易所可以终止其公司债券上市交易（　　）。

①公司解散或者宣告破产的

②发行公司债券所募集的资金不按照核准的用途使用，且自期限内未能消除的

③未按照公司债券募集办法履行义务且后果严重的

④公司情况发生重大变化不符合公司债券上市条件，且在期限内未能消除的

⑤公司有重大违法行为且后果严重的

A. ①③④　　B. ①②③④⑤

C. ②③④⑤　　D. ①②③④

55. 根据《证券经纪人管理暂行规定》，证券经纪人不得有下列行为（　　）。

①替客户办理账户开立、注销、转移

②与客户约定分享投资收益

③向客户传递由证券公司统一提供的证券类金融产品宣传推介材料及有关信息

④为客户之间的融资提供中介、担保或者其他便利

A. ①②③　　B. ②③④

C. ①③④　　D. ①②④

56. 金融资产符合（　　）的，可按照企业会计准则以摊余成本进行计量。

①资产管理产品为封闭式产品，且所投金融资产以收取合同现金流量为目的并持有到期

②资产管理产品为封闭式产品，且所投金融资产暂不具备活跃交易市场，或者在活跃市场中没有报价，也不能采用估值技术可靠计量公允价值

③资产管理产品为封闭式产品，所投资产具备活跃交易市场

④资产管理产品为封闭式产品，所投资产在活跃市场中有报价

A. ①②③　　B. ②③④

C. ①②　　D. ①②③④

57. 证券、期货交易内幕的知情人员或者非法获取证券、期货交易内幕信息的人员，在涉及证券的发行，证券、期货交易或者其他对证券、期货交易价格有重大影响的信息尚未公开前，买入或卖出该证券，或者从事与该内幕信息有关的期货交易，或者泄露该信息，或者明示、暗示他人从事上述交易活动，相应处罚办法有（　　）。

①没收违法所得，处违法所得 1 倍以上 5 倍以下罚金

②没收违法所得或者违法所得不足 10 万元的，处以 10 万元以上 30 万元以下的罚款

③情节严重的，处 5 年以下有期徒刑或拘役，并处或单处违法所得 1 倍以上 5 倍以下罚金

④情节特别严重的，处 5 年以上 10 年以下有期徒刑，并处违法所得 1 倍以上 5 倍以下罚金

A. ①③　　B. ①②③④

C. ①④　　D. ③④

58. 经营证券经纪业务、证券资产管理业务、融资融券业务和证券承销与保荐业务中两种以上业务的证券公司，应当建立独立董事制度。其中，证券公司有如下情形的，独立董事不得少于董事人数的 1/4。

①董事长、经营管理的主要负责人由同一人负责

②内部董事人数占董事人数的 1/5 以上

③内部监事人员占监事人数的 1/3 以上

④董事长在监事会中任职

A. ①②　　B. ①②③

C. ①③④　　D. ②③

59. 中国证券业协会应当建立对承销商（　　）日常监管制度，加强相关行为的监督检查，发现违规情形的，应当及时采取自律监管措施。

①询价　　②定价

③配售行为　　④网下投资者报价行为

A. ①②④　　B. ①②③

C. ①③④　　D. ①②③④

60.《证券经纪人管理暂行规定》对证券经纪人与证券公司之间的委托关系作出的相关规定包括（　　）。

①委托与接受委托　　②签订委托合同

③执业前培训和注册登记　　④证券经纪人对证券公司的资格审查

A. ①②③　　B. ②③④

C. ①③④　　D. ①②④

61. 按照《证券业从业人员资格管理办法》，从事证券业务的专业人员是指（　　）。

①证券公司中从事自营、经纪、承销、投资咨询、受托投资管理等业务的专业人员，包括相关业务部门的管理人员

②基金管理公司、基金托管机构中从事基金销售、研究分析、投资管理、交易、监察稽核等业务的专业人员，包括相关业务部门的管理人员

③基金销售机构中从事基金宣传、推销、咨询等业务的专业人员，包括相关业务部门的管理人员

④购买证券的个人投资者

A. ①②③　　B. ②③④

C. ①③④　　D. ①②④

62. 下列有关证券交易所的交易规则，正确的是（　　）。

①进入证券交易所参与集中交易的，必须是证券交易所的会员

②未经证券交易所许可，任何单位和个人不得发布证券交易即时行情

③证券交易所采取技术停牌或者决定临时停市，不必向国务院证券监督管理机构报告

④投资者可以以电话的方式委托证券公司代卖其产品

A. ①②③　　B. ②③④

C. ①②④　　D. ①③④

63. 存在（　　）的，不得担任独立财务顾问。

①持有或者通过协议、其他安排与他人共同持有上市公司股份达到或者超过5%，或者选派代表担任上市公司董事

②上市公司持有或通过协议、其他安排与他人共同持有财务顾问的股份达到或者超过5%，或者选派代表担任财务顾问的董事

③最近2年财务顾问与上市公司存在资产委托管理关系、相互提供担保，或者最近1年财务顾问为上市公司提供融资服务

④财务顾问的董事、监事、高级管理人员、财务顾问主办人或者其直系亲属有在上市公司任职等影响公正履行职责的情形

A. ①②③　　B. ①②④

C. ①③④　　D. ①②③④

64. 根据《合伙企业法》规定，下列哪些选项符合除名退伙情形（　　）。

①未履行出资义务

②执行合伙事务时有不正当行为

③因故意或重大过失给合伙企业造成损失

④合伙人在合伙企业中的全部财产份额被人民法院强制执行

A. ①②③　　B. ②③④

C. ①②③④　　D. ①③④

65. 下列关于科创板的说法，正确的有（　　）。

①科创板主要服务于符合国家战略、突破关键核心技术、市场认可度高的科技创新企业

②科创板的具体行业范围由上海证券交易所发布并适时更新

③个人投资者可直接申请开通科创板股票交易权限

④投资者仅需向其委托的证券公司申请，在已有沪市A股证券账户上开通科创板股票交易权限即可，无须在中国证券登记结算有限责任公司开立新的证券账户

A. ①②④　　B. ①②③

C. ①③④　　D. ①②③④

66. 按照《证券公司内部控制指引》和《证券公司投资银行类业务内部控制指引》的要求，证券公司投资银行类业务内部控制的组织结构要求设立严密有效的三道业务防线，其中，第一道防线、第二道防线和第三道防线依次分别是（　　）。

①质量控制

②项目组、业务部门

③内核、合规、风险管理等部门或机构

A. ①②③　　B. ②③①

C. ②①③　　D. ③①②

67. 下列说法正确的有（　　）。

①非金融企业债务融资工具是指具有法人资格的非金融企业在银行间债券市场发行的，约定在一定期限内还本付息的有价证券

②企业发行债务融资工具应在中国银行间市场交易商协会注册

③债务融资工具在全国银行间同业拆借中心登记、托管、结算

④中央国债登记结算有限责任公司为债务融资工具在银行间债券市场的交易提供服务

A. ①②④　　B. ①②③

C. ①②　　D. ①②③④

68. 资产托管机构办理资产管理资的产托管业务，应当履行的职责有（　　）。

①安全保管资产管理业务资产

②执行证券公司的投资或清算指令，并负责办理资产管理业务资产运营中的资金往来

③监督证券公司资产管理业务的经营运作，发现证券公司的投资或清算指令违反法律的，应当要求改正

④出具资产报告

A. ①②③　　B. ①②③④

C. ①②④　　D. ②③④

69. 除财务顾问的法定代表人或者其授权代表人之外，应当在财务顾问专业意见上签名的还有（　　），并加盖财务顾问单位公章。

①部门负责人　　②内部核查机构负责人

③财务顾问主办人　　④项目协办人

A. ①②③　　B. ①③④

C. ②③④　　D. ①②③④

70. 证券公司董事会风险控制委员的主要职责是对（　　）进行审议并提出意见。

①合规管理和风险管理的总体目标、基本政策

②合规管理和风险管理的机构设置及其职责

③需董事会审议的重大决策风险和重大风险解决方案

④需董事会审议的合规报告

⑤需董事会审议的风险评估报告

A. ①②③④⑤　　B. ①②④⑤

C. ①②③⑤　　D. ②③④⑤

71. 证券公司及其直接负责的主管人员和其他直接责任人员在承销证券过程中，有下列（　　）之一的，情节比较严重的，还可以采取 3 个月至 12 个月暂不受理其证券承销业务有关文件的监管措施；依法应予行政处罚的，依照《证券法》第一百九十一条的规定予以处罚。

①夸大宣传，或以虚假广告等不正当手段诱导、误导投资者

②以不正当竞争手段招揽承销业务

③未按照事先披露的原则和方式配售股票，或其他未依照披露文件实施的行为

④向投资者提供除招股意向书等公开信息以外的发行人其他信息

A. ①②④　　B. ①②③

C. ①③④　　D. ①②③④

72. 下列有关封闭式和开放式基金的区别，正确的有（　　）。

①存续期间不同　　②基金规模不同

③基金投资策略不同　　④基金份额交易方式不同

A. ①③④　　B. ①②④

C. ②③④　　D. ①②③④

73. 证券公司各类业务内部控制的主要内容包括（　　）。

①经纪业务内部控制　　②融资融券业务内部控制

③投资银行类业务内部控制　　④受托投资管理业务内部控制

⑤证券承销与保荐业务内部控制　　⑥证券投资顾问业务内部控制

A. ①③④⑤　　B. ②③④⑤

C. ①③④⑥　　D. ②④⑤⑥

74. 股票采用纸面形式或者国务院证券监督管理机构规定的其他形式。股票应当载明的事项包括（　　）。

①公司名称　　②股票种类、票面金额及代表的股份数

③股票的编号　　④公司成立日期

⑤各股东所持股份数

A. ①②④⑤　　B. ①②③④⑤

C. ①②③⑤　　　　D. ①②③④

75. 证券公司治理基本要求有（　　）。

①建立健全组织架构，明确职责划分

②不得侵犯客户合法权益

③建立完备的内部控制体系

④实时监控有关账户的交易行为

A. ①②④　　　　B. ①②③

C. ①③　　　　D. ①②③④

76. 下列属于证券公司从事客户资产管理业务所禁止的行为有（　　）。

①以转移资产管理账户收益或亏损为目的，在自营账户与资产管理账户之间或者不同的资产管理账户之间进行买卖，损害客户的利益

②利用所管理的客户资产为第三方谋取不正当利益，进行利益输送

③自营业务抢先于资产管理业务进行交易，损害客户的利益

④以获取佣金或者其他利益为目的，用客户资产进行不必要的证券交易

A. ①②③　　　　B. ①②③④

C. ①②④　　　　D. ②③④

77. 中国证监会及其派出机构依据（　　）对证券公司、证券投资咨询机构发布证券研究报告行为以及从事证券投资顾问业务实行监督管理。

①《证券、期货投资咨询管理暂行办法》

②《证券分析师执业行为准则》

③《证券登记结算管理办法》

④《证券经纪人管理暂行规定》

A. ①②③　　　　B. ①②

C. ①③④　　　　D. ①②③④

78. 按照《证券发行上市保荐业务管理办法》的规定，保荐代表人的执业行为总体规范有（　　）。

①遵守职业道德准则，珍视和维护保荐代表人声誉，保持应有的职业谨慎，保持和提高专业胜任能力

②维护发行人的合法权益，对从事保荐业务过程中的发行人信息保密

③恪守独立履行职责的原则，不因迎合发行人或者满足发行人的不当要求而丧失客观、公正的立场，不得唆使、协助或者参与发行人及证券服务机构实施非法的或者具有欺诈性的行为

④保荐代表人及其配偶不得以任何名义或者方式持有发行人的股份

A. ①②　　B. ①②③

C. ①③④　　D. ①②③④

79. 下列事项中，属于有限责任公司的章程中应当记载的事项有（　　）。

①公司名称和住所

②公司经营范围

③公司股份总数、每股金额和注册资本

④股东的姓名或者名称

⑤股东的出资方式、出资额和出资时间

⑥公司的法定代表人

⑦监事会的组成、职权和议事规则

A. ①②④⑤⑥　　B. ①②③④⑥⑦

C. ①②③④⑤⑥⑦　　D. ①②④⑤⑥⑦

80. 证券公司经营管理层负责落实信息技术管理目标，对信息技术管理工作承担责任，履行的职责包括（　　）。

①组织实施董事会相关决议

②建立责任明确、程序清晰的信息技术管理组织架构

③明确管理职责、工作程序和协调机制

④完善绩效考核和责任追究机制

A. ①②④　　B. ①②③

C. ①②③④　　D. ①②④

81. 下列说法正确的有（　　）。

①客户在进行委托前须确保已完全了解有关交易规则，避免发出无效指令

②客户发出的指令被证券公司委托系统或证券交易所交易系统拒绝受理，则该委托应视为无效委托

③证券公司接受客户委托指令时，如果出现由于客户原委托指令未撤销而造成证券公司无法执行客户新的委托指令的，由此导致的后果、风险和损失，由客户承担

④客户在委托有效期内对未显示成交回报的委托发出撤销委托指令，但由于市场价格随时波动及成交回报速度的原因，客户的撤销委托指令虽经证券公司发出，但客户委托可能已在市场成交，此时客户应承认并接受该成交结果

A. ①②③　　B. ①②④

C. ③④　　D. ①②③④

82. 资产证券化中，管理人不得有下列行为（　　）。

①募集资金不入账或者进行其他任何形式的账外经营

②超过计划说明书约定的规模募集资金

③侵占、挪用专项计划资产

④以专项计划资产设定担保或者形成其他或有负债

A. ①②④　　B. ①②③

C. ①②③④　　D. ①③④

83. 按照《证券发行上市保荐业务管理办法》规定，个人申请保荐代表人资格，应当具备的条件有（　　）。

①具备3年以上保荐相关业务经历

②最近3年内在《证券发行上市保荐业务管理办法》第二条规定的境内证券发行项目中担任过项目协办人

③参加中国证监会认可的保荐代表人胜任能力考试且成绩合格有效

④未负有数额较大到期未偿还的债务

⑤诚实守信，品行良好，无不良诚信记录，最近5年内未受到中国证监会的行政处罚

A. ①②③⑤　　B. ②③④⑤

C. ①②③④　　D. ①③④⑤

84. 根据《证券投资咨询人员从业资格管理的有关规定》，从事证券、期货投资咨询业务的人员，必须具备的资格有（　　）。

①取得中国证监会的业务许可

②取得中国证券业协会的业务许可

③取得证券、期货投资咨询从业资格

④加入一家以上有从业资格的证券、期货投资咨询机构

A. ①②④　　B. ①②③

C. ②③④　　D. ①③④

85. 下列说法正确的有（　　）。

①金融机构不得为其他金融机构的资产管理产品提供规避投资范围、杠杆约束等监管要求的通道服务

②资产管理产品可以再投资一层资产管理产品，但所投资的资产管理产品不得再投资其他资产管理产品（公募证券投资基金除外）

③金融机构将资产管理产品投资于其他机构发行的资产管理产品，从而将本机构的资产管理产品资金委托给其他机构进行投资的，该受托机构应当为具有专业投资能力和资质的受金融监督管理部门监管的机构

④委托机构应当对受托机构开展尽职调查，实行名单制管理，明确规定受托机构的准入标准和程序、责任和义务、存续期管理、利益冲突防范机制、信息披露义务以及退出机制

A. ①②③　　B. ②③④

C. ①②　　D. ①②③④

86. 对于融资融券业务客户的征信调查包括（　　）。

①客户基本情况　　②财产与收入状况

③证券投资经验及风险偏好　　④诚信合规记录

A. ①②③　　B. ①③④

C. ①②④　　D. ①②③④

87. 财务顾问应当建立健全内部报告制度，并对证监会提出的问题进行充分的研究、论证，审慎回复。回复意见应当由（　　）签名，并加盖财务顾问单位签章。

①部门负责人

②财务顾问的法定代表人或者其授权代表人

③财务顾问主办人

④项目协办人

A. ①②③　　B. ①③④

C. ②③④　　D. ①②③④

88. 资产支持证券者享有的权利为（　　）。

①分享专项计划收益

②按照认购协议及计划说明书的约定参与分配清算后的专项计划剩余资产

③按规定或约定的时间和方式获得资产管理报告等专项计划信息披露文件，查阅或者复制专项计划相关信息资料

④依法以交易、转让或质押等方式处置资产支持证券

A. ①②④　　B. ①②③

C. ①②③④　　D. ①③④

89. 同一金融机构发行多只资产管理产品投资同一资产的，为防止同一资产发生风险波及多只资产管理产品，多只资产管理产品投资该资产的资金总规模合计不得超过（　　）。

A. 100 亿元　　B. 200 亿元

C. 300 亿元　　D. 400 亿元

90. 下列属于《股票期权交易试点管理办法》规定的公司开展股票期权业务

的主要交易规则的有（　　）。

①证券登记结算机构负责投资者衍生品合约账户的统一管理

②股票期权买方应当支付权利金。股票期权卖方收取权利金，并应当根据证券交易所、证券登记结算机构的规定缴纳保证金

③股票期权买方有权决定在合约规定期间是否行权

④股票期权交易实行当日无负债结算制度

A. ①②③④　　B. ①②③

C. ①③④　　D. ①④

91. 按照《刑法》第一百七十六条的规定，非法吸收公众存款或者变相吸收公众存款的，处以（　　）年以下有期徒刑或者拘役，并处或者单处（　　）万元以上（　　）万元以下罚金。

①2　　②3

③20　　④30

A. ①②③　　B. ①②④

C. ②②④　　D. ②①③

92. 按照《证券投资基金销售管理办法》，下面属于证券公司在代销公募基金时不得存在的行为有（　　）。

①采取抽奖的方式销售基金

②以低于成本的销售费用销售基金

③未按规定公告擅自变更基金的发售日期

④采取送保险的方式销售基金

A. ①③　　B. ①②④

C. ①②③④　　D. ①②③

93. 下列属于申请做市业务资格的材料要求的有（　　）。

①股票期权做市业务方案、内部管理制度文本

②负责股票期权做市业务的高级管理人员与业务人员的名册及资质证明文件

③申请书

④证券交易所出具的股票期权做市业务技术系统验收报告

A. ①②③④　　B. ①②③

C. ①③④　　D. ①④

94. （　　）是指客户在证券公司开立的，用于记载客户交存的担保资金及融资融券负债明细数据的账户。

A. 客户信用资金台账　　B. 客户信用资金账户

C. 客户信用证券台账　　　D. 客户信用证券账户

95. 证券公司设立私募基金子公司应当符合的要求有（　　）。

①最近6个月各项风险控制指标符合中国证监会及协会的相关要求，且设立私募基金子公司后，各项风险控制指标仍持续符合规定

②最近一年未因重大违法违规行为受到监管部门和有关机关调查的情形

③公司章程有关对外投资条款中明确规定公司可以设立私募基金子公司，并经注册地中国证监会派出机构审批

④证券公司应当以自有资金全资设立私募基金子公司，不得采用股份代持等方式变相与其他投资者共同出资设立私募基金子公司

A. ①②③④　　　B. ②③④

C. ①②④　　　D. ①②③

96. 证券金融公司开展转融通业务，应当以自己的名义，在证券登记结算机构分别开立（　　）。

①转融通专用证券账户　　　②转融通担保证券账户

③转融通证券交收账户　　　④转融通资金交收账户

A. ①②③　　　B. ①③④

C. ②③④　　　D. ①②③④

97. 以下条件中，可以作为借入人通过约定申报和非约定申报方式参与科创板转融券业务的有（　　）。

①技术系统准备就绪

②业务管理制度和风险控制制度健全，具有切实可行的业务实施方案

③符合条件的公募基金、社保基金、保险资金等机构投资者以及参与科创板发行人首次公开发行的战略投资者

④具有融资融券业务资格，并已开通转融通业务权限

A. ①②④　　　B. ①③④

C. ②③④　　　D. ①②③④

98. 全国场外市场运行管理的基本制度框架包括（　　）。

①《业务规则》

②《非上市公众公司监督管理办法》

③《证券公司柜台交易业务规范》

④《全国中小企业股份转让系统有限责任公司管理暂行办法》

A. ①②④　　　B. ①③④

C. ①②③④　　　D. ①②③

99. 证券公司在柜台市场发行、销售与转让的产品包括但不限于以下私募产品（　　）。

①证券公司及其子公司以非公开募集方式设立或者承销的资产管理计划、公司债务融资工具等产品

②银行通过证券公司发行、销售与转让的产品

③保险公司通过证券公司发行、销售与转让的产品

④金融衍生品及中国证监会、中国证券业协会认可的产品

A. ①②④　　B. ①③④

C. ①②③④　　D. ①②③

100. 下列属于证券公司可以在区域股权市场开展的业务有（　　）。

①推荐企业挂牌

②开展区域性股权市场业务过程的内幕交易

③为合格投资者提供企业研究报告和尽职调查信息

④推荐企业展示

A. ①②③　　B. ①②④

C. ②③④　　D. ①③④

参考答案与解析

1. 参考答案：D

考点：本题考查《证券公司开立客户账户规范》中的具体要求。证券公司应当统一组织回访客户，对新开户客户应当在1个月内完成回访。

2. 参考答案：C

考点：本题考查要约收购。通过证券交易所的证券交易，投资者持有或者通过协议、其他安排与他人共同持有1家上市公司已发行股权达到30%时，继续进行收购的，触发要约收购。

3. 参考答案：B

考点：本题考查《证券法》第四十六条的规定。证券交易的收费项目、收费标准和管理办法由国务院有关部门统一规定。

4. 参考答案：B

考点：证券公司终止与证券经纪人的委托关系的，证券公司因故未能收回证券经纪人证书的，应当自委托关系终止之日起10个工作日内，通过中国证监会指定报纸和公司网站等媒体公告该证书作废。

5. 参考答案：B

考点：本题考查发布证券研究报告业务关键环节的规范要求。按照规定，证券公司不得以任何形式使用或者泄露国家保密信息、上市公司内幕信息以及未公开的重大信息。

6. 参考答案：C

考点：本题考查《期货交易管理条例》第十九条的规定，期货公司办理变更注册资本且调整股权结构及国务院期货监督管理机构规定的其他事项，国务院期货监督管理机构应当自受理申请之日起20日内作出批准或者不批准的决定。期货公司办理下列事项时，国务院期货监督管理机构应当自受理申请之日起2个月内作出批准或者不批准的决定：

（1）合并、分立、停业、解散或者破产；

（2）变更业务范围；

（3）新增持有5%以上股权的股东或者控股股东发生变化。

7. 参考答案：C

考点：本题考查证券公司大额交易和可疑交易报告制度。

8. 参考答案：B

考点：证券公司从事证券管理业务，投资范围或投资比例违反规定的，责令改正，给予警告，没收违法所得，并处1倍以上5倍以下的罚款。

9. 参考答案：C

考点：本题考查以软件工具、终端设备等为载体提供投资建议的规范要求。应当说明软件工具、终端设备所使用数据的信息来源，选项C错误。

10. 参考答案：C

考点：本题考查股票发行。公司发行的股票，可以为记名股票，也可以为无记名股票。公司向发起人、法人发行的股票，应当为记名股票。

11. 参考答案：A

考点：本题考查证券公司对客户身份识别的基本要求。

12. 参考答案：B

考点：企业债券发行的一般规定，企业债券可以抵押、转让和继承。

13. 参考答案：A

考点：本题考查《证券期货市场诚信监督管理办法》的诚信信息期限。

14. 参考答案：B

考点：本题考查《证券法》。根据《证券法》第二百零二条的规定，证券交易内幕信息的知情人或者非法获取内幕信息的人，在涉及证券的发行、交易或者其他对证券的价格有重大影响的信息公开前，买卖该证券，或者泄露该信息，或者建议他人买卖该证券的，责令依法处理非法持有的证券，没收违法所得，并处以违法所得1倍以上5倍以下的罚款；没有违法所得或者违法所得不足3万元的，处以3万元以上60万元以下的罚款。

15. 参考答案：B

考点：本题考查金融债券发行与承销信息披露的有关规定。发行人应于金融债券每次付息前2个工作日公布付息公告。

16. 参考答案：A

考点：本题考查证券公司洗钱风险管理工作的基本原则。

17. 参考答案：C

考点：集合资产管理计划的投资者人数不少于2人，不超过200人。

18. 参考答案：C

考点：本题考查证券发行和交易的行为准则。证券的发行、交易活动的当事人具有平等的法律地位，应当遵守自愿、有偿、诚实信用的原则。

19. 参考答案：D

考点：本题考查业务规则在主办券商管理方面的要求。减少了审批的同时，强化了过程监管与行为监管。

20. 参考答案：C

考点：本题考查对欺诈发行股票、债券罪的犯罪构成的理解与掌握。

21. 参考答案：D

考点：本题考查洗钱风险评估指标体系的要求。

22. 参考答案：C

考点：本题考查《证券投资基金法》的规定。《证券投资基金法》第四十六条规定，基金份额持有人享有下列权利：

（1）分享基金财产收益；

（2）参与分配清算后的剩余基金财产；

（3）依法转让或者申请赎回其持有的基金份额；

（4）按照规定要求召开基金份额持有人大会或者召集基金份额持有人大会；

（5）对基金份额持有人大会审议事项行使表决权；

（6）对基金管理人、基金托管人、基金服务机构损害其合法权益的行为依法提起诉讼；

（7）基金合同约定的其他权利。

对所管理的不同基金财产分别管理、分别记账，进行证券投资属于基金管理人的职责，选项 C 错误。

23. 参考答案：C

考点：本题考查《最高人民检察院　公安部关于公安机关管辖的刑事案件立案追诉标准的规定（二）》第二十八条的规定，个人非法吸收公众存款或者变相吸收公众存款数额在 20 万元以上的，应予立案追诉。

24. 参考答案：B

考点：本题考查对非金融机构开展资产管理业务的要求。非金融机构不可以发行、销售资产管理产品，国家另有规定的除外。

25. 参考答案：C

考点：本题考查证券公司监督管理中信息、材料报送的有关规定。证券公司应当自每月结束之日起 7 个工作日内，报送月度报告。

26. 参考答案：B

考点：本题考查经营机构在投资者坚持购买风险等级高于其承受能力的产品时的职责。

27. 参考答案：B

考点：本题考查提取风险准备金的比率。

28. 参考答案：C

考点：证券基金经营机构以书面或者电子文件形式记录香港机构提供港股投资顾问服务的时间、方式、内容和依据等信息。相关业务档案的保存期限自协议终止之日起不得少于5年。

29. 参考答案：A

考点：本题考查经营机构在投资者坚持购买风险等级高于其承受能力的产品时的职责。

30. 参考答案：D

考点：本题考查证券公司监督管理中信息、材料的报送的有关规定，上述事项属于突发性时间，因此报送的报告为临时报告。

31. 参考答案：B

考点：本题考查《证券业从业人员资格管理办法》有关从业人员监督管理的相关规定。从业人员在执业过程中违反有关证券法律、行政法规以及中国证监会有关规定，受到聘用机构处分的，该机构应当在处分后10日内向证券业协会报告。

32. 参考答案：A

考点：本题考查财务顾问的法律责任。上市公司、证券公司、证券交易所、证券登记结算机构、证券服务机构，未按照有关规定保存有关文件和资料的，责令改正，给予警告，并处以3万元以上30万元以下的罚款；隐匿、伪造、篡改或者毁损有关文件和资料的，给予警告，并处以30万元以上60万元以下的罚款。33. 参考答案：C

考点：本题考查证券（股票类）发行保荐业务的一般规定。证券公司从事证券（股票类）发行上市保荐业务，应依照《证券发行上市保荐业务管理办法》的规定向中国证监会申请保荐机构资格。未经中国证监会核准，任何机构和个人不得从事保荐业务。

34. 参考答案：C

考点：本题考查证券（股票类）发行与承销信息披露的有关规定。发行人披露的招股意向书除不含发行价格、筹资金额以外，其内容与格式应当与招股说明书一致，并与招股说明书具有同等法律效力。

35. 参考答案：B

考点：本题考查《证券经纪人管理暂行规定》对证券经纪人与证券公司之间的委托关系的规定。证券公司可以通过公司员工或者委托公司以外的人员从事客户招揽和客户服务等活动。委托公司以外的人员的，应当按照《证券公司监督管理条例》规定的证券经纪人形式进行，不得采取其他形式。

36. 参考答案：D

考点：科创板的网下投资者应当向中国证券业协会注册，接受中国证券业协会自律管理。

37. 参考答案：D

考点：从事技术、风险监控、合规管理人员不得从事营销、客户账户和客户资金存管等业务活动。

38. 参考答案：C

考点：证券公司开展中间介绍业务的相关规定。

39. 参考答案：C

考点：本题考查专业投资者的范围和分类。

40. 参考答案：B

考点：私募基金子公司应当具备具有 2 年以上投资管理或资产管理经验的投资管理人员不得少于 3 人。

本题考查私募投资基金登记备案相关知识。中国证券投资基金业协会为私募基金管理人和私募基金办理登记备案，不构成对私募基金管理人投资能力、持续合规情况的认可。

41. 参考答案：B

考点：本题考查证券自营业务的决策与授权。投资决策机构是自营业务的最高管理机构，董事会是自营业务的最高决策机构。

42. 参考答案：C

考点：

选项 A，构成擅自发行股票、公司、企业债券罪的犯罪主体既可以是自然人，也可以是单位；构成欺诈发行股票、债券罪的犯罪主体主要是单位，自然人在一定条件下也能成为犯罪主体。

选项 B，公司必须是制作了虚假的招股说明书、认股书、公司、企业债券募集办法，发行了股票和公司、企业债券，且达到一定的严重程度，即达到“数量巨大、后果严重或者有其他严重情节”。

选项 D，擅自发行股票、公司、企业债券，构成犯罪的，以擅自发行股票、公司、企业债券罪定罪处罚。

43. 参考答案：A

考点：本题考查证券研究报告的绩效考核和激励机制。发布证券研究报告相关人员的薪酬标准不得与外部媒体评价单一指标直接挂钩。

44. 参考答案：B

考点：本题考查证券投资咨询机构资格管理。选项 B 应为有 100 万元人民币以上的注册资本。

45. 参考答案：D

考点：综合考查证券经纪业务的概念与特点。证券经纪商不以自己的资金进行证券买卖，也不承担交易中证券涨跌的风险，选项 A 和 B 错误；委托人的指令具有权威性，证券经纪商必须严格地按照委托人制定的证券、数量、价格和有效时间购买证券，不能自作主张，擅自改变委托人的意愿，选项 C 错误；证券经纪商向客户提供服务以收取佣金作为报酬，选项 D 正确。

46. 参考答案：B

考点：证券账户的信息变更与注销。投资者关键信息变更应通过临柜、见证等方式办理，不得通过网络、电话等方式。

47. 参考答案：B

考点：考查委托信息技术服务机构提供信息技术服务的责任划分。证券公司借助信息技术手段从事证券基金业务活动的，可以委托信息技术服务机构提供产品或服务，但证券公司依法应承担的责任不因委托而免除或减轻。

48. 参考答案：C

考点：本题考查保荐代表人违反有关规定的法律责任或被采取的监管措施。

49. 参考答案：C

考点：本题考查保荐代表人的更换规定。保荐机构更换保荐代表人的，应当通知发行人，并在 5 个工作日内向中国证监会、证券交易所报告，说明原因。

50. 参考答案：C

考点：本题考查有限责任公司股权转让。有限责任公司在对外转让股权时，经股东同意转让的股权，在同等条件下，其他股东有优先购买权。2 个以上股东主动行使优先购买权的，协商确定各自的购买比例；协商不成的，按照转让时各自的出资比例行使优先购买权。公司章程对股权转让另有规定的，从其规定。选项 C 说法错误。

51. 参考答案：C

考点：数据治理包括以下几项：

（1）数据安全保障措施；

（2）数据分类分级；

（3）信息系统权限管理；

（4）经营数据和客户信息保护。

52. 参考答案：D

考点：本题考查证券公司开展股票期权业务的主要业务规则。不具备证券自营业务资格的证券公司，其自有资金只能以套期保值为目的，参与股票期权交易。

53. 参考答案：C

考点：本题考查证券公司开展柜台市场业务的总体要求。根据中国证券业协会《证券公司柜台交易业务规范》《证券公司柜台市场管理办法（试行）》，证券公司开展柜台市场业务，应当具备从业资格；遵守法律法规，遵循诚实信用、公平自愿原则。

54. 参考答案：B

考点：本题考查本题考查债券交易终止的情形。公司债券上市交易后，公司有下列情形之一的，由证券交易所决定终止其公司债券上市交易：

（1）公司有重大违法行为且后果严重的；

（2）公司情况发生重大变化不符合公司债券上市条件，且在期限内未能消除的；

（3）发行公司债券所募集的资金不按照核准的用途使用，且自期限内未能消除的；

（4）未按照公司债券募集办法履行义务且后果严重的；

（5）公司最近 2 年连续亏损，且在期限内未能消除的；

（6）公司解散或者宣告破产的。

55. 参考答案：D

考点：选项①②④属于根据《证券经纪人管理暂行规定》，属于证券经纪人不得有的行为；选项③向客户传递由证券公司统一提供的证券类金融产品宣传推介材料及有关信息，属于规定的业务。

56. 参考答案：C

考点：金融资产的摊余成本计量原则。金融资产符合以下条件之一的，可按照企业会计准则以摊余成本进行计量：

（1）资产管理产品为封闭式产品，且所投金融资产以收取合同现金流量为目的并持有到期；

（2）资产管理产品为封闭式产品，且所投金融资产暂不具备活跃交易市场，或者在活跃市场中没有报价，也不能采用估值技术可靠计量公允价值。

选项①②正确。

57. 参考答案：D

考点：本题考查证券公司违规使用内幕消息的法律责任。情节严重的，处 5 年以下有期徒刑或者拘役，并处或者单处违法所得 1 倍以上 5 倍以下罚金；情节特别严重的，处 5 年以上 10 年以下有期徒刑，并处违法所得 1 倍以上 5 倍以下罚金。

58. 参考答案：A

考点：经营证券经纪业务、证券资产管理业务、融资融券业务和证券承销与保荐业务中两种以上业务的证券公司，应当建立独立董事制度。其中，证券公司有如下情形的，独立董事不得少于董事人数的 1/4：董事长、经营管理的主要负责人由同一人负责；内部董事人数占董事人数的 1/5 以上；中国证监会认定的其他情形。

59. 参考答案：D

考点：本题考查监管部门对证券（股票类）发行与承销的监管措施。中国证券业协会应当建立对承销商询价、定价、配售行为和网下投资者报价行为的日常监管制度，加强相关行为的监督检查，发现违规情形的，应当及时采取自律监管措施。中国证券业协会还应当建立对网下投资者和承销商的跟踪分析和评价体系，并根据评价结果采取奖惩措施。

60. 参考答案：A

考点：《证券经纪人管理暂行规定》对证券经纪人与证券公司之间的委托关系作出了相关规定：委托与接受委托、签订委托合同和执业前培训和注册登记，规定签订合同前，应对证券经纪人进行严格审查。选项④正相反。

61. 参考答案：A

考点：本题考查从事证券业务的专业人员范围。按照《证券业从业人员资格管理办法》，从事证券业务的专业人员，是指证券公司中从事自营、经纪、承销、投资咨询、受托投资管理等业务的专业人员。包括：相关业务部门的管理人员；基金管理公司、基金托管机构中从事基金销售、研究分析、投资管理、交易、监察稽核等业务的专业人员，含相关业务部门的管理人员；基金销售机构中从事基金宣传、推销、咨询等业务的专业人员，含相关业务部门的管理人员；证券投资咨询机构中从事证券投资咨询业务的专业人员及其管理人员；证券资信评估机构中从事证券资信评估业务的专业人员及其管理人员；中国证监会规定需要取得从业资格和执业证书的其他人员。

62. 参考答案：C

考点：本题考查证券交易所交易规则。证券交易所采取技术停牌或者决定临时停市，必须及时报告国务院证券监督管理机构。

63. 参考答案：D

考点：本题考查独立财务顾问的独立性，选项①②③④均正确。

64. 参考答案：A

考点：本题考查《合伙企业法》有关规定。根据《合伙企业法》第四十九条的规定，合伙人由下列情形之一的，经其他合伙人一致同意可以决议将其除名：

（1）未履行出资义务；

（2）因故意或者重大过失给合伙企业造成损失；

（3）执行合伙事务时有不正当行为；

（4）发生合伙协议约定的事由。合伙人在合伙企业中的全部财产份额被人民法院强制执行属于当然退伙的情形。

65. 参考答案：A

考点：2019 年 3 月上海证券交易所发布《上海证券交易所科创板股票交易特别规定》，明确投资者参与科创板股票交易的具体条件：

（1）个人投资者申请权限开通前 20 个交易日证券账户及资金账户内的资产日均不低于人民币 20 万元，并且参与证券交易 24 个月以上；

（2）符合法律法规及上海证券交易所规定的机构投资者，可直接申请开通科创板股票交易权限。

66. 参考答案：C

考点：本题考查证券公司投资银行类业务的内部控制组织结构要求的有关规定。记忆点：证券公司投资银行类业务的内部控制的第一道防线、第二道防线和第三道防线分别是项目组和业务部门、质量控制以及内核、合规、风险管理等部门或机构。

67. 参考答案：C

考点：本题考查非金融企业债务融资工具发行业务的一般规定。债务融资工具在中央国债登记结算有限责任公司登记、托管、结算。

68. 参考答案：B

考点：本题考查资产托管机构办理资产管理的资产托管业务，应当履行的职责，选项①②③④均正确。

69. 参考答案：D

考点：本题考查财务顾问主办人签章及报告制度。

70. 参考答案：A

考点：本题考查董事会专门委员会的有关要求。

71. 参考答案：D

考点：本题考查违反证券发行与承销有关规定的法律责任，选项①②③④均正确。

72. 参考答案：D

考点：本题考查封闭式基金与开放式基金的区别。二者区别在于：存续期间不同；申购和赎回份额的限制不同；基金规模不同；基金份额交易方式不同；（5）基金投资策略不同。

73. 参考答案：C

考点：本题考查证券公司各类业务内部控制的主要内容。证券公司各类业务内部控制的主要内容包括：经纪业务内部控制、自营业务内部控制、投资银行类业务内部控制、受托投资管理业务内部控制、研究咨询业务内部控制、证券投资顾问业务内部控制。

74. 参考答案：D

考点：本题考查股票的形式和记载。股票应当载明下列主要事项：公司名称；公司成立日期；股票种类、票面金额及代表的股份数；股票的编号。各股东所持股份数属于公司发行记名股票应当记载的事项。

75. 参考答案：B

考点：证券公司治理基本要求是：建立健全组织架构、明确职责划分；不得侵犯客户合法权益；建立完备的内部控制体系。

76. 参考答案：B

考点：本题考查证券公司从事客户资产管理业务的禁止性行为，选项①②③④均正确。

77. 参考答案：B

考点：本题考查证券投资咨询业务监管措施的相关法律文件。除上述两项外，还有《发布证券研究报告暂行规定》《证券投资顾问业务暂行规定》《发布证券研究报告执业规范》等。

78. 参考答案：D

考点：本题考查保荐代表人的执业行为总体规范，参考《证券发行上市保荐业务管理办法》。

79. 参考答案：A

考点：本题考查有限责任公司章程应当记载的事项。有限责任公司章程应当载明下列事项：公司名称和住所；公司经营范围；股东的姓名或者名称；股东的出资方式、出资额和出资时间；公司的机构及其产生办法、职权、议事规则；公司的法定代表人；股东会会议认为需要规定的其他事项。公司股份总数、每股金额和注册资本和监事会的组成、职权和议事规则属于股份有限公司章程的应当载明事项。

80. 参考答案：C

考点：证券公司经营管理层负责落实信息技术管理目标，对信息技术管理工作承担责任，履行下列职责：

（1）组织实施董事会相关决议；

（2）建立责任明确、程序清晰的信息技术管理组织架构，明确管理职责、工作程序和协调机制；

（3）完善绩效考核和责任追究机制；

（4）公司章程规定或董事会授权的其他信息技术其他管理职责。

81. 参考答案：D

考点：本题考查委托指令的无效及撤销，选项①②③④均正确。

82. 参考答案：C

考点：本题考查资产证券化中管理人不得有的行为。

83. 参考答案：C

考点：本题考查个人申请保荐代表人资格应具备的条件。按照《证券发行上市保荐业务管理办法》规定，个人申请保荐代表人资格，应当具备以下条件：

（1）具备3年以上保荐相关业务经历；

（2）最近3年内在《证券发行上市保荐业务管理办法》第二条规定的境内证券发行项目中担任过项目协办人；

（3）参加中国证监会认可的保荐代表人胜任能力考试且成绩合格有效；

（4）未负有数额较大到期未偿还的债务；

（5）诚实守信，品行良好，无不良诚信记录，最近3年内未受到中国证监会的行政处罚；

（6）国证券业协会规定的其他条件。

84. 参考答案：B

考点：根据《证券投资咨询人员从业资格管理的有关规定》，从事证券、期货投资咨询业务的人员，必须具备的资格有：取得中国证监会的业务许可；取得证券、期货投资咨询从业资格；加入一家有从业资格的证券、期货投资咨询机构。

85. 参考答案：D

考点：本题考查金融机构资产管理业务的相关规范。

86. 参考答案：D

考点：本题考查融资融券业务客户的征信调查，除选项①②③④外，还包括融资融券需求。

87. 参考答案：C

考点：本题考查财务顾问主办人签章及报告制度。

88. 参考答案：C

考点：资产支持证券投资者的权利与义务。

89. 参考答案：C

考点：同一金融机构发行多只资产管理产品投资同一资产的，为防止同一资产发生风险波及多只资产管理产品，多只资产管理产品投资该资产的资金总规模合计不得超过300亿元。

90. 参考答案：A

考点：本题考查证券公司开展股票期权业务的主要业务规则。

91. 参考答案：D

考点：本题考查《刑法》第一百七十六条的规定，非法吸收公众存款或者变相吸收公众存款的，处以3年以下有期徒刑或者拘役，并处或者单处2万元以上20万元以下罚金。

92. 参考答案：C

考点：本题考查代销公募基金的一般禁止性规定。

93. 参考答案：A

考点：本题考查申请做市业务资格的材料要求。

94. 参考答案：A

考点：本题考查客户信用资金台账的概念，勿与其他的概念相混淆。

95. 参考答案：A

考点：本题考查私募基金子公司设立要求。

96. 参考答案：A

考点：本题考查转融通业务的专用证券账户。证券金融公司开展转融通业务，应当以自己的名义，在证券登记结算机构分别开立转融通专用证券账户、转融通担保证券账户、转融通证券交收账户。转融通资金交收账户应在商业银行开立。

97. 参考答案：A

考点：本题考查科创板转融通业务的借入人条件，选项①②④正确，选项③是科创板证券出借业务的条件。

98. 参考答案：A

考点：本题考查全国场外市场运行管理的基本制度框架。《证券公司柜台交易业务规范》是证券公司柜台市场业务涉及的主要法律法规。

99. 参考答案：C

考点：本题考查证券公司开展柜台市场业务发行、销售与转让的产品种类。

100. 参考答案：D

考点：本题考查证券公司参与区域股权市场的业务范围。

《证券市场基本法律法规》模拟试卷八

一、单选题（共50题，每题1分，共50分。以下各选项中，只有一项符合题目要求，不选、错选均不得分）

1. 下列有关国家强制力保障法律实施的说法中，错误的是（　　）。

A. 国家通过强制力来保障法的实施，应符合一定的程序，依法进行

B. 任何违法行为，都将受到国家强制力的制裁

C. 国家强制力是保障法实施的唯一手段

D. 法与其他社会规范相区别的重要标志是法律具有强制性

2. 证券公司董事会每年至少召开（　　）次会议。

A. 1　　B. 2

C. 3　　D. 4

3. 按照《证券监督管理条例》的要求，以下证券公司对其董监高的任职资格处理正确的是（　　）。

A. 该证券公司不得聘任、选任未取得任职资格的人员担任董监高

B. 该证券公司对其已经聘任的无任职资格的董监高可以视其工作能力予以保留有关聘任的决议和决定

C. 董监高不再具有任职资格条件的，该证券公司应当主动解除其职务并向中国证券业协会报告

D. 该证券公司未解除不再具有任职资格的董监高的，中国证监会派出机构无权责令其解除

4. 证券公司在开展业务创新时，在可行性研究的基础上，应当及时与（　　）沟通，履行创新业务的报备（报批）程序。

A. 中国证券业协会　　B. 中国证监会

C. 中国证监会派出机构　　D. 中国证券登记结算有限责任公司

5. 特殊机构及产品证券账户在开立及使用中应严格遵守账户实名制有关要

求，下列要求中表述错误的是（　　）。

A. 特殊机构及产品证券账户持有人不得通过在证券账户下设立子账户、分账户、虚拟账户等方式违规进行证券交易，不得出借证券账户给他人使用

B. 不得为专门申购新股、炒作风险警示（ST 股票）的产品申请开立证券账户；产品证券账户名称应当恰当反映产品属性

C. 为产品、员工持股计划申请开立账户时应当申报登记产品、员工持股计划存续期，无固定期限或长期的产品到期日自申请日起不超过 5 年

D. 对于各类特殊机构及产品证券账户存在下设子账户、分账户、虚拟账户等违反账户实名制有关要求的，中国证券登记结算有限责任公司或有委托交易关系的证券公司有权注销相关账户或限制相关账户的使用

6. 为进一步落实创新驱动发展战略，增强资本市场对提高我国关键核心技术创新能力的服务水平，促进高新技术产业和战略性新兴产业发展，支持上海国际金融中心和科技创新中心建设，完善资本市场基础制度，推动高质量发展，我国于（　　）年在上海证券交易所设立科创板并试点注册制。

A. 2017　　B. 2018

C. 2019　　D. 2020

7. 法是调整人们的行为或社会关系的规范，具有规范性。下列关于法的规范性的体现，错误的是（　　）。

A. 规定了人们可以为一定行为或不为一定行为或者人们可以请求他人为或不为一定行为，体现了人们依法享有的权利

B. 规定了人们在应当为而为或不应当为而不为的情况下所产生的结果，体现了人们在遵守法定义务后依法享有的收益

C. 规定了人们应当为一定行为或不得为一定行为，体现了人们依法应履行的义务

D. 规定了人们在应当为而不为或不应当为而为的情况下所产生的后果，体现了人们在违反法定义务后应承担的责任

8. 按照《证券公司治理准则》的要求，关于证券公司与股东之间关系的特别规定，以下错误的是（　　）。

A. 证券公司的控股股东、实际控制人不得利用其控制地位或滥用权力损害公司客户的合法权益

B. 证券公司的控股股东可以直接任免证券公司的董事、监事和高级管理人员

C. 证券公司的股东、实际控制人不得违反公司章程的规定干预证券公司的

经营管理活动

D. 证券公司与其他关联方应当在业务等方面严格分开，各自独立经营、独立核算、独立承担责任和风险

9. 下列事项中，有限责任公司的股东不能用作出资的是（　　）。

A. 货币　　B. 知识产权

C. 劳务　　D. 土地使用权

10. 下列选项错误的是（　　）。

A. 存托人应与境外基础证券发行人签署存托协议，并根据存托协议约定协助完成存托凭证的发行上市

B. 一般商业银行就可以担任存托人

C. 托管人应当按照托管协议约定，协助办理分红派息、投票

D. 托管人应当向存托人提供基础证券的市场信息

11. 董事会专门委员会包括薪酬与提名委员会、审计委员会和风险控制委员会，专门委员会应当向（　　）负责，并按照章程的规定向（　　）提交工作报告。

A. 董事会；监事会　　B. 董事会；股东会

C. 股东会；股东会　　D. 董事会；董事会

12. 下列关于证券经纪业务的说法错误的是（　　）。

A. 证券经纪业务是指在证券交易中，接受投资者委托，处理交易指令、办理清算交收的经营性活动

B. 证券经纪商是指接受客户委托、代客买卖证券并以此收取佣金的中间人

C. 证券经纪商接受客户委托，可以根据自己的判断来进行证券买卖

D. 证券经纪商以代理人的身份从事证券交易，与客户是委托代理关系

13. 下列有关有限责任公司监事会的说法错误的是（　　）。

A. 监事会主席不能履行职务的，由半数以上监事共同推举 1 名监事召集和主持监事会会议

B. 监事会任期每届为 3 年

C. 监事任期届满，不得连任

D. 股东人数较少或者规模较小的有限责任公司，可以设 1 至 2 名监事，不设监事会

14. 按照《证券公司合规管理实施指引》的要求，以下关于某证券公司设立合规负责人王某的说法正确的是（　　）。

A. 王某是下属单位负责人

B. 王某直接向监事会负责

C. 王某组织拟订合规管理的基本制度和其他合规管理制度，督导下属各单位实施

D. 王某应当对证券公司内部规章制度、重大决策、新产品和新业务方案等进行合规审查，并出具书面或其他形式的合规审计意见

15. 下列选项错误的是（　　）。

A. 担任发行人股票首次公开发行的保荐机构、主承销商或者财务顾问，自确定并公告发行价格之日起 40 日内，不得发布与该发行人有关的证券研究报告

B. 担任上市公司股票增发、配股、发行可转换公司债券等再融资项目的保荐机构、主承销商或者财务顾问，自确定并公告公开发行价格之日起 20 日内，不得发布与该上市公司有关的证券研究报告

C. 担任上市公司并购重组财务顾问，在证券公司、证券投资咨询机构的合规部门将该上市公司列入相关限制名单期间，按照合规管理要求限制发布与该上市公司有关的证券研究报告

D. 证券公司、证券投资咨询机构的证券分析师因公司业务需要，阶段性参与公司承销保荐、财务顾问等业务项目，撰写投资价值研究报告或者提供行业研究支持的，应当履行公司内部跨越隔离墙审批程序

16. 下列有关合伙企业债务清偿的说法，错误的是（　　）。

A. 合伙企业不能清偿到期债务的，合伙人对其承担无限连带责任

B. 人民法院强制执行合伙人的财产份额时，人民法院应当通知全体合伙人，但该情形下，其他合伙人没有优先购买权

C. 合伙人由于承担无限连带责任，清偿数额超过其亏损分担比例的，有权向其他合伙人追偿

D. 合伙人自有财产不足清偿其自有债务的，该合伙人可以以其从合伙企业中分取的收益用于清偿

17. 按照《证券监督管理条例》的要求，证券公司有以下（　　）情形时，独立董事人数不得少于董事人数的 1/4。

A. 内部董事人数占董事人数的 1/6

B. 证券公司有连任 6 年以上的独立董事

C. 总经理和财务总监由同一人担任

D. 董事长、经营管理的主要负责人由同一人担任

18《证券公司监督管理条例》《证券公司治理准则》对证券公司董事会的设置和议事规则作了具体的规定，以下规定表述错误的是（　　）。

A. 内部董事人数不得超过董事人数的1/2

B. 证券公司可以聘请外部专业人士担任董事

C. 证券公司董事会每年至少召开一次会议

D. 董事会会议所作决议须经过无关联关系董事过半数通过

19. 有限合伙人可以按照合伙协议的约定向合伙人以外的人转让其在有限合伙企业中的财产份额，但应当提前（　　）日通知其他合伙人。

A. 10　　B. 15

C. 20　　D. 30

20. 按照《证券公司信息隔离墙制度指引》的要求，某证券公司的敏感信息包括内幕信息和其他未公开信息。下列不属于该证券公司内幕信息的是（　　）。

A. 该证券公司的经营方针和经营范围发生了重大变化

B. 该证券公司董事会通过了一项重要投资行为

C. 该证券公司接受了一项30万元的政府补助

D. 该证券公司分配股利或者增资的计划

21. 下列说法错误的是（　　）。

A. 证券公司、证券投资咨询机构从事证券投资顾问业务，应当建立客户回访机制，明确客户回访的程序、内容和要求，并制定专门人员独立实施

B. 证券公司、证券投资咨询机构从事证券投资顾问业务，应当建立客户投诉处理机制，及时、妥善处理客户投诉事项

C. 证券公司、证券投资咨询机构从事证券投资顾问业务，可以按照服务期限、客户资产规模收取服务费用，也可以采用差别佣金等其他方式收取服务费用

D. 证券公司、证券投资咨询机构从事证券投资顾问业务，可以以公司账户向客户收取证券投资顾问服务费用，也可以以个人名义向客户收取服务费用

22. 证券公司应当根据自身资产负债状况和业务发展情况，建立（　　）的风险控制指标监控和资本补足机制，确保净资本等各项风险控制指标在（　　）都符合规定标准。

A. 静态；任一时点　　B. 静态；某些时点

C. 动态；任一时点　　D. 动态；某些时点

23. 证券公司、证券投资咨询机构和其他财务顾问机构不得担任财务顾问或独立财务顾问的情形是（　　）。

A. 最近36个月内存在违反诚信的不良记录

B. 最近36个月内因执业行为违反行业规范而受到行业自律组织的处分

C. 最近36个月内因违法违规经营受到处罚或者因涉嫌违法违规经营正在被

调查

D. 曾依据《财务顾问业务管理办法》的规定从事上市公司并购重组财务顾问业务

24. 下列有关债券交易的事项中，正确的是（　　）。

A. 依法发行的股票、债券及其他证券，法律对其转让期限有限制性规定的，在限定的期限内，有特殊情形时，可以买卖

B. 依法公开发行的股票、公司债券及其他证券，可以在场外交易

C. 非依法发行的证券，可以进行买卖

D. 证券在证券交易所上市交易，应当采用公开的集中交易方式或者国务院证券监督管理机构批准的其他方式

25. 甲证券公司是我国内地证券基金经营机构，在使用港股投资顾问服务的过程中，不符合业务规范的是（　　）。

A. 甲证券公司委托提供港股投资顾问服务的香港机构直接执行投资指令

B. 甲证券公司与提供港股投资顾问服务的香港机构签订协议

C. 甲证券公司在招募说明书中如实披露使用港股投资顾问服务的情况

D. 甲证券公司对使用港股通投资顾问服务的情况实行留痕管理，并以电子方式存储

26. 下列说法错误的是（　　）。

A. “荐股软件”能够提供设计具体证券投资品种的投资分析意见，或者预测具体证券投资品种的价格走势

B. 向投资者销售或者提供“荐股软件”，并直接或间接获取经济利益的，属于从事证券投资咨询业务，应当经中国证监会许可，取得证券投资咨询业务资格

C. “荐股软件”不能向投资者提供具体证券投资品种的买卖时机建议

D. 证券投资咨询机构利用“荐股软件”从事证券投资咨询业务，应当遵循客观公正、诚实信用原则，不得误导、欺诈客户，不得损害客户利益

27. 上市公司就并购重组事项出具盈利预测报告的，在相关并购重组活动完成后，凡不属于上市公司管理层实现无法获知且事后无法控制原因，上市公司或者购买资产实现的利润未达盈利预测报告或者资产评估报告预测金额（　　）的，中国证监会可以同时对财务顾问及其财务顾问主办人采取监管谈话、出具警示函、责令定期报告等监管措施。

A. 90%　　　　B. 80%

C. 60%　　　　D. 50%

28. 证券公司经营证券承销与保荐、证券自营、证券资产管理、其他证券业

务等业务之一的，其净资本不得低于人民币（　　）。

A. 1 000 万元　　B. 2 000 万元

C. 5 000 万元　　D. 1 亿元

29. 证券公司净资本或者其他风险控制指标不符合规定标准的，派出机构应当责令公司限期改正，在（　　）个工作日制定并报送整改计划，整改期限最长不超过（　　）个工作日。

A. 5；10　　B. 7；20

C. 5；20　　D. 7；20

30.《证券投资基金法》第一百二十五条规定，未经核准，擅自从事基金托管业务的，责令停止，没收违法所得，并处违法所得 1 倍以上 5 倍以下罚款；没有违法所得或者违法所得不足 100 万元的，并处 10 万元以上 100 万元以下罚款；对直接负责的主管人员和其他直接责任人员给予警告，并处（　　）罚款。

A. 30 万元以上 60 万元以下　　B. 3 万元以上 30 万元以下

C. 3 万元以上 10 万元以下　　D. 10 万元以上 100 万元以下

31. 下列说法错误的是（　　）。

A. 保荐代表人应当维护发行人的合法利益，对从事保荐业务过程中获知的发行人信息保密

B. 保荐代表人及其配偶不得以任何名义或者方式持有发行人的股份

C. 如果发行人提出了不当要求，保荐代表人业应当尽量迎合或者满足

D. 同次发行的证券（股票类），其发行保荐和上市保荐应当由同一保荐机构承担

32. 发行人当年累计新增借款或对外提供担保超过上年末净资产的（　　），将指认定为债券存续期间需要披露的重大事项。

A. 10%　　B. 15%

C. 20%　　D. 25%

33. 债务融资工具在（　　）登记、托管、结算。

A. 中国人民银行　　B. 中国银行间市场交易商协会

C. 全国银行间同业拆借中心　　D. 中央国债登记结算有限责任公司

34. 按照《证券公司全面风险管理规范》的要求，（　　）承担全面风险管理的直接责任。

A. 监事会　　B. 经理层

C. 董事会　　D. 各业务部门、分支机构和子公司

35. 基金管理人的股东、实际控制人未按照国务院证券监督管理机构的规定

及时履行重大事项报告义务的，没收违法所得，并处违法所得（　　）罚款。

A. 1倍以上3倍以下　　B. 1倍以上5倍以下

C. 3倍以上5倍以下　　D. 3倍以上10倍以下

36. 下列不属于在主办券商管理方面，业务规则要求的是（　　）。

A. 取消对主办券商业务资格的事前审批

B. 加强对主办券商的持续管理和信息披露

C. 督促主办券商勤勉执业、归位尽责

D. 增加审批的同时，强化了过程监管与行为监管

37. 证券公司委托其他证券公司或者基金管理公司进行证券投资管理，且投资规模合计不超过其净资本（　　）的，无须取得证券自营业务资格。

A. 90%　　B. 80%

C. 70%　　D. 60%

38. 下列关于私募基金子公司说法正确的是（　　）。

A. 证券公司担任拟上市企业首次公开发行股票的辅导机构、财务顾问、保荐机构、主承销商或担任拟挂牌企业股票挂牌并公开转让的主办券商的，应当按照签订有关协议或者实质开展相关业务两个时点孰晚的原则，在该时点后私募基金子公司及其下设基金管理机构管理的私募基金不得对该企业进行投资

B. 私募基金子公司不得以自有资金投资于除本机构设立的私募基金、依法公开发行的国债、央行票据、短期融资券、投资及公司债、货币市场基金及保本型银行理财产品等风险较低、流动性较强的证券以外的投资标的

C. 私募基金子公司不得从事或变相从事实体业务，包括财务投资

D. 私募基金子公司及其下设特殊目的机构禁止以现金管理为目的管理闲置资金

39. 独立董事最多可以在（　　）家证券公司担任独立董事。

A. 2　　B. 3

C. 4　　D. 5

40. 证券公司应当将子公司的风险管理纳入统一体系，子公司风险管理工作负责人应由证券公司首席风险官考核，考核权重不低于（　　）。

A. 30%　　B. 40%

C. 50%　　D. 60%

41. 资产管理产品按照投资性质不同，分为固定收益类产品、权益类产品、商品及金融衍生品类产品和混合类产品，其中固定收益类产品投资于存款、债券等债权类资产的比例不低于（　　）。

A. 60%　　B. 70%

C. 80%　　D. 90%

42. 非银行金融机构申请开展基金托管业务，应当按照《证券投资基金法》的规定向（　　）报送申请材料。

A. 中国证券业协会　　B. 中国证券投资基金业协会

C. 中国证监会　　D. 证券交易所

43. 境内机构投资者开展境外证券投资业务时，应当由具有证券基金托管资格的银行负责资产托管业务。托管人应当符合最近一个会计年度实收资本不少于（　　）亿美元或托管资产规模不少于（　　）亿美元或等值货币。

A. 10；500　　B. 10；1 000

C. 20；500　　D. 20；1 000

44. 申请挂牌公司、挂牌公司的董事、监事、高级管理人员违反业务规则、全国股份转让系统公司其他相关业务规定的，全国股份转让系统公司视情节轻重给予以下处分，并记入证券期货市场诚信档案数据库（　　）。

A. 通报批评；公开谴责

B. 通报批评；公开谴责；认定其不适合担任公司董事、监事、高级管理人员

C. 通报批评；公开谴责；限制、暂停直至终止其从事相关业务

D. 通报批评；公开谴责；责令整改

45. 证券公司另类子公司应当于每年结束后（　　）内编制并向中国证券业协会报送另类投资业务年度报表。

A. 1 个月　　B. 2 个月

C. 3 个月　　D. 4 个月

46. 按照《证券法》第二百零三条的规定，违反本法规定，操纵证券市场的，责令依法处理非法持有的证券，没收违法所得，违法所得不足（　　）万元的，处以（　　）万元以上（　　）万元以下的罚款。

A. 50；30；100　　B. 30；30；300

C. 100；50；300　　D. 50；50；300

47. 证券公司应对流动性风险实施限额管理，根据其业务规模、性质、复杂程度、流动性风险偏好和外部市场发展变化、监管要求等情况，设定流动性风险限额并对其执行情况进行监控。证券公司应至少（　　）对流动性风险限额进行一次评估，必要时进行调整。

A. 每两年　　B. 每年

C. 每半年　　　　　　　　　　D. 每季度

48. 按照《最高人民检察院　公安部关于公安机关管辖的刑事案件立案追诉标准的规定（二）》第四十条的规定，关于背信运用受托财产应予立案追诉的理解正确的是（　　）。

A. 擅自运用客户资金或者其他委托、信托的财产数额达到10万元的，应予立案追诉

B. 擅自运用客户信托的财产数额未达到30万元的，不予立案追诉

C. 擅自运用客户资金数额未达到30万元，但擅自运用多个客户资金的，应予立案追诉

D. 擅自运用客户资金或者其他委托、信托的财产数额达到20万元的，应予立案追诉

49. 关于对集资诈骗罪和非法吸收公众存款罪刑事立案追诉标准的理解错误的有（　　）。

A. 个人集资诈骗，数额在10万元以上的

B. 单位集资诈骗，数额在50万元以上的

C. 个人非法吸收公众存款或者变相吸收公众存款数额10万元的

D. 单位非法吸收公众存款或者变相吸收公众存款给存款人造成直接经济损失数额达到50万元以上

50. 按照中国证监会《信息披露违法行为行政责任认定规则》的规定，下列选项中符合从轻或者减轻处罚考虑的情形有（　　）。

A. 在获悉公司信息披露违法后，向公司有关主管人员或者公司上级主管提出质疑并采取了适当措施的

B. 在信息披露违法行为被发现后，及时主动要求公司采取纠正措施或者向证券监管机构报告的

C. 当事人在信息披露违法事实所涉及期间，由于不可抗力、失去人身自由等无法正常履行职责的

D. 在信息披露违法案件中变造、隐瞒、毁灭证据，或者提供伪证，妨碍调查的

二、多选题（共50题，每题1分，共50分。以下各选项中，至少有一项符合题目要求，不选、错选均不得分）

51. 按照法律关系的主体数量，可以将法律关系分为双边法律关系与多边法律关系。下列选项中，不属于双边法律关系的有（　　）。

①民事借贷中的债权、债务法律关系

②民事诉讼中的原告、被告之间的诉讼法律关系

③股份有限公司各股东之间的法律关系

④劳务派遣中的劳务派遣法律关系

A. ①④　　B. ①②④

C. ①②　　D. ①②③④

52.《证券法》对证券公司监管的基本制度作出了规定，进一步明确了客户资产的存管、托管要求，以下说法正确的有（　　）

①公司对顾客负有诚信义务

②证券公司对顾客负有尽责义务

③证券公司不得挪用客户托管在公司的证券

④证券公司不得挪用客户委托管理的资产

A. ①②③④　　B. ①③④

C. ②③④　　D. ①④

53. 按照《证券公司治理准则》的要求，在一般情况下，证券公司在处理与股东关联方之间的关系时，证券公司应注意，不得有以下行为发生（　　）。

①证券公司持有股东的股权

②股东违规占用证券公司资产

③证券公司控股其他证券公司的，不得损害所控股的证券公司的利益

④证券公司股东在证券公司兼职的，遵守法律法规和中国证监会的规定

⑤证券公司通过购买股东持有的证券等方式向股东输送不当利益

A. ①②③　　B. ①③④

C. ①②⑤　　D. ③④⑤

54. 证券账户开立的总体要求包括（　　）。

①证券公司为客户办理开户，应当遵循合法、自愿、审慎原则，审核客户身份的真实性，确保客户资料真实、准确和完整

②证券公司应建立健全客户账户开户管理制度、操作流程和风险识别、评估与控制体系，确保风险可测、可控、可承受

③证券公司可以在经营场所内为客户现场开立账户，也可以通过见证、网上及中国证监会认可的其他方式为客户开立账户

④证券公司应当建立健全客户头数和纠纷处理机制，明确处理流程，妥善处理客户投诉与客户之间的纠纷，持续做好客户投诉及纠纷处理工作

A. ①②③　　B. ①③④

C. ①②④　　D. ①②③④

55. 下列说法正确的有（　　）。

①证券投资顾问基于特定客户的立场，遵循忠实客户利益原则，向客户提供适当的证券投资建议；证券分析师基于独立、客观的立场，对证券及证券相关产品的价值进行研究分析，撰写发布研究报告

②证券投资顾问服务于不特定的客户，证券研究报告操作上向特定用户发布，提供证券估值等研究结果

③证券投资顾问一般服务于普通投资者，证券研究报告一般服务于基金、QFII 等专业投资者

④证券投资顾问服务与特定客户的证券投资及其利益密切相关，但通常不会显著影响证券定价；证券研究报告向多个机构客户同时发布，对证券价格可能产生较大影响

A. ①②③　　B. ①②④

C. ①③④　　D. ②③④

56. 证券公司、证券投资咨询机构发布的证券研究报告，应当载明（　　）事项。

①"证券研究报告"字样

②证券公司、证券投资咨询机构名称

③署名人员的证券投资咨询执业资格证书编码

④发布证券研究报告的时间

A. ①②③　　B. ①②④

C. ①③④　　D. ①②③④

57. 下列属于证券投资顾问禁止行为的有（　　）。

①以任何方式向客户承诺或者保证投资收益

②向客户提供建议服务

③向他人泄露客户的投资决策计划信息

④以个人名义向客户收取证券投资顾问服务费用

A. ①②③　　B. ①②④

C. ①③④　　D. ①②③④

58. 以发起设立方式设立股份有限公司的，其步骤包括（　　）。

①发起人书面认足公司章程规定其认购的股份

②发起人按照公司章程缴纳出资

③发起人在认足出资后，选举董事会和监事会

④董事会向公司登记机关报送公司章程及法律、行政法规规定的其他文件，申请设立登记

⑤发起人代表公司向公司登记机关报送公司章程及法律、行政法规规定的其他文件，申请设立登记

A. ①②⑤　　B. ①③④

C. ①②③④　　D. ①②③⑤

59. 某证券公司2018年2月25日举行了本年第一次董事会会议，以下关于董事会会议的设置和议事规则正确的有（　　）。

①因为几位董事无法按时出席董事会现场，最终决定采用视频会议的方式举行董事会

②此次董事会会议因为无重大异议事项，没有制作会议记录

③此次董事会会议共有2/3的无关联关系的董事参加

④董事会表决有关联交易的议案时，与交易对方有关联关系的董事不需回避

⑤此次董事会会议所作决议经无关联关系的董事过半数通过

A. ①②③　　B. ①③⑤

C. ②③⑤　　D. ③④⑤

60. 证券公司董事会风险控制委员的主要职责是对（　　）进行审议并提出意见。

①合规管理和风险管理的总体目标、基本政策

②合规管理和风险管理的机构设置及其职责

③需董事会审议的重大决策的风险和重大风险的解决方案

④需董事会审议的合规报告

⑤需董事会审议的风险评估报告

A. ①②③④⑤　　B. ①②④⑤

C. ①②③⑤　　D. ②③④⑤

61《公司债券发行与交易管理办法》所称“合格投资者”，应该符合（　　）。

①具备相应的风险识别和承担能力，知悉并自行承担公司债券的投资风险

②经有关金融监管部门批准设立的金融机构

③经中国证券投资基金业协会登记的私募基金管理人

④社会保障基金、企业年金、养老基金、慈善基金等社会公益基金

A. ①②④　　B. ①②③

C. ①③④　　D. ①②③④

62. 下列说法正确的有（　　）。

①按照规定或约定将评级信息告知发行人，并及时向市场公布首次评级报告、定期和不定期跟踪评级

②在债券有效存续期间，应当每半年至少向市场公布一次定期跟踪评级报告

③应充分关注可能影响评级对象信用等级的所有重大因素，及时向市场公布信用等级调整及其他与评级相关的信息变动情况，并向证券交易所或其他证券交易场所报告

④公开发行公司债券的发行人应将披露的信息或信息摘要刊登在至少一种中国证监会指定的报刊，供公众查阅

A. ①②④　　B. ①②③

C. ①③④　　D. ①②③④

63. 证券公司与客户关系的基本原则包括（　　）。

①保守客户秘密　　②履行法定信息披露义务

③完善客户沟通、投诉处理机制　　④不得挪用、侵占客户资金

⑤不得开展业务竞争　　⑥履行公司财务报告披露义务

A. ①②③④⑤　　B. ②③④⑤⑥

C. ①②③④⑥　　D. ①②④⑤⑥

64. 下列有关合伙企业清算的说法，正确的有（　　）。

①清算人自被确定之日起 10 日内通知债权人，并于 30 日内在报纸上公告

②清算人自被确定之日起 10 日内通知债权人，并于 60 日内在报纸上公告

③债权人自接到通知书之日起 30 日内，未接到通知书的自公告之日起 60 日内，向清算人申报债权

④债权人自接到通知书之日起 30 日内，未接到通知书的自公告之日起 45 日内，向清算人申报债权

A. ①③　　B. ①④

C. ②③　　D. ②④

65. 符合下列哪一种情形的，为公开发行（　　）。

①向不特定对象发行证券的

②向特定对象发行证券累计超过 150 人的

③法律、行政法规规定的其他发行行为

④向特定对象发行证券累计超过 200 人的

A. ①②④　　B. ②③④

C. ①②③④　　D. ①③④

66. 下列关于科创板证券（股票类）发行与承销信息披露的有关规定，正确的有（　　）。

①发行人申请首次公开发行股票并在科创板上市，应当按照中国证监会制定的信息披露规则，编制并披露招股说明书

②交易所受力注册申请文件后，应将相关文件在交易所网站预先披露

③交易所审核同意后，将发行人注册申请文件报送中国证监会时，相关文件应在交易所网站和中国证监会网站公开

④中国证监会同意注册后，发行人与主承销商应当及时向上海证券交易所报备发行与承销方案。上海证券交易所 3 个工作日内无异议的，发行人与主承销商可依法刊登招股意向书，启动发行工作

A. ①②　　B. ①②③

C. ③④　　D. ①②③④

67. 以下属于证券公司投资银行类业务的有（　　）。

①承销与保荐　　②上市公司并购重组财务顾问

③公司债券受托管理　　④受托投资管理

⑤非上市公司推荐　　⑥资产证券化

A. ①②③④⑤　　B. ②③④⑤⑥

C. ①③④⑤⑥　　D. ①②③⑤⑥

68. 按照《证券公司合规管理实施指引》的要求，证券公司董事会、监事会或监事、经营管理主要负责人、其他高级管理人员、下属各单位负责人及其他工作人员均有自己的合规管理职责。其中，属于证券公司董事会的合规管理职责有（　　）。

①组织制定规章制度，并监督其实施

②审议批准年度合规报告

③决定解聘对发生重大合规风险负有主要责任或者领导责任的高级管理人员

④决定聘任、解聘、考核合规负责人，决定其薪酬待遇

⑤对发生重大合规风险负有主要责任或者领导责任的董事、高级管理人员提出罢免的建议

⑥建立与合规负责人的直接沟通机制

A. ①②③④　　B. ②③④⑥

C. ①③④⑤　　D. ②③⑤⑥

69. 下列说法正确的有（　　）。

①自营业务必须以证券公司自身名义、通过专用自营席位进行，并由非自营

业务部门负责自营账户的管理，包括开户、销户、使用登记等

②加强自营业务资金的调度管理和自营业务的会计核算，由非自营业务部门负责自营业务所需资金的调度

③完善可投资证券品种的投资论证机制，建立证券池制度，自营业务部门只能在确定的自营规模和可承受风险限额内，从证券池内选择证券进行投资

④建立健全自营业务运作止盈止损机制，止盈止损的决策、执行与实效评估应当符合规定的程序并进行书面记录

A. ①②③　　B. ①②④

C. ①③④　　D. ①②③④

70. 证券公司从事客户资产管理业务，不得有以下（　　）行为。

①挪用客户资产

②向客户作出保证其资产本金不受损失或者取得最低收益的承诺

③以欺诈手段或者其他不当方式误导、诱导客户

④将资产管理业务与其他业务分开操作

A. ①②③　　B. ①②③④

C. ①②④　　D. ②③④

71. 按照《期货交易管理条例》的规定，下列属于期货交易所内部管理制度规定的有（　　）。

①建立健全内控制度　　②市场异常情况的处理及报告机制

③所得收益的使用规范　　④会员管理制度

A. ①②③　　B. ②③④

C. ①②④　　D. ①③④

72. 证券公司应当在报送年度报告的同时向中国证监会相关派出机构报送年度合规报告。年度合规报告包括（　　）。

①证券公司和各层级子公司合规管理的基本情况

②合规负责人及合规部门履行合规管理职责情况

③公司违法违规行为、合规风险的发现、监管部门和自律组织处罚及整改情况

④合规管理有效性的评估及整改情况

⑤内部控制的监督、检查和评价机制

⑥合规人员配置情况、合规性专项考核情况、合规负责人及合规管理人员薪酬保障落实情况

A. ①②③④⑥　　B. ②③④⑤⑥

C. ①③④⑤⑥　　D. ①②③⑤⑥

73. 金融机构应当履行（　　）管理人职责。

①依法募集资金

②办理产品份额的发售和登记事宜

③办理产品登记备案或注册手续

④按照产品合同的约定确定收益分配方案

A. ①②③　　B. ②③④

C. ①②④　　D. ①②③④

74. 期货公司可以从事的业务包括（　　）。

①股票期权经纪业务

②自营业务

③做市业务

④与股票期权备兑开仓以及行权相关的证券现货经纪业务

A. ①②③④　　B. ①②③

C. ①③④　　D. ①④

75. 证券公司需要于下列行为发生之日起 1 个月内将相关情况报送至中国证券业协会的情形有（　　）。

①入股区域性股权市场运营机构

②取得区域性股权市场中介机构资格

③持股情况、中介机构资格发生变化

④证券公司从业人员的履职情况

A. ①②③　　B. ①③④

C. ①②④　　D. ②③④

76. 按照《证券公司信息隔离墙制度指引》的要求，证券公司的敏感信息包括内幕信息和其他未公开信息。下列属于证券公司内幕信息的有（　　）。

①公司股权结构的重大变化

②公司债务担保的重大变化

③公司减资、合并、分立、解散及申请破产的决定

④公司实际控制人的董事发生变动

⑤公司董监高的行为可能依法承担重大损害赔偿责任

⑥上市公司收购的有关方案

A. ①②③④⑥　　B. ②③④⑤⑥

C. ①③④⑤⑥　　D. ①②③⑤⑥

77. 私募基金募集机构在开展私募基金募集业务过程中违反规定的，中国证券投资基金业协会可以视情节轻重对募集机构采取的措施包括（　　）。

①限期改正　②取消其基金销售资格

③暂停受理相关业务　④行业内谴责

A. ①②③　B. ①③④

C. ①②④　D. ②③④

78. 按照《证券法》第一百二十七条的规定，证券公司经营（　　）、（　　）及与证券交易、证券投资活动有关的财务顾问三项业务的，注册资本最低限额为人民币5 000万元。

①证券经纪　②证券投资咨询

③证券自营　④证券资产管理

A. ②③　B. ③④

C. ①②　D. ①④

79. 国务院证券监督管理机构有权或者得到机构负责人批准后，采取下列（　　）措施，对证券公司的业务活动、财务状况、经营管理情况进行检查。

①询问证券公司的董事、监事、工作人员，要求其对有关检查事项作出说明

②进入证券公司的办公场所或者营业场所进行检查

③查阅、复制与检查事项有关的文件、资料，对可能被转移、隐匿或者毁损的文件、资料、电子设备予以封存

④查询证券公司及与证券公司有控股或者实际控制关系企业的银行账户

⑤检查证券公司的计算机信息管理系统，复制有关数据资料

⑥检查为证券公司提供服务的证券服务机构的银行账户

A. ①②③④⑤　B. ②③④⑤⑥

C. ①②③④⑥　D. ①②④⑤⑥

80. 证券公司风险控制指标体系以净资本和流动性为核心，主要的风险控制指标包括（　　）。

①净资本　②风险覆盖率

③资本杠杆率　④销售利润率

⑤流动性覆盖率　⑥净稳定资金率

A. ①②③④⑥　B. ②③④⑤⑥

C. ①③④⑤⑥　D. ①②③⑤⑥

81. 证券公司风险控制指标无法达标，严重危害证券市场秩序、损害投资者利益的，中国证监会可以区别情形，对其采取下列措施（　　）。

①责令停业整顿

②指定其他机构托管、接管

③撤销经营证券业务许可

④撤销

⑤限制业务活动

⑥认定董事、监事、高级管理人员为不适当人选

A. ①②③④　　B. ②③④⑤

C. ③④⑤⑥　　D. ①②③⑥

82. 下面有关公募基金向公众发布宣传推介材料，说法错误的有（　　）。

①基金销售机构制作的基金宣传推介材料，应当事先经基金销售机构负责基金销售业务和合规管理的高级管理人员审查，出具合规意见

②基金宣传材料可以预测基金的证券投资业绩

③基金代销机构同时销售多只基金时，可以主要推荐某只或者某几只基金

④基金推介材料可以登载个人的推荐性文字

A. ①　　B. ①②④

C. ②③④　　D. ①③④

83. 在全国股份转让系统申请挂牌的公司，必须履行披露义务，所披露的信息应当（　　）。

①真实　　②完整

③相关　　④准确

A. ①②④　　B. ①③④

C. ①②③④　　D. ①②③

84.《证券法》对证券公司监管的基本制度作出了规定，在《证券法》确立的证券公司客户资产存管机制的基础上进一步明确了客户资产的存管、托管要求，以下说法正确的有（　　）。

①公司对顾客负有诚信义务

②证券公司对顾客负有尽责义务

③证券公司不得挪用客户托管在公司的证券

④证券公司不得挪用客户委托管理的资产

A. ①②③④　　B. ①③④

C. ②③④　　D. ①④

85. 关于股票质押式回购业务的相关规则，下列说法错误的有（　　）。

①证券公司代理进行股票质押回购交易申报的，未经委托进行虚假交易申报

的，证券公司承担全部法律责任

②证券公司应建立健全融出方资质审查制度

③融入方可以是金融机构或从事贷款业务的其他机构

④证券公司及其资产管理子公司管理的公开募集集合资产管理计划可作为融出方参与股票质押回购

A. ①②③　　B. ①②④

C. ②③④　　D. ①②③④

86. 证券金融公司应当遵循的风险控制指标规定有（　　）。

①净资本与各项风险资本准备之和的比例不得低于100%

②对单一证券公司转融通余额，不得超过证券金融公司净资本的50%

③融出的每种证券余额不得超过该证券上市可流通市值的15%

④充抵保证金的每种证券余额不得超过该证券总市值的15%

A. ①②③　　B. ①②④

C. ②③④　　D. ①②③④

87. 国务院证券监督管理机构对治理结构不健全、内部控制不完善、经营管理混乱、设立账外账或者进行账外经营、拒不执行监督管理决定、违法违规的证券公司，应当责令其限期改正，并可以采取下列措施（　　）。

①责令增加内部合规检查的次数并提交合规检查报告

②对证券公司及其有关董事、监事、高级管理人员、境内分支机构负责人给予谴责

③责令处分有关责任人员，并报告结果

④责令更换董事、监事、高级管理人员或者限制其权利

⑤对证券公司进行临时接管，并进行全面核查

⑥责令暂停证券公司或者其境内分支机构的部分或者全部业务、限期撤销境内分支机构

A. ①②③④⑤　　B. ②③④⑤⑥

C. ①②③④⑥　　D. ①②③④⑤⑥

88. 评估普通投资者风险承受能力的主要因素有（　　）。

①财务状况　　②投资知识

③投资目标　　④投资水平

⑤风险偏好

A. ①②③④　　B. ②③④⑤

C. ①②③⑤　　D. ①③④⑤

89. 按照《证券业从业人员资格管理办法》，从事证券业务的专业人员是指（　　）。

①证券公司中从事自营、经纪、承销、投资咨询、受托投资管理等业务的专业人员，包括相关业务部门的管理人员

②基金管理公司、基金托管机构中从事基金销售、研究分析、投资管理、交易、监察稽核等业务的专业人员，包括相关业务部门的管理人员

③基金销售机构中从事基金宣传、推销、咨询等业务的专业人员，包括相关业务部门的管理人员

④购买证券的个人投资者

A. ①②③　　B. ②③④

C. ①③④　　D. ①②④

90. 关于分级资产管理产品的说法，正确的有（　　）。

①公募产品和开放式私募产品不得进行份额分级

②分级私募产品应当根据所投资资产的风险程度设定分级比例（优先级份额/劣后级份额，中间级份额计入优先级份额）

③固定收益类产品的分级比例不得超过3:1，权益类产品的分级比例不得超过2:1，商品及金融衍生品类产品、混合类产品的分级比例不得超过1:1

④发行分级资产管理产品的金融机构应当对该资产管理产品进行自主管理，不得转委托给劣后级投资者

A. ①②③　　B. ①②④

C. ②③④　　D. ①②③④

91. 下列属于原始权益人的职责有（　　）。

①办理资产支持证券发行事宜

②配合并支持管理人、托管人履行职责

③配合并支持其他为资产证券化业务提供服务的机构履行职责

④依照法律、行政法规、公司章程和相关协议的规定或者约定移交基础资产

A. ①②③　　B. ①②④

C. ①③④　　D. ②③④

92. 按照《证券业从业人员资格管理办法》，取得从业资格的人员，通过机构申请执业证书需具备（　　）条件。

①已被机构聘用

②最近2年未受过刑事处罚

③未被中国证监会认定为证券市场禁入者，或者已过禁入期的

④品行端正，具有良好的职业道德

A. ①②③ B. ②③④

C. ①③④ D. ①②④

93. 按照《证券业从业人员执业行为准则》的规定，证券从业人员不得从事的活动包括（　　）。

①从事内幕交易或利用未公开信息交易活动，泄露利用工作便利获取的内幕信息或其他未公开信息，或明示、暗示他人从事内幕交易活动

②利用工作之便向任何机构和个人输送利益，损害客户和所在机构利益

③保守所在机构的商业秘密、客户的商业秘密及个人隐私，对客户服务结束或者离开所在机构后，仍应按照有关规定或合同约定承担上述保密义务

④向客户作出投资不受损失或保证最低收益的承诺

A. ①②③ B. ②③④

C. ①③④ D. ①②④

94. 下列有关科创板证券出借业务的说法中，正确的有（　　）。

① 战略投资者在承诺的持有期限内，不得通过与关联方进行约定申报、与其他主体合谋等方式，锁定配售股票收益、实施利益输送或者谋取其他不当利益

②通过约定申报和非约定申报方式参与科创板证券出借的，证券出借期限可在 1 天到 182 天的区间内协商确定

③ 科创板证券出借的标的证券范围，与上海证券交易所公布的可融券卖出的科创板标的范围不同

④上海证券交易所对科创板证券出借约定申报进行实时撮合成交，生成成交数据，并对证券金融公司和出借人的账户可交易余额进行实时调整

A. ①②③ B. ①②④

C. ①③④ D. ②③④

95. 按照《最高人民检察院　公安部关于公安机关管辖的刑事案件立案追诉标准的规定（二）》第三十八条的规定，诱骗投资者买卖证券、期货合约，可予以立案追诉的情形不包括（　　）。

①获利或者避免损失数额累计在 5 万元以上的

②造成投资者直接经济损失数额在 10 万元以上的

③诱骗投资者买卖证券、期货合约数额在 10 万元以上的

④致使交易价格和交易量异常波动的

A. ①②③ B. ①②④

C. ①③④ D. ②③④

96. 按照《最高人民检察院　公安部关于公安机关管辖的刑事案件立案追诉标准的规定（二）》第三十六条的规定，利用未公开信息交易案，涉嫌下列情形之一的，应予立案追诉（　　）。

①证券交易成交额累计达到 30 万元的

②期货交易占用保证金数额累计达到 20 万元的

③获利或者避免损失数额累计达到 20 万元的

④多次利用内幕信息以外的其他未公开信息进行交易活动的

A. ①②　　B. ①③

C. ②③　　D. ③④

97. 按照《最高人民检察院　公安部关于公安机关管辖的刑事案件立案追诉标准的规定（二）》第三十九条的规定，当合谋持有证券的流通股份数达到该证券的实际流通股份总量（　　）% 以上，且在该证券连续（　　）个交易日内联合或者连续买卖股份数累计达到该证券同期总成交量（　　）% 以上的，应予立案追诉。

①10　　②20

③30　　④40

A. ①④②　　B. ③①②

C. ②④①　　D. ③②③

98.《证券公司监督管理条例》第十条规定，净资产低于实收资本的（　　），或者或有负债达到净资产的（　　）的单位或者个人，不得成为持有证券公司 5% 以上股权的股东、实际控制人。

①20%　　②30%

③40%　　④50%

A. ①④　　B. ③④

C. ④④　　D. ①②

99. 下列属于变相公开发行股票、公司、企业债券的情形有（　　）。

①采用广告、电话、传真、信函、推介会、说明会、网络、短信等方式向社会公众非公开进行股权转让

②公司股东委托他人以公开方式向社会公众转让股票，累计超过 200 人

③向特定对象发行证券累计不超过 200 人

④未经中国证监会核准，向特定对象转让股票，转让后公司股东累计超过 200 人

A. ①②③　　B. ①②④

C. ①③④　　D. ②③④

100.《刑法》第一百七十九条规定，未经国家有关主管部门批准，擅自公开或变相公开发行证券，数额巨大、后果严重的，可予以的处罚有（　　）。

①处 5 年以下有期徒刑或者拘役，并处或者单处非法募集资金金额 1% 以上 5% 以下罚金

②退还所募资金并加算银行同期存款利息，处以非法所募资金金额 1% 以上 5% 以下罚款

③单位犯该罪的，对单位处以罚金，并对其直接负责的主管人员和其他直接责任人员，处 5 年以下有期徒刑或者拘役

④对直接负责的主管人员和其他责任人员给予警告，并处以 3 万元以上 30 万元以下的罚款

A. ②④　　B. ②③

C. ①③　　D. ①②

参考答案与解析

1. 参考答案：C

考点：国家强制力是保障法实施的最后手段，但不是唯一手段。法的实施还需要社会舆论、道德观念等因素的力量来保障。

2. 参考答案：B

考点：证券公司董事会每年至少召开 2 次会议。

3. 参考答案：A

考点：本题考查对证券公司董监高任职资格方面的要求。证券公司不得聘任、选任未取得任职资格的人员担任证券公司的董事、监事、高级管理人员、境内分支机构负责人；已经聘任、选任的，有关聘任、选任的决议、决定无效。

4. 参考答案：B

考点：本题考查证券公司业务创新的有关规定。在可行性研究的基础上，应当及时与中国证监会沟通，履行创新业务的报备（报批）程序。

5. 参考答案：C

考点：本题考查《中国证券登记结算有限责任公司特殊机构及产品证券账户业务指南》的有关规定。C 选项，无固定期限或长期的产品到期日自申请日起不超过 3 年，其存续期一般不得超过 3 年。

6. 参考答案：C

考点：本题考查科创板的设立时间，科创板于 2019 年设立。

7. 参考答案：B

考点：本题考查法的规范性的内容：

（1）规定了人们可以为一定行为或不为一定行为或者人们可以请求他人为或不为一定行为，体现了人们依法享有的权利；

（2）规定了人们应当为一定行为或不得为一定行为，体现了人们依法应履行的义务；

（3）规定了人们在应当为而不为或不应当为而为的情况下所产生的后果，

体现了人们在违反法定义务后应承担的责任。

8. 参考答案：B

考点：本题考查证券公司与股东之间关系的特别规定。选项 B，证券公司的控股股东不得超越职权，不得超越股东（大）会、董事会任免证券公司的董事、监事和高级管理人员。

9. 参考答案：C

考点：本题考查股东的出资制度。有限责任公司股东可以用货币出资，也可以用实物、知识产权、土地使用权等可以用货币估价并可以依法转让的非货币资产作价出资；有限责任公司不得以劳务、信用、自然人姓名、商誉等作价出资。

10. 参考答案：B

考点：下列机构可以依法担任存托人：

（1）中国证券登记结算有限责任公司及其子公司；

（2）经国务院银行业监督管理机构批准的商业银行；

（3）证券公司。

11. 参考答案：D

考点：本题考查董事会专门委员会的有关规定。专门委员会应当向董事会负责，并按照章程的规定向董事会提交工作报告。

12. 参考答案：C

考点：本题考查证券经纪业务相关概念的理解。按照相关规定，证券经纪商必须遵照客户发出的委托指令进行买卖，C 选项错误。

13. 参考答案：C

考点：本题考查有限责任公司监事会规定。有限责任公司的监事会中，监事任期届满，连选可以连任。

14. 参考答案：C

考点：本题考查证券公司合规负责人职责的有关规定。合规负责人是高级管理人员；直接向董事会负责；合规负责人应当对证券公司内部规章制度、重大决策、新产品和新业务方案等进行合规审查，并出具书面合规审计意见。

15. 参考答案：B

考点：本题考查信息隔离墙机制。选项 B 的时间应该为 10 日内。

16. 参考答案：B

考点：本题考查合伙企业的债务清偿。根据《合伙企业法》第三十八条、第三十九条、第四十条、第四十二条的规定，合伙企业对其债务，应先以全部财产进行清偿。合伙企业不能清偿到期债务的，合伙人对其承担无限连带责任。合伙人由于承担无限连带责任，清偿数额超过其亏损分担比例的，有权向其他合伙人追偿，选项 A、C 正确；合伙人自有财产不足清偿其与合伙企业无关的债务的，该合伙人可以以其从合伙企业中分取的收益用于清偿；债权人也可以依法请求人民法院强制执行合伙人的财产份额。人民法院强制执行合伙人的财产份额时，应当通知全体合伙人，其他合伙人有优先购买权，选项 D 错误，选项 B 正确。

17. 参考答案：D

考点：本题考查独立董事人数不得少于董事人数的 1/4 的情形。证券公司有以下情形之一的，独立董事人数不得少于董事人数的 1/4：

（1）董事长、经营管理的主要负责人由同一人担任；

（2）内部董事人数占董事人数的 1/5 以上；

（3）中国证监会认定的其他情形。

18. 参考答案：C

考点：本题考查证券公司治理中对董事会的有关规定。证券公司董事会每年至少召开两次会议。

19. 参考答案：D

考点：本题考查有限合伙企业财产份额的外部转让。有限合伙人可以按照合伙协议的约定向合伙人以外的人转让其在有限合伙企业中的财产份额，但应当提前 30 日通知其他合伙人。

20. 参考答案：C

考点：本题考查证券公司信息隔离墙制度中内幕信息的基本概念。该证券公司接受了一项 30 万元的政府补助，不会对该证券公司的市场价格产生重大影响，并且属于已经公开的信息，所以选项 C 不属于内幕信息。

21. 参考答案：D

考点：本题考查客户回访和投诉处理环节以及收费环节的规范要求。证券投资顾问费用应当以公司账户收取。禁止证券公司、证券投资咨询机构及其人员以个人名义向客户收取证券投资顾问服务费用，选项 D 错误。

22. 参考答案：C

考点：本题考查证券公司风险控制指标管理基本规定。

23. 参考答案：C

考点：本题考查财务顾问的业务资格。选项 A、B 的时间都应该是最近 24 个月内。

24. 参考答案：D

考点：本题考查债券交易的条件和方式。证券交易当事人依法买卖的证券，必须是依法发行并交付的证券。选项 A 错误。非依法发行的证券，可以进行买卖。依法发行的股票、债券及其他证券，法律对其转让期限有限制性规定的，在限定的期限内不得买卖。选项 B 错误。依法公开发行的股票、公司债券及其他证券，应当在依法设立的证券交易所上市交易或者在国务院批准的其他证券交易所转让，选项 C 错误。证券在证券交易所上市交易，应当采用公开的集中交易方式或者国务院证券监督管理机构批准的其他方式。选项 D 正确。

25. 参考答案：A

考点：证券基金经营机构应当履行主动管理职责，自主作出投资决策，不得委托提供港股投资顾问服务的香港机构直接执行投资指令。

26. 参考答案：C

考点：本题考查“荐股软件”的投资咨询服务功能。“荐股软件”可以向投资者提供具体证券投资品种的买卖时机建议。

27. 参考答案：D

考点：上市公司就并购重组事项出具盈利预测报告的，在相关并购重组活动完成后，凡不属于上市公司管理层实现无法获知且事后无法控制原因，上市公司或者购买资产实现的利润未达盈利预测报告或者资产评估报告预测金额 80% 的，中国证监会责令财务顾问及其财务顾问主办人在股东大会及中国证监会指定报刊上公开说明未实现盈利预测的原因并向股东和社会公众道歉。利润实现数未达到盈利预测 50% 的，中国证监会可以同时对财务顾问及其财务顾问主办人采取监管谈话、出具警示函、责令定期报告等监管措施。

28. 参考答案：C

考点：本题考查证券公司从事相关证券业务的净资本标准。

29. 参考答案：C

考点：本题考查风险控制指标不符合规定标准的监管措施。

30. 参考答案：B

考点：本题考查《证券投资基金法》的规定。《证券投资基金法》第一百二十五条规定，未经核准，擅自从事基金托管业务的，责令停止，没收违法所得，并处违法所得 1 倍以上 5 倍以下罚款；没有违法所得或者违法所得不足 100 万元的，并处 10 万元以上 100 万元以下罚款；对直接负责的主管人员和其他直接责任人员给予警告，并处 3 万元以上 30 万元以下罚款。

31. 参考答案：C

考点：保荐代表人应当恪守独立履行职责的原则，不因迎合发行人或者满足发行人的不当要求而丧失客观、公正的立场。

32. 参考答案：C

考点：本题考查债券存续期间重大事件的披露，发行人当年累计新增借款或对外提供担保超过上年末净资产的20%，将指认定为债券存续期间需要披露的重大事项。

33. 参考答案：D

考点：本题考查非金融企业债务融资工具发行业务的一般规定。债务融资工具在中央国债登记结算有限责任公司登记、托管、结算。

34. 参考答案：D

考点：本题考查全面风险管理的责任主体。

35. 参考答案：B

考点：本题考查《证券投资基金法》第二十三条及第一百二十四条的规定。基金管理人的股东、实际控制人未按照国务院证券监督管理机构的规定及时履行重大事项报告义务的，没收违法所得，并处违法所得1倍以上5倍以下罚款。

36. 参考答案：D

考点：本题考查业务规则在主办券商管理方面的要求。

37. 参考答案：B

考点：证券公司委托其他证券公司或者基金管理公司进行证券投资管理，且投资规模合计不超过其净资本80%的，无须取得证券自营业务资格。

38. 参考答案：B

选项D，私募基金子公司及其下设特殊目的机构可以以现金管理为目的管理闲置资金，但应当坚持有效控制风险、保持流动性的原则。

39. 参考答案：A

考点：独立董事最多可以在2家证券公司担任独立董事。

40. 参考答案：C

考点：本题考查证券公司将子公司的风险管理纳入统一体系的要求。

41. 参考答案：C

考点：资产管理产品按照投资性质不同，分为固定收益类产品、权益类产品、商品及金融衍生品类产品和混合类产品，其中固定收益类产品投资于存款、债券等债权类资产的比例不低于60%。

42. 参考答案：C

考点：本题考查非金融机构开展基金托管业务的条件。

43. 参考答案：B

考点：境内机构投资者开展境外证券投资业务时，应当由具有证券基金托管资格的银行负责资产托管业务。托管人应当符合最近一个会计年度实收资本不少于10亿美元或托管资产规模不少于1 000亿美元或等值货币。

44. 参考答案：B

考点：本题考查全国股份转让系统的自律监管措施。

45. 参考答案：D

考点：中国证券业协会对证券公司另类子公司的自律管理措施。证券公司另类子公司应当于每月结束后10个工作日内编制并向中国证券业协会报送另类投资业务月度报表；证券公司另类子公司应当于每年结束后4个月内编制并向中国证券业协会报送另类投资业务年度报表。

46. 参考答案：B

考点：本题考查《证券法》第二百零三条的规定，违反本法规定，操纵证券市场的，责令依法处理非法持有的证券，没收违法所得，并处以违法所得1倍以上5倍以下的罚款；没有违法所得或者违法所得不足30万元的，处以30万元以上300万元以下的罚款。

47. 参考答案：B

考点：本题考查证券公司流动性风险限额管理的基本要求。

48. 参考答案：C

考点：本题考查《最高人民检察院　公安部关于公安机关管辖的刑事案件立案追诉标准的规定（二）》第四十条的规定。背信运用受托财产涉嫌下列情形之一的，应予立案追诉：

（1）擅自运用客户资金或者其他委托、信托的财产数在30万元以上的；

（2）虽未达到上述数额标准，但多次擅自运用客户资金或者其他委托、信托的财产，或者擅自运用多个客户资金或者其他委托、信托的财产的；

（3）其他情节严重的情形。

49. 参考答案：C

考点：本题考查《最高人民检察院　公安部关于公安机关管辖的刑事案件立案追诉标准的规定（二）》第二十八条的规定，个人非法吸收公众存款或者变相吸收公众存款数额在20万元以上的，应予立案追诉。

50. 参考答案：A

选项B：考查《信息披露违法行为行政责任认定规则》第二十条的规定。在信息披露违法行为被发现前，及时主动要求公司采取纠正措施或者向证券监管机构报告的。

选项C：考查《信息披露违法行为行政责任认定规则》第二十一条的规定。当事人在信息披露违法事实所涉及期间，由于不可抗力、失去人身自由等无法正常履行职责的，不予行政处罚考虑。

选项D：考查《信息披露违法行为行政责任认定规则》第二十三条的规定。在信息披露违法案件中变造、隐瞒、毁灭证据，或者提供伪证，妨碍调查的，应当从重处罚。

51. 参考答案：C

考点：本题考查法律关系的分类。双边法律关系是指在特定的双方法律主体之间存在的权利义务关系，如民事借贷中的债权、债务法律关系、民事诉讼中的原告、被告之间的诉讼法律关系；多边法律关系是指在三个或三个以上法律主体之间存在的权利义务关系，如股份有限公司各股东之间的法律关系、劳务派遣中的劳务派遣法律关系。

52. 参考答案：B

考点：证券公司对顾客负有诚信义务，不得侵犯客户的财产权、选择权、公平交易权、知情权及其他合法权益。证券公司不得挪用客户交易结算资金，不得挪用客户委托管理的资产，不得挪用客户托管在公司的证券。证券公司的股东和实际控制人不得占用客户资产，损害客户合法权益。

53. 参考答案：C

考点：本题考查证券公司与股东之间关系的特别规定。证券公司的股东应当依法维护证券公司的独立性；不得开展业务竞争；证券公司不得持有股东的股权；证券公司不得向股东输送不当利益；股东不得违规占用公司资产。

54. 参考答案：A

考点：本题考查《证券公司开立客户账户规范》中作出的客户账户开立总体要求。选项④属于证券公司委托证券经纪人开展证券经纪业务营销的要求。

55. 参考答案：C

考点：本题考查证券投资顾问业务和发布证券研究报告的区别。证券投资顾问在了解客户的基础上，依据合同约定，向特定的客户提供适当的、有针对性的操作投资建议。证券研究报告操作上向不特定的客户发布，提供证券估值等研究结果，关注证券定价，不关注买卖时机选择等具体的操作性投资建议。

56. 参考答案：D

考点：本题考查发布证券研究报告业务关键环节的规范要求。

证券公司、证券投资咨询机构发布的证券研究报告，应当载明下列事项：

（1）“证券研究报告”字样。

（2）证券公司、证券投资咨询机构名称。

（3）具备证券投资咨询业务资格的说明。

（4）署名人员的证券投资咨询执业资格证书编码。

（5）发布证券研究报告的时间。

（6）证券研究报告采用的信息和资料来源。

（7）使用证券研究报告的风险提示。

57. 参考答案：C

考点：本题考查证券投资顾问的禁止行为。向客户提供适当的建议服务属于证券投资顾问执业行为准则。

58. 参考答案：C

考点：本题考查公司设立登记的要求。以发起设立方式设立股份有限公司的，发起人书面认足公司章程规定其认购的股份，并按照公司章程缴纳出资。发起人在认足出资后，应当选举董事会和监事会，由董事会向公司登记机关报送公司章程及法律、行政法规规定的其他文件，申请设立登记。

59. 参考答案：B

考点：本题考查证券公司董事会的设置、议事规则等有关规定。董事会会议应当制作会议记录，并且可以录音；董事会表决有关联交易的议案时，与交易对方有关联关系的董事应当回避。

60. 参考答案：A

考点：本题考查董事会专门委员会的有关要求。

61. 参考答案：D

考点：本题考查合格投资者的条件资质，选项①②③④均正确。

62. 参考答案：C

考点：本题考查证券发行与承销信息披露的有关规定，在债券有效存续期间，应当每年至少向市场公布一次定期跟踪评级报告。

63. 参考答案：C

考点：本题考查证券公司与客户关系的基本原则。不得开展业务竞争是证券公司与股东之间关系的特别规定。

64. 参考答案：D

考点：本题考查合伙企业清算程序。清算人自被确定之日起 10 日内通知债权人，并于 60 日内在报纸上公告；债权人自接到通知书之日起 30 日内，未接到通知书的自公告之日起 45 日内，向清算人申报债权。选项 D 正确。

65. 参考答案：D

考点：本题考查公开发行的定义。有下列情形之一的，为公开发行：

（1）向不特定对象发行证券的；

（2）向特定对象发行证券累计超过200人的；

（3）法律、行政法规规定的其他发行行为。

66. 参考答案：D

考点：中国证监会同意注册后，发行人与主承销商应当及时向上海证券交易所报备发行与承销方案。上海证券交易所5个工作日内无异议的，发行人与主承销商可依法刊登招股意向书，启动发行工作。

67. 参考答案：D

考点：本题考查证券公司投资银行类业务的主要内容。受托投资管理业务不属于投资银行类业务。

68. 参考答案：B

考点：本题考查证券公司董事会合规管理职责的主要内容。组织制定规章制度，并监督其实施属于经营管理主要负责人的合规管理职责；对发生重大合规风险负有主要责任或者领导责任的董事、高级管理人员提出罢免的建议属于监事会或监事的合规管理职责。

69. 参考答案：D

考点：本题考查证券自营业务的具体操作要求，选项①②③④均正确。

70. 参考答案：A

考点：本题考查证券公司从事客户资产管理业务的禁止性行为。选项④应该是禁止将资产管理业务与其他业务混合操作。

71. 参考答案：A

考点：本题考查《期货交易管理条例》的规定，期货交易所内部管理制度包括期货交易所人员任命的禁止性规定、建立健全内控制度、市场异常情况的处理及报告机制、相关事项的事先审批机制、所得收益的使用规范和发布行情信息。

72. 参考答案：A

考点：本题考查证券公司合规报告的内容规定。

73. 参考答案：D

考点：本题考查金融机构应当履行的管理人职责，选项①②③④均正确。

74. 参考答案：D

考点：本题考查股票期权业务相关知识。选项②③为证券公司可以从事的业务。

75 参考答案：A

考点：本题考查证券公司在区域股权市场提供业务服务的相关规定。

76. 参考答案：D

考点：本题考查证券公司信息隔离墙制度中内幕信息的基本概念。公司实际控制人的董事发生变动，不会对该证券公司的市场价格产生重大影响，并且属于已经公开的信息，所以选项 C 不属于内幕信息。

77. 参考答案：B

考点：私募基金募集业内管理规定。私募基金募集机构在开展私募基金募集业务过程中违反规定的，中国证券投资基金业协会可以视情节轻重对募集机构采取要求限期改正、行业内谴责、加入黑名单、公开谴责、暂停受理或办理相关业务、撤销管理人登记等纪律处分。

78. 参考答案：C

考点：本题考查《证券法》第一百二十五条的规定，证券公司经营证券经纪、证券投资咨询及与证券交易、证券投资活动有关的财务顾问三项业务的，注册资本最低限额为人民币 5 000 万元。

79. 参考答案：A

考点：本题考查证券公司监督管理中检查的有关规定，检查的对象不包括为证券公司提供服务的证券服务机构的银行账户。

80. 参考答案：D

考点：本题考查证券公司风险控制指标体系中主要的风险控制指标。

81. 参考答案：A

考点：本题考查风险控制指标不符合规定标准的监管措施指标。

82. 参考答案：C

考点：公募基金向公众发布宣传推介材料的相关要求。基金宣传推介材料必须 、准确，与基金合同、基金招募说明书相符，不得预测基金的证券投资业绩；基金代销机构同时销售多只基金时，不得有歧视性宣传推介活动和销售政策；不得登载单位或者个人的推荐性文字。

83. 参考答案：A

考点：本题考查在全国股份转让系统申请挂牌的公司需要满足的条件。必须履行披露义务，所披露的信息应当真实、准确、完整。

84. 参考答案：B

考点：证券公司对顾客负有诚信义务，不得侵犯客户的财产权、选择权、公平交易权、知情权及其他合法权益。证券公司不得挪用客户交易结算资金，不得挪用客户委托管理的资产，不得挪用客户托管在公司的证券。证券公司的股东和实际控制人不得占用客户资产，损害客户合法权益。

85. 参考答案：C

考点：本题考查股票质押式回购的相关规则。证券公司应建立健全融入方资质审查制度。融入方不得为金融机构或从事贷款业务的其他机构。证券公司及其资产管理子公司管理的公开募集集合资产管理计划不得作为融出方参与股票质押回购。

86. 参考答案：B

考点：本题考查证券金融公司的风险控制指标规定。融出的每种证券余额不得超过该证券上市可流通市值的10%。

87. 参考答案：D

考点：本题考查对经营混乱情形进行责令限期整改的监督管理措施，上述内容皆是相应的监管措施。

88. 参考答案：C

考点：本题考查确定普通投资者风险承受能力的主要因素。

89. 参考答案：A

考点：本题考查从事证券业务的专业人员范围。按照《证券业从业人员资格管理办法》，从事证券业务的专业人员，是指证券公司中从事自营、经纪、承销、投资咨询、受托投资管理等业务的专业人员，包括：相关业务部门的管理人员；基金管理公司、基金托管机构中从事基金销售、研究分析、投资管理、交易、监察稽核等业务的专业人员，含相关业务部门的管理人员；基金销售机构中从事基金宣传、推销、咨询等业务的专业人员，含相关业务部门的管理人员；证券投资咨询机构中从事证券投资咨询业务的专业人员及其管理人员；证券资信评估机构中从事证券资信评估业务的专业人员及其管理人员；中国证监会规定需要取得从业资格和执业证书的其他人员。

90. 参考答案：B

考点：本题考查金融机构资产管理业务的相关规范。固定收益类产品的分级比例不得超过3:1，权益类产品的分级比例不得超过1:1，商品及金融衍生品类产品、混合类产品的分级比例不得超过2:1。

91. 参考答案：D

考点：考查原始权益人的相关职责。选项①属于管理人的职责。

92. 参考答案：C

考点：本题考查从业人员申请执业证书的条件。申请从事一般证券业务的人员，必须最近 3 年未受过刑事处罚。

93. 参考答案：D

考点：本题考查申请从事一般证券业务应当具备的条件，选项③是证券从业人员应当遵守的要求。

94. 参考答案：B

考点：本题考查科创板证券出借业务的主要规则。科创板证券出借的标的证券范围，与上海证券交易所公布的可融券卖出的科创板标的范围一致，选项③错误。

95. 参考答案：B

考点：本题考查《最高人民检察院　公安部关于公安机关管辖的刑事案件立案追诉标准的规定（二）》第三十八条的规定。诱骗投资者买卖证券、期货合约，涉嫌下列情形之一的，应予立案追诉：

（1）获利或者避免损失数额累计在 5 万元以上的；

（2）造成投资者直接经济损失数额在 5 万元以上的；

（3）致使交易价格和交易量异常波动的；

（4）其他造成严重后果的情形。

96. 参考答案：D

考点：本题考查《最高人民检察院　公安部关于公安机关管辖的刑事案件立案追诉标准的规定（二）》第三十六条的规定。利用未公开信息交易案，涉嫌下列情形之一的，应予立案追诉：

（1）证券交易成交额累计在 50 万元以上的；

（2）期货交易占用保证金数额累计在 30 万元以上的；

（3）获利或者避免损失数额累计在 15 万元以上的；

（4）多次利用内幕信息以外的其他未公开信息进行交易活动的；

（5）其他情节严重的情形。

97. 参考答案：D

考点：本题考查《最高人民检察院　公安部关于公安机关管辖的刑事案件立案追诉标准的规定（二）》第三十九条的规定，单独或者合谋，持有或实际控制证券的流通股份数达到该证券的实际流通股份总量 30% 以上，且在该证券连续 20 个交易日内联合或者连续买卖股份数累计达到该证券同期总成交量 30% 以上的，应予立案追诉。

98. 参考答案：C

考点：本题考查《证券公司监督管理条例》第十条的规定。有下列情形之一的单位和个人不得成为持有证券公司5%以上股东、实际控制人：

（1）因故意犯罪被判处刑罚，刑罚执行完毕未愈3年；

（2）净资产低于实收资本的50%，或者或有负债达到净资产的50%；

（3）不能清偿到期债务。

99. 参考答案：B

考点：符合下列情形之一的，为公开发行证券：

（1）向不特定对象发行证券的；

（2）向特定对象发行证券累计超过200人的；

（3）法律、行政法规规定的其他发行行为。

100. 参考答案：C

考点：本题考查《刑法》第一百七十九条的规定，未经国家有关主管部门批准，擅自发行股票或者公司、企业债券，数额巨大、后果严重或者有其他严重情节的，处5年以下有期徒刑或者拘役，并处或者单处非法募集资金金额1%以上5%以下罚金。单位犯该罪的，对单位处以罚金，并对其直接负责的主管人员和其他直接责任人员，处5年以下有期徒刑或者拘役。

《证券市场基本法律法规》模拟试卷九

一、单选题（共50题，每题1分，共50分。以下各选项中，只有一项符合题目要求，不选、错选均不得分）

1. 退伙，是指合伙企业存续期间，合伙人因特定情形发生而退出合伙企业，失去合伙人资格的法律事实或法律行为。实践中，退伙的情形不包括（　　）。

A. 法定退伙　　　　B. 除名退伙

C. 事实退伙　　　　D. 自愿退伙

2. 依法设立的公司，由公司登记机关发给公司营业执照。公司营业执照签发日期为（　　）。

A. 公司成立日　　　　B. 董事会报送登记申请日

C. 公司开始营业日　　　　D. 发起人认足股份日

3. 证券公司在证券自营账户与证券资产管理账户之间或者不同的证券资产管理账户之间进行交易，且无充分证据证明已依法实现有效隔离的，对直接负责的主管人员和其他直接责任人员，给予警告，并处以3万元以上（　　）万元以下的罚款；情节严重的，撤销任职资格或者证券从业资格。

A. 5　　　　B. 10

C. 20　　　　D. 30

4. 按照《证券公司监督管理条例》第二十八条的规定，证券公司为证券资产管理客户开立的证券账户，应当自开户之日起（　　）个交易日内报证券交易所备案。

A. 1　　　　B. 2

C. 3　　　　D. 5

5. 经中国人民银行核准发行的金融债券的，发行人应于每期金融债券发行前（　　）个工作日披露募集说明书和发行公告。

A. 3　　　　B. 5

C. 7　　　　D. 10

6. 甲有限合伙企业成立于20×7年3月，顾某为普通合伙人，丁某为有限合伙人。20×8年3月，潘某与甲公司签订《借款协议》约定，甲公司从潘某处借款800万元。20×9年5月，甲的合伙人变更为乙公司（普通合伙人）和丙公司（有限合伙人），同时，顾某和丁某退休。后因甲迟迟不归还800万元借款及利息，潘某提起诉讼。下列说法错误的是（　　）。

A. 顾某作为甲公司普通合伙人，对该项债务承担无限责任

B. 丁某作为原有限合伙人已经退休，不再承担该项债务责任

C. 乙公司作为甲公司的新普通合伙人，应当对该项债务承担无限责任

D. 丙公司作为甲公司的新有限合伙人，对入伙前的该项债务以其认缴的出资额为限承担责任

7. 按照《证券公司监督管理条例》和《证券法》的要求，以下关于证券公司治理的基本要求中有关不得侵犯客户合法权益的说法，错误的是（　　）。

A. 证券公司不得挪用客户交易结算资金

B. 证券公司不得挪用客户委托管理的资产

C. 证券公司可以根据实际情况将客户托管在公司的证券挪用

D. 证券公司的股东和实际控制人不得占用客户资产，损害客户合法权益

8. 下列说法错误的是（　　）。

A. 具备证券自营业务资格的证券公司可以从事金融衍生品交易

B. 不具备证券自营业务资格的证券公司只能以对冲风险为目的，从事金融衍生品交易

C. 证券公司委托其他证券公司或者基金管理公司进行证券投资管理，且投资规模合计不超过其净资本90%的，无须取得证券自营业务资格

D. 具备证券自营资格资质的证券公司可以设立子公司，从事《证券公司证券自营投资品种清单》所列品种以外的金融产品等投资

9. 证券公司经营经纪业务的，其净资本不得低于人民币（　　）。

A. 1 000万元　　　　B. 2 000万元

C. 5 000万元　　　　D. 1亿元

10. 证券账户应当主动申请注销的情形，不包括（　　）。

A. 发生自然人投资者死亡的

B. 法人以及合伙企业等非法人组织因依法被解散导致主体资格丧失、产品到期的

C. 法人以及合伙企业等非法人组织因依法被破产清算等原因导致主体资格

丧失、产品到期或其他终止情形的

D. 特殊机构与产品开户后3个月内出现没有进行交易、产品终止、合同失效或被撤销等情形的

11. 企业发行债务融资工具应在（　　）注册。

A. 中国人民银行　　B. 中国银行间市场交易商协会

C. 全国银行间同业拆借中心　　D. 中央国债登记结算有限责任公司

12. 按照《证券公司全面风险管理规范》的要求，（　　）承担全面风险管理的最终责任。

A. 监事会　　B. 经理层

C. 董事会　　D. 各业务部门、分支机构和子公司

13. 下列说法中，不符合内幕交易禁止性规定的是（　　）。

A. 内幕交易行为给投资者造成损失的，行为人应当依法承担赔偿责任

B. 禁止证券交易内幕信息的知情人和非法获取内幕信息的人利用内幕信息从事证券交易活动

C. 证券交易内幕信息的知情人和非法获取内幕信息的人，在内幕信息公开前，不得买卖该公司的证券

D. 证券交易内幕信息的知情人和非法获取内幕信息的人，在内幕信息公开前，不得买卖该公司的证券，但可以私人的身份建议他人买卖该证券

14. 证券公司未按照规定存放、管理客户的交易结算资金、委托资金和客户担保账户内的资金、证券的，责令改正，给予警告，没收违法所得，并处以违法所得1倍以上（　　）倍以下的罚款。

A. 3　　B. 5

C. 7　　D. 10

15. 下列说法错误的是（　　）。

A. 金融证券是指依法在中华人民共和国境内设立的金融机构法人在全国银行间债券市场发行的，按约定还本付息的有价证券

B. 金融债券的投资风险由投资者自行承担

C. 未经中国证监会批准，任何金融机构不得擅自发行金融债券

D. 金融债券可在全国银行间债券市场公开发行或定向发行

16. 按照《证券公司合规管理实施指引》的要求，某证券公司设立合规部门，作为合规负责人王某领导的办事机构承担合规管理职责。以下关于合规部门的说法中错误的是（　　）。

A. 合规部门对王某负责

B. 合规部门不得承担与合规管理相冲突的其他职责

C. 证券公司应当将合规部门与承担稽核、风控、内审、法务职责相关的部门进行区分

D. 合规部门中具备3年以上证券、金融、法律、会计、信息技术等有关领域工作经历的合规管理人员数量不得低于公司总部人数的1. 5%，且不得少于3人

17. 按照《证券公司风险控制指标计算标准规定》，证券公司自营业务，持有一种权益类证券的成本不得超过净资本的（　　）。

A. 20%　　B. 30%

C. 50%　　D. 100%

18. 托管机构挪用托管客户金融债券，取得违法所得35万元，则中国人民银行应对其采取（　　）。

A. 没收违法所得

B. 没收违法所得，并处违法所得1倍以上3倍以下罚款

C. 没收违法所得，并处违法所得1倍以上5倍以下罚款

D. 处50万元以上200万元以下罚款

19. 下列有关公积金的说法，错误的是（　　）。

A. 公司的公积金可以用于扩大公司生产经营

B. 公司的法定公积金不足弥补以前年度亏损的，在提取法定公积金之前，应当先用当年利润弥补亏损

C. 资本公积金可以用于弥补亏损

D. 公司的公积金可以转增资本

20. 证券（股票类）发行规模达到一定数量的，可以采用联合保荐，但参与联合保荐的保荐机构不得超过（　　）家。

A. 2　　B. 3

C. 4　　D. 5

21. 未经批准发行或者变相发行公司债券的，以及未通过证券经营机构发行企业证券的，责令停止发行活动，退还非法所筹资金，处以相当于非法所筹资金金额（　　）以下的罚款。

A. 5%　　B. 10%

C. 15%　　D. 20%

22. 如果偏离5%或以上的产品数超过所发行产品总数的（　　），金融机构不得再发行以摊余成本计量金融资产的资产管理产品。

A. 3%　　　　B. 5%

C. 7%　　　　D. 10%

23. 下列说法错误的是（　　）。

A. 证券投资顾问业务与发布证券研究报告的立场不同

B. 证券投资顾问业务与发布证券研究报告的服务方式和内容不同

C. 证券投资顾问业务与发布证券研究报告的服务对象有所不同

D. 在服务流程上，证券投资顾问服务一般是证券研究报告的重要基础

24. 上市公司、证券公司、证券交易所、证券登记结算机构、证券服务机构，隐匿、伪造、篡改或者毁损有关文件和资料的，给予警告，并处以（　　）罚款。

A. 3 万 ~ 30 万元　　　　B. 4 万 ~ 40 万元

C. 30 万 ~ 60 万元　　　　D. 40 万 ~ 60 万元

25. （　　）可以对保荐机构及其保荐代表人从事保荐业务的情况进行定期或不定期现场检查。

A. 中国人民银行　　　　B. 财政部

C. 中国证监会　　　　D. 国务院

26. 证券公司的组织架构划分为（　　）。

A. 三会一课　　　　B. 三会一层

C. 三会　　　　D. 三会两制

27. 擅自从事公开募集基金的基金服务业务的，责令改正，没收违法所得，并处违法所得 1 倍以上 5 倍以下罚款；没有违法所得或者违法所得不足 30 万元的，并处（　　）罚款。

A. 30 万元以上 60 万元以下　　　　B. 3 万元以上 30 万元以下

C. 3 万元以上 10 万元以下　　　　D. 10 万元以上 30 万元以下

28. 证券公司应当建立合理的内部控制监督、检查与评价机制，确保内部控制的有效性。下列关于董事会、监事会、经理人员等各层级内部控制职责的说法错误的是（　　）。

A. 董事会对内部控制的有效性负最终责任，每年至少进行一次全面的内部控制检查评价工作，并形成相应的专门报告

B. 监事会应对董事会、经理人员履行职责的情况进行监督，督促其及时纠正内部控制缺陷

C. 证券公司有保密限制的专项会议只能有特定层级人员参加，专门负责证券公司内部控制的监督、检查与评价工作的高级管理人员和监督检查部门的负责

人不得列席该类保密会议

D. 负责监督检查部门的高级管理人员不得监管业务部门

29. 关于证券公司的股东、控股股东、实际控制人不得开展业务竞争的描述中，正确的是（　　）。

A 控股占比 5% 以下的小股东可以开展同业竞争

B 控股股东的关联方有义务采取有效措施防止与其所控制的证券公司发生业务竞争

C 控股股东应当采取有效措施监控是否有其他控股股东损害公司利益的行为

D 证券公司控股其他证券公司的，可以损害所控股的证券公司的利益

30. 证券公司流动性风险管理应遵循（　　）原则。

A. 全面性、审慎性和合规性　　B. 全面性、独立性和合规性

C. 全面性、审慎性和预见性　　D. 全面性、独立性和预见性

31. 以下属于投资银行类业务内部控制的是（　　）。

A. 项目组诚实守信、勤勉尽责开展执业活动，业务部门加强对业务人员的管理，确保其规范执业

B. 建立相关部门、相关岗位之间相互制衡、监督的防线

C. 建立重要一线岗位双人、双职、双责为基础的防线

D. 建立独立的监督检查部门对各项业务、各部门、各分支机构、各岗位全面实施监控、检查和反馈的防线

32. 上市公司就并购重组事项出具盈利预测报告的，在相关并购重组活动完成后，凡不属于上市公司管理层实现无法获知且事后无法控制原因，上市公司或者购买资产实现的利润未达盈利预测报告或者资产评估报告预测金额（　　）的，中国证监会责令财务顾问及其财务顾问主办人在股东大会及中国证监会指定报刊上公开说明未实现盈利预测的原因并向股东和社会公众道歉。

A. 90%　　B. 80%

C. 60%　　D. 50%

33. 按照《刑法》第一百八十一条的规定，故意提供虚假信息或者伪造、变造、销毁交易记录，诱骗投资者买卖证券、期货合约，造成严重后果的，处（　　）年有期徒刑或者拘役，并处或者单处（　　）万元以上 10 万元以下罚金。

A. 3；1　　B. 5；5

C. 5；1　　D. 3；5

34. 最近 1 年末净资产不低于（　　）万元，最近 1 年末金融资产不低于

（　　）万元，且具有1年以上证券、基金、期货、黄金、外汇等投资经历的除专业投资者外的法人或其他组织的普通投资者可以申请转化成为专业投资者。

A. 500；500　　B. 1 000；500

C. 500；1 000　　D. 1 000；1 000

35. 下列说法中正确的是（　　）。

A. 被动知悉内幕消息，可以向客户或投资者提供分析、预测或建议

B. 预测证券市场、证券品种的走势或者就投资证券的可行性进行建议时需有充分的理由和依据，不得主观臆断

C. 证券投资分析报告、投资分析文章等形式的咨询服务产品可以适当提及投资者在具体证券品种上进行具体价位买卖等方面的内容

D. 证券投资咨询机构及其执业人员有权拒绝媒体对其所提供的稿件进行断章取义、做有损原意的删节和修改，并自提供之日起将其稿件以书面形式保存2年

36. 按照《刑法》规定，对集资诈骗罪和非法吸收公众存款罪的法律责任理解正确的是（　　）。

A. 以非法占有为目的，使用诈骗方法非法集资，数额较大的，处5年以下有期徒刑或者拘役，或单处20万元以下罚金

B. 以非法占有为目的，使用诈骗方法非法集资，数额特别巨大的，处10年以上有期徒刑或无期徒刑，并处5万元以上50万元以下罚金

C. 非法吸收公众存款，扰乱金融秩序的，处1万元罚金

D. 单位犯非法吸收公众存款罪，数额巨大的，处6年有期徒刑，并处罚金

37. 按照《证券期货投资者适当性管理办法》的要求，（　　）专业投资者指的是符合一定条件的专业投资者，即符合一定资产、财务规模并且具备一定投资知识和经验的投资者。此类投资者需提供相关证明材料，经经营机构核验属实的可以直接认定为专业投资者。

A. 第一类　　B. 第二类

C. 第三类　　D. 第四类

38. 财务顾问的工作底稿和工作档案应当真实、准确、完整，保存期不少于（　　）年。

A. 20　　B. 15

C. 10　　D. 5

39. 证券公司开展私募资产管理业务，应具备符合条件的高级管理人员和（　　）名以上投资经理。

A. 3　　B. 4

C. 5　　D. 6

40. 证券公司应对流动性风险实施限额管理，根据其业务规模、性质、复杂程度、流动性风险偏好和外部市场发展变化、监管要求等情况，设定流动性风险限额并对其执行情况进行监控。证券公司应至少（　　）对流动性风险限额进行一次评估，必要时进行调整。

A. 每两年　　B. 每年

C. 每半年　　D. 每季度

41（　　）对证券公司实施《证券公司全面风险管理规范》的情况进行自律管理，督促证券公司持续完善全面风险管理体系。

A. 中国银保监会　　B. 中国证监会

C. 中国人民银行　　D. 中国证券业协会

42. 按照《证券公司内部控制指引》的要求，证券投资顾问业务是证券公司、证券投资咨询机构接受客户委托，按照约定，向客户提供涉及证券及证券相关产品的投资建议服务，辅助客户作出投资决策，并直接或间接获取经济利益的经营活动。以下关于证券公司证券投资顾问业务内部控制的说法中正确的是（　　）。

A. 禁止以任何方式承诺或保证投资收益

B. 与客户签订证券投资顾问协议，按照公平、合理、自愿的原则，与客户协商并以书面或口头的方式约定收取费用收取安排

C. 证券投资顾问服务费应当以公司账户或者个人账户收取

D. 业务档案保存期限自协议开始之日起不得少于 5 年

43. 下列关于法的特征的描述，错误的是（　　）。

A. 法是调整人们的行为或社会关系的规范，具有规范性

B. 法是由国家制定或认可的社会规范，具有国家意志性

C. 法是以权利和义务为内容的社会规范

D. 法是依靠国家强制力来保障实施的规范，具有国家保障性

44. 证券公司泄露内幕信息，明示、暗示他人从事内幕交易活动，情节特别严重的，（　　）。

A. 处 5 年以下有期徒刑或者拘役，并处或单处违法所得 1 倍以上 5 倍以下罚金

B. 处 5 年上 10 年以下有期徒刑，并处违法所得 1 倍以上 5 倍以下罚金

C. 处 5 年上 10 年以下有期徒刑，并处违法所得 1 倍以上 10 倍以下罚金

D. 处5年以下有期徒刑或者拘役，并处或者单处1万元以上10万元以下的罚金

45. 按照《证券法》第二百零二条的规定，某负责承销的证券公司工作人员非法获取某证券发行的信息并在该信息公开前买卖该证券的，对其（　　），没收违法所得，违法所得不足（　　）万元的，处以3万元以上60万元以下的罚款。

A. 给予警告；10

B. 处3年以下有期徒刑或者拘役；5

C. 暂停或者撤销证券、基金从业资格；6

D. 责令依法处理非法持有的证券；3

46. 关于分级资产管理产品的说法错误的是（　　）。

A. 公募产品和开放式私募产品不得进行份额分级

B. 分级私募产品应当根据所投资资产的风险程度设定分级比例（优先级份额/劣后级份额，中间级份额计入优先级份额）

C. 固定收益类产品的分级比例不得超过3:1，权益类产品的分级比例不得超过2:1，商品及金融衍生品类产品、混合类产品的分级比例不得超过1:1

D. 发行分级资产管理产品的金融机构应当对该资产管理产品进行自主管理，不得转委托给劣后级投资者

47. 证券公司的证券自营账户，应当自开户之日起（　　）个交易日内，报证券交易所备案。

A. 3　　　　B. 5

C. 7　　　　D. 10

48. 证券评级机构未按照《证券法》规定披露信息，或者未对其所依据的文件资料内容的真实性、准确性、完整性进行核查和验证的，责令改正，予以警告，并处以（　　）的罚款。

A. 1万元以上3万元以下　　　　B. 1万元以上5万元以下

C. 3万元以上5万元以下　　　　D. 3万元以上10万元以下

49. 根据中国证券业协会《关于证券公司做好利益冲突管理工作的通知》，证券公司应当做好利益冲突管理工作，以下关于利益冲突管理说法有误的是（　　）。

A. 证券公司已采取信息隔离墙等措施，依然难以避免利益冲突的，应对实际存在的和潜在的利益冲突进行充分披露

B. 证券公司充分披露后仍难以有效处理利益冲突的，应当对存在利益冲突

的相关业务活动采取限制措施

C. 证券公司在对相关业务进行限制时，应当遵循客户利益优先和公平对待客户的原则

D. 证券公司有关业务决策机构必须统筹大局，可以不实行回避制度

50. 按照《刑法》第一百八十二条的规定，操纵证券、期货市场，情节严重的，处（　　）年以下有期徒刑或者拘役，并处或者单处罚金；情节特别严重的，处（　　）年以上10年以下有期徒刑，并处罚金。

A. 3；5　　　　B. 1；3

C. 5；8　　　　D. 5；5

二、多选题（共50题，每题1分，共50分。以下各选项中，至少有一项符合题目要求，不选、错选均不得分）

51. 下列事项中，属于有限责任公司董事会职权的有（　　）。

①决定公司的经营方针和投资计划

②决定公司的经营计划和投资方案

③执行股东会的决议

④制定公司的基本管理制度

⑤决定公司内部管理机构的设置

⑥制定公司的利润分配方案和弥补亏损方案

A. ①②④⑤⑥　　　　B. ②③④⑤

C. ①③④⑤⑥　　　　D. ②③④⑤⑥

52. 金融机构应当履行以下（　　）管理人职责。

①依法募集资金

②办理产品份额的发售和登记事宜

③办理产品登记备案或注册手续

④按照产品合同的约定确定收益分配方案

A. ①②③　　　　B. ②③④

C. ①②④　　　　D. ①②③④

53. 按照《证券公司合规管理实施指引》的要求，证券公司董事会、监事会或监事、经营管理主要负责人、其他高级管理人员、下属各单位负责人及其他工作人员均有自己的合规管理职责。其中，属于证券公司董事会的合规管理职责的是（　　）。

①组织制定规章制度，并监督其实施

②审议批准年度合规报告

③决定解聘对发生重大合规风险负有主要责任或者领导责任的高级管理人员

④决定聘任、解聘、考核合规负责人，决定其薪酬待遇

⑤对发生重大合规风险负有主要责任或者领导责任的董事、高级管理人员提出罢免的建议

⑥建立与合规负责人的直接沟通机制

A. ①②③④　　B. ②③④⑥

C. ①③④⑤　　D. ②③⑤⑥

54. 根据合伙人对合伙企业债务承担的责任不同，合伙企业可分为（　　）。

①个人合伙　　②普通合伙企业

③特殊普通合伙企业　　④有限合伙企业

A. ①②④　　B. ②③④

C. ①②③④　　D. ②④

55. 证券公司净资本或者其他风险控制指标不符合规定标准的，派出机构应当责令公司限期改正；证券公司未按期完成整改的，自整改期限到期的次日起，派出机构应当区别情形，对其采取下列措施（　　）。

①限制业务活动

②责令暂停部分业务

③限制向董事、监事、高级管理人员支付报酬、提供福利

④责令更换董事、监事、高级管理人员或者限制其权利

⑤责令控股股东转让股权或者限制有关股东行使股东权利

⑥认定董事、监事、高级管理人员为不适当人选

A. ①②③④⑤　　B. ②③④⑤⑥

C. ①③④⑤⑥　　D. ①②③④⑤⑥

56. 证券经营机构及其工作人员在落实执行投资者适当性管理的过程中，应当遵循以下（　　）原则。

①投资者利益优先　　②勤勉尽责

③客观性　　④有效性

⑤审慎性　　⑥差异性

A. ①②③④⑤　　B. ②③④⑤⑥

C. ①③④⑤⑥　　D. ①②③④⑥

57. 按照《证券经营机构投资者适当性管理实施指引（试行）》，适当性管理主要包括以下（　　）安排。

①全面了解客户　　②全面计算收益
③对产品或服务分级　　④适当性匹配
A. ①②③　　B. ①②④
C. ①③④　　C. ①②③④
58. 公司申请公司债券上市交易，下列条件中符合规定的有（　　）。
①累计债券余额不超过公司净资产的 20%
②公司债券的期限为 1 年以上
③公司债券发行额不少于人民币 5 000 万元
④公司申请债券上市时仍符合法定的公司债券发行条件
A. ①②④　　B. ②③④
C. ①②③④　　D. ①③④
59. 目前，证券业从业资格考试的入门资格考试科目包括（　　）。
①证券市场基本法律法规　　②投资银行业务
③金融市场基础知识　　④证券投资顾问业务
A. ①②　　B. ②④
C. ①③　　D. ②③
60. 标准化债权类资产应当同时满足以下条件（　　）。
①等分化，可交易
②信息披露充分，集中登记，独立托管
③公允定价，流动性机制完善
④在银行间市场、证券交易所市场等经国务院同意设立的交易场所交易
A. ①②　　B. ①②③
C. ①②③④　　D. ②③④
61. 金融资产符合（　　）的，可按照企业会计准则以摊余成本进行计量。
①资产管理产品为封闭式产品，且所投金融资产以收取合同现金流量为目的并持有到期
②资产管理产品为封闭式产品，且所投金融资产暂不具备活跃交易市场，或者在活跃市场中没有报价，也不能采用估值技术可靠计量公允价值
③资产管理产品为封闭式产品，所投资产具备活跃交易市场
④资产管理产品为封闭式产品，所投资产在活跃市场中有报价
A. ①②③　　B. ②③④
C. ①②　　D. ①②③④
62. 按照 2015 年 7 月中国证券业协会发布的《关于证券业从业人员资格考试

测试制度改革有关问题的通知》，证券业从业资格考试测试划分为（　　）三种类别。

①一般从业资格考试　②专项业务类资格考试

③管理类资格考试　④法律类资格考试

A. ①②③　B. ②③④

C. ①③④　D. ①②④

63. 审计委员会的主要职责有（　　）。

①监督年度审计工作

②提请聘任外部审计机构

③负责内部审计与外部审计之间的沟通

④对合规和风险管理的机构设置及其职责进行审议并提出意见

A. ①②③④　B. ①②④

C. ①②③　D. ②③④

64. 合格境外投资者业务资格应经中国证监会审批，应当具备的条件有（　　）。

①申请人的财务稳健，资信良好，资产管理规模、经营年限等符合中国证监会的规定

②拥有符合规定的具有境外投资管理相关经验的人员

③具有健全的治理结构和完善的内控制度，经营行为规范

④最近2年没有受到监管机构的重大处罚，没有重大事项正在接受司法部门、监管机构的立案调查

A. ①②④　B. ①②③

C. ①②③④　D. ①③④

65. 按照《证券期货经营机构及其工作人员廉洁从业规定》，各类证券期货经营机构及其工作人员在证券期货业务中不得（　　）。

①廉洁从业

②向客户输送不正当利益

③谋取不正当利益

④干扰或者唆使、协助他人干扰证券期货监督管理

A. ①②③　B. ②③④

C. ①③④　D. ①②④

66. 证券期货经营机构及其工作人员违反《证券期货经营机构及其工作人员廉洁从业规定》的，中国证监会可以采取（　　）法律责任。

①自律措施　　②行政监管措施
③党纪责任　　④政纪责任
⑤刑事责任
A. ①②③④⑤　　B. ①②③④
C. ①②③⑤　　D. ①②④⑤

67. 证券公司申请融资融券业务资格，应当向中国证监会提交下列材料，同时抄报住所地证监会派出机构（　　）。
①融资融券业务资格申请书
②股东会关于经营融资融券业务的决议
③融资融券业务方案
④负责融资融券业务的高级管理人员与业务人员的名册及资格证明文件
A. ①②③　　B. ①③④
C. ①②④　　D. ①②③④

68. 以下（　　）属于应重点监控的异常交易行为。
①可能对证券交易价格产生重大影响的信息披露，大量买入或卖出相关证券
②以同一身份证明文件、营业执照或其他有效证件开立的证券账户之间，大量或者频繁进行互为对手方的交易
③委托、授权给同一机构或者同一个人代为从事交易的证券账户之间，大量或者频繁进行互为对手方的交易
④两个或两个以上固定的或涉嫌关联的证券账户之间，大量或者频繁进行互为对手方的交易
A. ②③④　　B. ①③④
C. ①②④　　D. ①②③④

69. 从事证券经纪业务的人员违反《关于加强证券经纪业务管理的规定》，证监会及其派出机构可视情况采取的措施有（　　）。
①责令改正　　②监管谈话
③出具警示函　　④暂不受理与行政许可有关的文件
⑤责令处分有关人员　　⑥暂停核准新业务
A. ①②③④⑥　　B. ②③④⑤⑥
C. ①③④⑤　　D. ①②③④⑤⑥

70. 对于融资融券业务客户的征信调查包括（　　）。
①客户基本情况　　②财产与收入状况
③证券投资经验及风险偏好　　④诚信合规记录

A. ①②③　　B. ①③④
C. ①②④　　D. ①②③④

71. 证券经济人可以从事的活动包括（　　）。
①向客户介绍证券公司和证券市场的基本情况
②向客户介绍证券投资的基本知识
③向客户传递由证券公司统一提供的证券类金融产品宣传推介材料及有关信息
④向客户介绍开户、交易等业务流程
A. ①②③　　B. ②③
C. ①②③④　　D. ③④

72. 融资融券的标的证券为交易型开放式基金（ETF）的，应当符合下列条件（　　）。
①上市交易超过 5 个交易日的
②最近 5 个交易日内的日平均资产规模不低于 3 亿元
③基金持有户数不少于 2 000 户
④交易所规定的其他条件
A. ①②③　　B. ①③④
C. ②③④　　D. ①②③④

73. 下列说法正确的有（　　）。
①存托凭证是指有存托人签发、以境外证券为基础在中国境内发行、代表境外基础证券权益的证券
②存托凭证的境外基础证券发行人应当参与存托证券发行，依法履行发行人、上市公司的义务，承担相应的法律责任
③证券公司可以担任存托人
④存托人不能委托境外金融机构担任托管人
A. ①②③　　B. ①②④
C. ①③④　　D. ①②③④

74. 下列选项中，属于证券登记结算机构职能的有（　　）。
①证券的存管和过户
②证券交易所上市证券交易的清算和交收
③受发行人的委托派发证券权益
④证券账户、结算账户的设立
A. ①②④　　B. ②③④

C. ①②③④　　D. ①③

75. 基金销售人员应符合的资质要求有（　　）。

①基金管理公司的全部基金销售人员应取得从业资格

②证券公司总部及营业网点从事基金宣传推介、基金理财业务咨询活动的人员应取得基金销售人员从业考试成绩合格证

③证券公司总部及营业网点从事基金销售业务管理人员应取得从业资格

④商业银行总行、专业基金销售机构和证券投资咨询机构总部从事基金宣传推介、基金理财业务咨询活动的人员应取得基金销售人员从业考试成绩合格证

A. ①②③　　B. ①③④

C. ②③④　　D. ①②③④

76. 公司在进行清算时隐匿财产，对资产负债表或者财产清单作虚假记载或者在未清偿债务前分配公司财产的，由公司登记机关责令改正，对公司处于隐匿财产或者未清偿债务前分配公司财产金额（　　）的罚款；对直接负责的主管人员和其他直接负责人员处以（　　）的罚款。

①5% 以上 15% 以下　　②5% 以上 10% 以下

③3 万元以上 10 万元以下　　④1 万元以上 10 万元以下

A. ①③　　B. ②③

C. ①④　　D. ②④

77. 证券公司信用证券账户内的证券，出现以下（　　）等情形时，证券公司在计算客户维持保证金比例时，可以根据与客户的约定按照公允价格或其他定价方式计算其市值。

①被调出可充抵保证金证券范围

②被暂停交易

③被实施风险警示

④因权益处理等产生尚未到账的在途证券

A. ①②③　　B. ①③④

C. ②③④　　D. ①②③④

78. 证券投资咨询人员，主要包括（　　）。

①证券咨询顾问　　②证券投资顾问

③证券评估师　　④证券分析师

A. ①②　　B. ②③

C. ②④　　D. ①④

79. 按照《证券投资业务暂行规定》，证券公司、证券投资咨询机构从事证

券投资顾问业务，应当遵守的基本原则有（　　）。

①守法合规　②诚实信用

③忠实客户利益　④控制风险

A. ①②③　B. ①②④

C. ①③④　D. ①②③④

80. 证券金融公司开展转融通业务，应当以自己的名义，在商业银行开立转融通专用资金账户，在证券登记结算机构分别开立（　　）。

①转融通专用证券账户　②转融通担保资金账户

③转融通证券交收账户　④转融通资金交收账户

A. ①②　B. ①③

C. ③④　D. ②④

81. 证券公司经营经纪业务、证券资产管理业务、融资融券业务和证券承销与保荐业务中两种以上业务的，其董事会应当设立（　　）。

①薪酬与提名委员会　②审计委员会

③风险控制委员会　④董事会秘书

A. ①②④　B. ①②③

C. ①③④　D. ①②③④

82. 根据《证券法》，投资咨询机构及其从业人员从事证券服务业务不得有下列行为（　　）。

①买卖本咨询机构提供服务的上市公司股票

②代理委托人从事证券投资

③与委托人约定分享证券投资收益或者分担证券投资损失

④代理投资人从事证券、期权买卖

A. ①②④　B. ①②③

C. ②③④　D. ①③④

83. 下列说法正确的有（　　）。

①证券投资顾问基于特定客户的立场，遵循忠实客户利益原则，向客户提供适当的证券投资建议；证券分析师基于独立、客观的立场，对证券及证券相关产品的价值进行研究分析，撰写发布研究报告

②证券投资顾问服务于不特定的客户，证券研究报告操作上向特定用户发布，提供证券估值等研究结果

③证券投资顾问一般服务于普通投资者，证券研究报告一般服务于基金、QFII 等专业投资者

④证券投资顾问服务与特定客户的证券投资及其利益密切相关，但通常不会显著影响证券定价；证券研究报告向多个机构客户同时发布，对证券价格可能产生较大影响

A. ①②③　　B. ①②④

C. ①③④　　D. ②③④

84. 证券金融公司应当每个交易日公布（　　）。

①转融资余额　　②转融券余额

③转融通成交数据　　④转融通费率

A. ①②③　　B. ①③④

C. ②③④　　D. ①②③④

85. 基金财产债权债务独立性的意义，主要体现在（　　）。

①有利于保障基金财产的安全

②有利于保护基金份额持有人的合法权益

③有利于基金财产的稳定运作，提高基金的运作效率

④有利于维护基金财产的独立性

A. ①②④　　B. ②③④

C. ①②③④　　D. ①③④

86. 下列有关科创板转融券业务展期的说法正确的有（　　）。

①展期数量、期限、费率由借入人和出借人按照相关规定协商确定

②借入人和出借人协商提前了结的，双方可进行协商，分批提前了结该笔转融券业务

③借入人和出借人应在原合约到期日前的同一交易日向证券金融公司提交展期指令

④转融券展期的，相关权益补偿同时展期

A. ①②④　　B. ①③

C. ②③④　　D. ①②③④

87. 按照《刑法》第一百七十六条的规定，非法吸收公众存款或者变相吸收公众存款的，处以（　　）年以下有期徒刑或者拘役，并处或者单处（　　）万元以上（　　）万元以下罚金。

①2　　②3

③20　　④30

A. ①②③　　B. ①②④

C. ②②④　　D. ②①③

88. 资产托管机构办理资产管理资的产托管业务，应当履行（　　）职责。

①安全保管资产管理业务资产

②执行证券公司的投资或清算指令，并负责办理资产管理业务资产运营中的资金往来

③监督证券公司资产管理业务的经营运作，发现证券公司的投资或清算指令违反法律的，应当要求改正

④出具资产报告

A. ①②③　　B. ①②③④

C. ①②④　　D. ②③④

89. 按照《证券投资基金销售管理办法》，基金销售机构违反相关规定的，中国证监会及其派出机构可以责令改正，出具警示函暂停办理相关业务；对直接负责的主管人员和其他直接责任人员，可以采取的方式包括（　　）。

①监管谈话　　②出具警示函

③暂停履行职务　　④行政拘留

A. ①③④　　B. ②④

C. ①②③　　D. ①②③④

90. 证券咨询人员应当规范执业行为，遵守以下执业行为准则（　　）。

①证券投资咨询人员应当以行业公认的谨慎、诚实和勤勉尽责的态度，为投资人或者客户提供证券投资咨询服务

②证券投资咨询人员应当完整、客观、准确地运用有关信息、资料向投资人或者客户提供投资分析、预测和建议，不得断章取义地引用或者篡改有关信息、资料

③不得以虚假信息、市场传言或者内幕信息为依据向投资者或者客户提供投资分析、预测或建议

④证券投资咨询人员制作发布证券研究报告、提供相当服务，应当向客户进行必要的风险提示

A. ①②③　　B. ①②④

C. ①③④　　D. ①②③④

91. 证券公司与客户关系的基本原则有（　　）。

①保守客户秘密　　②履行法定信息披露义务

③完善客户沟通、投诉处理机制　　④不得挪用、侵占客户资金

⑤不得开展业务竞争　　⑥履行公司财务报告披露义务

A. ①②③④⑤　　B. ②③④⑤⑥

C. ①②③④⑥　　D. ①②④⑤⑥

92. 属于基金托管业务基本规范的有（　　）。

①资产独立　　②业务隔离

③资金存管　　④保值增值

⑤估值复核

A. ①②③④　　B. ①②③⑤

C. ①②④⑤　　D. ①②③④⑤

93. 下列各项中，（　　）应当在证券公司、证券投资咨询机构营业场所、中国证券业协会和公司网站予以公示。

①公司名称、地址、联系方式、投诉电话、证券投资咨询资格业务等

②证券投资顾问的姓名及其证券投资咨询执业资格编码

③证券投资顾问服务的内容和方式

④投资决策由客户作出，投资风险由客户承担，证券投资顾问不得代客户作出投资决策

A. ①②　　B. ③④

C. ①③④　　D. ①②③④

94. 按照《证券交易委托代理协议指引》的规定，以下（　　）属于客户可以委托证券公司代理的事项。

①接受并执行客户依照《证券交易委托代理协议》约定的方式下达的合法有效的委托指令

②代理客户进行资金、证券的清算、交收

③代理保管客户买入或存入的有价证券

④接受客户对其委托、成交及账户内的资产及变化情况的查询，并应客户的要求提供相应的清单

A. ①②③　　B. ①②③④

C. ①③④　　D. ①②④

95. 下列说法正确的有（　　）。

①自营业务必须以证券公司自身名义、通过专用自营席位进行，并由非自营业务部门负责自营账户的管理，包括开户、销户、使用登记等

②加强自营业务资金的调度管理和自营业务的会计核算，由非自营业务部门负责自营业务所需资金的调度

③完善可投资证券品种的投资论证机制，建立证券池制度，自营业务部门只能在确定的自营规模和可承受风险限额内，从证券池内选择证券进行投资

④建立健全自营业务运作止盈止损机制，止盈止损的决策、执行与实效评估应当符合规定的程序并进行书面记录

A. ①②③　　B. ①②④

C. ①③④　　D. ①②③④

96. 下列有关证券登记结算机构的说法正确的有（　　）。

①投资者委托证券公司进行证券交易，可以不开立证券账户

②证券登记结算机构不得挪用客户的证券

③证券登记结算机构应当按照规定，以投资者本人的名义为投资者开立证券账户

④证券登记结算机构按照业务规则收取的各类结算资金和证券，必须存放于专门的清算交收账户

A. ①③　　B. ②④

C. ①③④　　D. ②③④

97. 下列各项中，（　　）属于证券经纪业务相关的法律、法规。

①《证券法》　　②《证券公司监督管理条例》

③《证券登记结算管理办法》　　④《客户交易结算资金管理办法》

A. ①②　　B. ①④

C. ②③　　D. ①③

98. 沪港通和深港通的基本规则包括（　　）。

①订单设计　　②订单修改

③T+2 交收制度　　④额度控制

A. ①②③　　B. ①②④

C. ①③④　　D. ①②③④

99. （　　）及其直接负责的主管人员和其他直接责任人员有失诚信、违反法律、行政法规或者《证券发行与承销管理办法》规定的，中国证监会可以视情节轻重采取责令改正、监管谈话、出具警示函、责令公开说明、认定为不适当人选等监管措施。

①发行人　　②证券公司

③证券服务机构　　④投资者

A. ①②④　　B. ①②③④

C. ①③④　　D. ①②③

100. 下列关于证券经纪业务风险的说法正确的有（　　）。

①证券经纪业务的合规风险主要是指证券经纪公司在经纪业务活动中违反法

律、行政法规和监管部门规章及规范性文件、行业规范和自律规则等行为，可能使证券公司收到法律制裁、被采取监管措施、遭受财产损失或声誉损失的风险

②管理风险主要是指证券公司在经纪业务经营中由于管理制度不健全、内部控制不严，或工作人员有章不循、违规操作等而导致客户账户管理差错或违规、侵害客户权益、造成客户资产损失、引发客户纠纷，而使证券公司受到监管处罚或因承担赔偿责任遭受财产损失或声誉损失的风险

③技术风险主要是指证券公司信息技术系统发生技术故障，导致行情中断、交易停滞、银行转账不畅，或在容量、运作等方面不能保障交易业务正常、有序、高效、顺利地进行，从而可能给客户造成损失，证券公司因承担赔偿责任而带来的经济或声誉损失的风险

④技术风险主要来自于硬件设备和软件两个方面

A. ①②③　　B. ①②④

C. ①②③④　　D. ②③④

参考答案与解析

1. 参考答案：C

考点：本题考查合伙企业退伙。实践中，退伙包括自愿退伙、法定退伙和除名退伙三种情形。

2. 参考答案：A

考点：本题考查公司设立登记。公司营业执照签发日期为公司成立日。

3. 参考答案：B

考点：本题考查违反证券资产管理业务规定的法律责任。证券公司在证券自营账户与证券资产管理账户之间或者不同的证券资产管理账户之间进行交易，且无充分证据证明已依法实现有效隔离的，责令改正，给予警告，对直接负责的主管人员和其他直接责任人员，给予警告，并处以 3 万元以上 10 万元以下的罚款；情节严重的，撤销任职资格或者证券从业资格。

4. 参考答案：C

考点：本题考查《证券公司监督管理条例》第二十八条的规定。证券公司为证券资产管理客户开立的证券账户，应当自开户之日起 3 个交易日内报证券交易所备案。

5. 参考答案：A

考点：本题考查金融债券发行与承销信息披露的有关规定。经中国人民银行核准发行的金融债券的，发行人应于每期金融债券发行前 3 个工作日披露募集说明书和发行公告。

6. 参考答案：B

考点：本题考查合伙企业的债务清偿。根据《合伙企业法》第八十八条的规定，丁某作为原有限合伙人，以其退伙时从甲公司取回的财产承担责任。选项 B 错误。

7. 参考答案：C

考点：本题考查证券公司治理基本要求的有关规定。证券公司不得侵犯客户的合法权益，不得挪用客户托管在公司的证券。

8. 参考答案：C

考点：证券公司委托其他证券公司或者基金管理公司进行证券投资管理，且投资规模合计不超过其净资本 80% 的，无须取得证券自营业务资格。

9. 参考答案：B

考点：本题考查证券公司从事相关证券业务的净资本标准。

10. 参考答案：D

考点：本题考查主动申请注销证券账户的情形。选项 D 时间应为 6 个月内。

11. 参考答案：B

考点：本题考查非金融企业债务融资工具发行业务的一般规定。企业发行债务融资工具应在中国银行间市场交易商协会注册。

12. 参考答案：C

考点：本题考查全面风险管理的责任主体。

13. 参考答案：D

考点：本题考查内幕交易的禁止性规定。禁止证券交易内幕信息的知情人和非法获取内幕信息的人利用内幕信息从事证券交易活动。证券交易内幕信息的知情人和非法获取内幕信息的人，在内幕信息公开前，不得买卖该公司的证券，或者泄露该信息，或者建议他人买卖该证券。内幕交易行为给投资者造成损失的，行为人应当依法承担赔偿责任。

14. 参考答案：B

考点：本题考查违反客户资产的保护规定的法律责任。证券公司未按照规定未按照规定存放、管理客户的交易结算资金、委托资金和客户担保账户内的资金、证券的，责令改正，给予警告，没收违法所得，并处以违法所得 1 倍以上 5 倍以下的罚款。

15. 参考答案：C

考点：金融债券发行业务的一般规定。未经中国人民银行批准，任何金融机构不得擅自发行金融债券。

16. 参考答案：D

考点：本题考查证券公司合规部门的有关规定。合规部门中具备 3 年以上证券、金融、法律、会计、信息技术等有关领域工作经历的合规管理人员数量不得低于公司总部人数的 1.5%，且不得少于 5 人。

17. 参考答案：B

考点：本题考查证券自营业务的风险控制指标。持有一种权益类证券的成本不得超过净资本的 30%。

18. 参考答案：D

考点：本题考查违反金融债券发行与承销有感规定的法律责任。

19. 参考答案：C

考点：本题考查公积金的用途。公司的公积金用于弥补公司亏损、扩大公司生产经营或者转为增加公司资本。但是，资本公积就不得用于弥补公司亏损。

20. 参考答案：A

考点：证券（股票类）发行规模达到一定数量的，可以采用联合保荐，但参与联合保荐的保荐机构不得超过 2 家。

21. 参考答案：A

考点：本题考查违反债券发行与承销有关规定的法律责任。未经批准发行或者变相发行公司债券的，以及未通过证券经营机构发行企业证券的，责令停止发行活动，退还非法所筹资金，处以相当于非法所筹资金金额 5% 以下的罚款。

22. 参考答案：B

考点：考查金融机构资产管理。如果偏离 5% 或以上的产品数超过所发行产品总数的 5%，金融机构不得再发行以摊余成本计量金融资产的资产管理产品。

23. 参考答案：D

考点：证券投资顾问业务与发布证券研究报告的区别与联系。在服务流程上，证券研究报告一般是证券投资顾问服务的重要基础，选项 D 错误。

24. 参考答案：C

考点：上市公司、证券公司、证券交易所、证券登记结算机构、证券服务机构，隐匿、伪造、篡改或者毁损有关文件和资料的，给予警告，并处以 30 万元以上 60 万元以下的罚款。

25. 参考答案：C

考点：本题考查监管部门对证券（股票类）发行与承销的监管措施。中国证监会可以对保荐机构及其保荐代表人从事保荐业务的情况进行定期或不定期现场检查。

26. 参考答案：B

考点：证券公司应按照《公司法》等法律、行政法规要求，建立健全“三会一层”的组织架构，明确股东（大）会、董事会、监事会、经理层之间的职责划分。

27. 参考答案：D

考点：本题考查《证券投资基金法》的规定。《证券投资基金法》第一百三十六条规定，擅自从事公开募集基金的基金服务业务的，责令改正，没收违法所得，并处违法所得1倍以上5倍以下罚款；没有违法所得或者违法所得不足30万元的，并处10万元以上30万元以下罚款。对直接负责的主管人员和其他直接责任人员给予警告，并处3万元以上10万元以下罚款。

28. 参考答案：C

考点：本题考查证券公司内部控制监督、检查与评价机制的有关规定。专门负责证券公司内部控制的监督、检查与评价工作的高级管理人员和监督检查部门的负责人可列席证券公司任何会议。

29. 参考答案：B

考点：证券公司的控股股东、实际控制人及其关联方应当采取有效措施，防止与其所控制的证券公司发生业务竞争。证券公司控股其他证券公司的，不得损害所控股的证券公司的利益。

30. 参考答案：C

考点：本题考查证券公司流动性风险管理应遵循的原则。

31. 参考答案：A

考点：区分证券公司的三道业务监控防线与投资银行类业务三道内部控制防线。

32. 参考答案：B

考点：上市公司就并购重组事项出具盈利预测报告的，在相关并购重组活动完成后，凡不属于上市公司管理层事前无法获知且事后无法控制原因，上市公司或者购买资产实现的利润未达盈利预测报告或者资产评估报告预测金额80%的，中国证监会责令财务顾问及其财务顾问主办人在股东大会及中国证监会指定报刊上公开说明未实现盈利预测的原因并向股东和社会公众道歉。利润实现数未达到盈利预测50%的，中国证监会可以同时对财务顾问及其财务顾问主办人采取监管谈话、出具警示函、责令定期报告等监管措施。

33. 参考答案：C

考点：本题考查《刑法》第一百八十一条的规定，故意提供虚假信息或者伪造、变造、销毁交易记录，诱骗投资者买卖证券、期货合约，造成严重后果的，处5年有期徒刑或者拘役，并处或者单处1万元以上10万元以下罚金。

34. 参考答案：B

考点：本题考查由普通投资者转化为专业投资者的条件。

35. 参考答案：B

考点：本题考查证券投资咨询机构及执业人员向社会公众开展证券投资咨询

业务活动的有关规定。不得以虚假信息、内幕信息或者市场传言为依据向客户或投资者提供分析、预测或建议，选项 A 错误。证券投资分析报告、投资分析文章等形式的咨询服务产品不得有建议投资者在具体证券品种上进行具体价位买卖等方面的内容，选项 C 错误。证券投资咨询机构及其执业人员有权拒绝媒体对其所提供的稿件进行断章取义、做有损原意的删节和修改，并自提供之日起将其稿件以书面形式保存 3 年，选项 D 错误。

36. 参考答案：B

考点：选项 A、B，考查《刑法》第一百九十二条的规定，以非法占有为目的，使用诈骗方法非法集资，数额较大的，处 5 年以下有期徒刑或者拘役，并处 2 万元以上 20 万元以下罚金；数额特别巨大的，处 10 年以上有期徒刑或者无期徒刑，并处 5 万元以上 50 万元以下罚金或者没收财产。

选项 C、D，考查《刑法》第一百七十六条的规定，非法吸收公众存款或者变相吸收公众存款，扰乱金融秩序的，处 3 年以下有期徒刑或者拘役，单处或者并处 2 万元以上 20 万元以下罚金。单位犯该罪的，对单位判处罚金，并对其直接负责的主管人员和其他直接责任人员，依照前述的规定处罚。

37. 参考答案：B

考点：本题考查专业投资者的范围和分类。

38. 参考答案：C

考点：财务顾问的工作底稿和工作档案应当真实、准确、完整，保存期不少于 10 年。

39. 参考答案：A

考点：本题考查证券资产管理业务的一般规定。证券公司开展私募资产管理业务，应具备符合条件的高级管理人员和 3 名以上投资经理。

40. 参考答案：B

考点：本题考查证券公司流动性风险限额管理的基本要求。

41. 参考答案：D

考点：本题考查中国证券业协会就全面风险管理实施的自律管理。

42. 参考答案：A

考点：本题考查证券公司证券投资顾问业务的内部控制的有关规定。与客户签订证券投资顾问协议，按照公平、合理、自愿的原则，与客户协商并书面约定收取费用收取安排；证券投资顾问服务费应当以公司账户收取；业务档案保存期限自协议终止之日起不得少于 5 年。

43. 参考答案：D

考点：本题考查法的特征。法是调整人们的行为或社会关系的规范，具有规范性；法是由国家制定或认可的社会规范，具有国家意志性；法是以权利和义务为内容的社会规范；法是依靠国家强制力来保障实施的规范，具有国家强制性。

44. 参考答案：B

考点：本题考查证券公司违反自营业务相关法律的法律责任。

45. 参考答案：D

考点：本题考查《证券法》第二百零二条的规定，证券交易内幕信息的知情人或者非法获取内幕信息的人，在涉及证券的发行、交易或者其他对证券的价格有重大影响的信息公开前，买卖该证券，或者泄露该信息，或者建议他人买卖该证券的，责令依法处理非法持有的证券；没收违法所得，并处以违法所得1倍以上5倍以下的罚款；没有违法所得或者违法所得不足3万元的，处以3万元以上60万元以下的罚款。

46. 参考答案：C

考点：本题考查金融机构资产管理业务的相关规范。固定收益类产品的分级比例不得超过3:1，权益类产品的分级比例不得超过1:1，商品及金融衍生品类产品、混合类产品的分级比例不得超过2:1。

47. 参考答案：A

考点：本题考查证券自营业务的监管措施。证券公司的证券自营账户，应当自开户之日起3个交易日内，报证券交易所备案。

48. 参考答案：A

考点：本题考查证券评级机构的禁止行为。按照《证券法》规定，证券评级机构未披露信息，或者未对其所依据的文件资料内容的真实性、准确性、完整性进行核查和验证的，责令改正，予以警告，并处以1万元以上3万元以下的罚款。

49. 参考答案：D

考点：证券公司利益冲突管理。证券公司有关业务决策机构应当实行回避制度，防范可能产生的利益冲突。

50. 参考答案：D

考点：本题考查《刑法》第一百八十二条的规定，操纵证券、期货市场，情节严重的，处5年以下有期徒刑或者拘役，并处或者单处罚金；情节特别严重的，处5年以上10年以下有期徒刑，并处罚金。

51. 参考答案：D

考点：本题考查有限责任公司董事会的职权。其中，选项②③④⑤⑥属于董事会职权，而选项①属于股东会职权，因此应选 D。

52. 参考答案：D

考点：本题考查金融机构应当履行的管理人职责，选项①②③④均正确。

53. 参考答案：B

考点：本题考查证券公司董事会的合规管理职责的主要内容。组织制定规章制度，并监督其实施属于经营管理主要负责人的合规管理职责；对发生重大合规风险负有主要责任或者领导责任的董事、高级管理人员提出罢免的建议属于监事会或监事的合规管理职责。

54. 参考答案：D

考点：本题考查合伙企业的种类。根据合伙人对合伙企业债务承担的责任不同，合伙企业可分为普通合伙企业和有限合伙企业。

55. 参考答案：D

考点：本题考查风险控制指标不符合规定标准的监管措施指标。

56. 参考答案：D

考点：本题考查证券经营机构执行投资者适当性基本原则。

57. 参考答案：C

考点：本题考查客户适当性管理。适当性管理主要分为三大安排：全面了解客户，对产品或服务分级，适当性匹配。

58. 参考答案：B

考点：本题考查债券上市的条件。公司申请公司债券上市，应当符合下列条件：（1）公司债券的期限为 1 年以上；（2）公司债券发行额不少于人民币5 000万元；（3）公司申请债券上市时仍符合法定的公司债券发行条件。累计债券余额不超过公司净资产的 40% 属于公开发行公司债券的条件。

59. 参考答案：C

考点：本题考查证券业从业资格考试中入门考试的科目，包括“证券市场基本法律法规”和“金融市场基础知识”。

60. 参考答案：C

考点：本题考查标准化债券类资产的相关知识。

61. 参考答案：C

考点：金融资产的摊余成本计量原则。金融资产符合以下条件之一的，可按照企业会计准则以摊余成本进行计量：资产管理产品为封闭式产品，且所投金融资产以收取合同现金流量为目的并持有到期；资产管理产品为封闭式产品，且所投金融资产暂不具备活跃交易市场，或者在活跃市场中没有报价，也不能采用估值技术可靠计量公允价值。选项①②正确。

62. 参考答案：A

考点：本题考查证券业从业资格考试的类别，其中不包括法律资格类考试。

63. 参考答案：C

考点：合规管理和风险管理是风险控制委员会的职责。

64. 参考答案：B

考点：本题考查合格境外投资者的资格条件。最近3年没有受到监管机构的重大处罚，没有重大事项正在接受司法部门、监管机构的立案调查。

65. 参考答案：B

考点：本题考查证券市场廉洁从业的相关规定。

66. 参考答案：A

考点：本题考查证券市场廉洁从业的相关规定。

67. 参考答案：D

考点：本题考查证券公司申请融资融券业务的程序要求，选项①②③④均属于证券公司申请融资融券资格时应当提交的材料。

68. 参考答案：D

考点：本题考查异常交易行为管理，上海证券交易所和深圳证券交易所对可能影响证券交易价格或者证券交易量的异常交易行为，予以重点监控，上述四项均属于异常交易行为。

69. 参考答案：D

考点：从事证券经纪业务的人员违反《关于加强证券经纪业务管理的规定》，中国证监会及其派出机构可视情况采取责令改正、监管谈话、出具警示函、暂不受理与行政许可有关的文件、责令处分有关人员、暂停核准新业务、限制业务活动等监管措施。

70. 参考答案：D

考点：本题考查融资融券业务客户的征信调查，除选项①②③④外，还包括融资融券需求。

71. 参考答案：C

考点：以上均属于证券经纪人在执业过程中，根据证券公司授权可全部或部分从事的活动。

72. 参考答案：B

考点：本题考查标的证券为ETF需满足的条件。最近5个交易日内的日平均资产规模不低于5亿元。

73. 参考答案：A

考点：存托人可以委托境外金融机构担任托管人。

74. 参考答案：C

考点：本题考查证券登记结算机构的职能。证券登记结算机构应履行下列职能：证券账户、结算账户的设立；证券的存管和过户；证券持有人名册登记；证券交易所上市证券交易的清算和交收；受发行人的委托派发证券权益；办理与上述业务有关的查询；国务院证券监督管理机构批准的其他业务。选项①②③④均属于证券登记结算机构的职能。

75. 参考答案：D

考点：本题考查有关证券投资基金销售人员资质要求。

76. 参考答案：D

考点：本题考查公司的其他法律责任。根据《公司法》规定，公司在进行清算时，隐匿财产，对资产负债表或者财产清单作虚假记载或者在未清偿债务前分配公司财产的，由公司登记机关责令改正，对公司处于隐匿财产或者未清偿债务前分配公司财产金额 5% 以上 10% 以下的罚款；对直接负责的主管人员和其他直接负责人员处以 1 万元以上 10 万元以下的罚款。

77. 参考答案：D

考点：本题考查计算维持保证金比例的特殊情形。证券公司信用证券账户内的证券，出现被调出可充抵保证金证券范围、被暂停交易、被实施风险警示等特殊情形或者因权益处理等产生尚未到账的在途证券，证券公司在计算客户维持保证金比例时，可以根据与客户的约定按照公允价格或其他定价方式计算其市值。

78. 参考答案：C

考点：证券投资咨询人员，即从事证券、期货投资咨询业务的投资咨询人员，主要包括证券投资顾问和证券分析师。

79. 参考答案：A

考点：按照《证券投资业务暂行规定》，证券公司、证券投资咨询机构从事证券投资顾问业务应当遵循的基本原则有守法合规、诚实信用、忠实客户利益。

80. 参考答案：D

考点：本题考查转融通业务专用资金账户。

81. 参考答案：D

考点：本题考查证券公司独立董事制度设置和董事会专门委员会设置的有关规定。无论经营何种业务的证券公司，都应当设立董事会秘书。

82. 参考答案：B

考点：本题考查投资咨询机构及其从业人员从事证券服务业务规范问题。

83. 参考答案：C

考点：本题考查证券投资顾问业务和发布证券研究报告的区别。证券投资顾问在了解客户的基础上，依据合同约定，向特定的客户提供适当的、有针对性的操作投资建议。证券研究报告操作上向不特定的客户发布，提供证券估值等研究结果，关注证券定价，不关注买卖时机选择等具体的操作性投资建议。

84. 参考答案：D

考点：本题考查转融通业务的公布信息，选项①②③④均正确。

85. 参考答案：C

考点：本题考查基金财产债权债务独立性的意义。主要体现在：有利于维护基金财产的独立性；有利于保障基金财产的安全；有利于保护基金份额持有人的合法权益；有利于基金财产的稳定运作，提高基金的运作效率。

86. 参考答案：B

考点：本题考查科创板转融券业务展期及提前了结的规定。借入人和出借人协商提前了结的，应一次性全部提前了结该笔转融券业务；转融券展期的，相关权益补偿不进行展期，选项②④错误。

87. 参考答案：D

考点：本题考查《刑法》第一百七十六条的规定，非法吸收公众存款或者变相吸收公众存款的，处以 3 年以下有期徒刑或者拘役，并处或者单处 2 万元以上 20 万元以下罚金。

88. 参考答案：B

考点：本题考查资产托管机构办理资产管理的资产托管业务，应当履行的职责，选项①②③④均正确。

89. 参考答案：C

考点：证券公司代销私募类产品的禁止性规定。

90. 参考答案：A

考点：本题考查证券投资咨询人员执业行为的总体要求。选项④属于证券分析师执业行为准则，证券分析师制作发布证券研究报告、提供相关服务，应当向客户进行必要的风险提示。

91. 参考答案：C

考点：本题考查证券公司与客户关系的基本原则。不得开展业务竞争是证券公司与股东之间关系的特别规定。

92. 参考答案：B

考点：本题考查基金托管业务基本规范。基金托管业务基本规范包括资产独立、业务隔离、信息保密、资金存管、结算职责、风险准备金计提、估值复核、投资监督和配合管理人召集基金委托人大会。

93. 参考答案：A

考点：证券公司、证券投资咨询机构应当通过营业场所、中国证券业协会和公司网站，公示客户基本信息选项①②信息，方便投资者查询、监督。

94. 参考答案：B

考点：本题考查用户可以委托证券公司代理的事项，选项①②③④均正确。

95. 参考答案：D

考点：本题考查证券自营业务的具体操作要求，选项①②③④均正确。

96. 参考答案：D

考点：本题考查证券登记结算机构的业务规则。投资者委托证券公司进行证券交易，应当申请开立证券账户；证券登记结算机构不得挪用客户的证券；证券登记结算机构应当按照规定，以投资者本人的名义为投资者开立证券账户；证券登记结算机构按照业务规则收取的各类结算资金和证券，必须存放于专门的清算交收账户。因此选项①说法错误，选项②③④说法正确。

97. 参考答案：A

考点：本题考查考生对证券经纪业务相关法律、行政法规和部门规章及规范性文件的识别。本题中，《证券法》《证券公司监督管理条例》属于证券经纪业务相关的法律法规，《证券登记结算管理办法》《客户交易结算资金管理办法》属于部门规章。

98. 参考答案：D

考点：本题考查沪港通和深港通的基本交易规则。沪港通和深港通的基本交易规则包括订单设计、订单修改、T+2交收制度、额度控制、回转交易等内容。

99. 参考答案：B

考点：本题考查《证券发行与承销管理办法》第三十七条。

100. 参考答案：C

考点：本题考查证券经纪业务风险的基本概念。

《证券市场基本法律法规》模拟试卷十

一、单选题（共50题，每题1分，共50分。以下各选项中，只有一项符合题目要求，不选、错选均不得分）

1. 下列有关公司的说法，错误的是（　　）。

A. 公司以营利为目的

B. 公司以其全部资产对外承担民事责任

C. 我国《公司法》主要适用于有限责任公司和股份有限公司

D. 公司股东对公司承担无限连带责任

2. 按照《证券公司风险控制指标计算标准规定》，自营非权益类证券及其衍生品的合计额不得超过净资本的（　　）。

A. 50%　　　　B. 100%

C. 200%　　　　D. 500%

3. 证券评级机构评级委员会委员及评级从业人员在开展证券评级业务期间，本人、直系亲属与受评级机构、受评级证券发行人发生累计超过（　　）万元的交易，应当回避。

A. 20　　　　B. 30

C. 50　　　　D. 80

4. 上市公司在1年内担保金额超过公司资产总额30%的，应当由股东大会作出决议，并经（　　）通过。

A. 出席会议的股东所持表决权的1/2以上

B. 出席会议的股东所持表决权的2/3以上

C. 全体股东所持表决权的2/3以上

D. 全体股东所持表决权的1/2以上

5. 下列属于合规风险的是（　　）。

A. 向客户推荐的产品或者服务与所了解的客户情况不相适应

B. 误导客户，对客户买卖证券承诺收益或赔偿

C. 私下接受客户委托或接受客户的全权委托代理其买卖证券

D. 提供、传播虚假信息，利用或泄露内幕信息，从事内幕交易

6. 下列说法错误的是（　　）。

A. 证券公司在受理客户开户申请时，应当要求客户出具真实有效的身份证明文件，并采取必要措施对客户身份的真实性进行审核

B. 证券公司受理机构客户和自然人客户委托代理他人开户时，应当要求代理人出具真实有效的身份证明文件及授权委托文件，并采取必要措施对代理人身份的真实性及有效性进行审核。自然人客户委托他人代理开户的，应提供经公证的授权委托文件

C. 客户委托他人代理开户的，证券公司应采取必要措施对客户本人和代理人进行投资者教育

D. 证券公司应当统一组织回访客户，对新开户客户应当在60日内完成回访

7. 证券投资顾问、证券分析师离职，其所在证券公司、证券投资咨询机构应当在（　　）解除之日起（　　）个工作日内，通过向中国证券业执业证书管理系统提交离职备案。

A. 劳动合同；10日
B. 劳动合同；15日
C. 委托代理协议；10日
D. 委托代理协议；15日

8. 证券评级机构评级委员会委员及评级从业人员在开展证券评级业务期间，本人、直系亲属与受评级机构、受评级证券发行人发生累计超过（　　）万元的交易，应当回避。

A. 20
B. 30
C. 50
D. 80

9. 非公开募集基金应当向合格投资者募集，合格投资者累计不得超过（　　）人。

A. 50
B. 100
C. 150
D. 200

10. 下列说法错误的是（　　）。

A. 中国证监会对证券公司的资金来源和运用情况进行定期和不定期检查

B. 证券公司从事自营业务，应当以公司名义开立证券自营账户，并报中国证监会备案

C. 证券公司可聘请会计事务所等中介机构进行配合检查

D. 证券自营业务原始凭证以及有关业务文件、资料、账册、报表和其他必要的材料应至少保存10年

11. 公司的发起人、股东虚假出资，未交付或者未按期交付作为出资的货币或者非货币的，由公司登记机关责令改正，处以虚假出资金额（　　）的罚款。

A. 5%以上10%以下　　B. 5%以上15%以下

C. 10%以上15%以下　　D. 15%以上20%以下

12. 以下关于从事证券经纪业务相关人员的要求，不符合规定的是（　　）。

A. 与客户权益变动相关业务的经办人员之间，应建立制衡机制

B. 与客户权益变动直接相关的业务可以选择一人操作并复核，复核应留痕迹

C. 非常规业务操作应当事先审批

D. 涉及限制客户资料转移的业务操作的审批和复核均应留痕迹

13. 发行人可以就（　　）事项聘请保荐机构履行保荐职责。

A. 首次公开发行股票并上市　　B. 上市公司并购重组

C. 重大资产重组　　D. 破产清算

14. 证券公司自有资金参与、退出集合资产管理计划时，应当提前（　　）日告知客户的资产托管机构。

A. 3　　B. 5

C. 7　　D. 10

15. 当可疑交易明显涉嫌洗钱、恐怖融资等犯罪活动的，证券公司应当在向中国反洗钱监测分析中心提交可疑交易报告的同时，以电子形式或书面形式向（　　）或者其分支机构报告，并配合反洗钱调查。

A. 所在地中国证监会　　B. 所在地中国人民银行

C. 注册地中国证监会　　D. 中国反洗钱监测分析中心

16. 关于对集资诈骗罪和非法吸收公众存款罪刑事立案追诉标准的理解错误的有（　　）。

A. 个人集资诈骗，数额在10万元以上的

B. 单位集资诈骗，数额在50万元以上的

C. 个人非法吸收公众存款或者变相吸收公众存款数额10万元的

D. 单位非法吸收公众存款或者变相吸收公众存款给存款人造成直接经济损失数额达到50万元以上

17. 按照《证券发行市场保荐业务管理办法》的规定，保荐代表人在2个自然年度内被采取监管措施累计2次以上，中国证监会可（　　）个月内不受理相

关保荐代表人具体负责的推荐。

A. 3　　B. 6

C. 9　　D. 12

18. 证券公司年度报告中包括财务会计报告、风险控制指标报告以及国务院证券监督管理机构规定的其他专项报告，并应当附有会计师事务所出具的(　　)。

A. 内部控制评审报告

B. 投资者基本信息表

C. 投资者风险承受能力评估问卷

D. 分类监管的评价计分表

19. 下列有关有限责任公司的说法错误的是(　　)。

A. 执行董事不得兼任公司经理

B. 有限责任公司董事会成员为3人至13人

C. 股东人数较少或者规模较小的有限责任公司，可以不设董事会

D. 执行董事的职权由公司章程规定

20. 组织、策划、领导或者实施重大违反法律、行政法规或者中国证监会有关规定的活动的，可以对有关责任人员采取(　　)的证券市场禁入措施。

A. 1~3年　　B. 3~5年

C. 5~10年　　D. 终身

21. 获得批准的证券公司应当按照规定，向公司登记机关申请业务范围变更登记，向(　　)申请换发经营证券业务许可证。

A. 证券行业协会　　B. 证券交易所

C. 中国证监会　　D. 证券登记结算机构

22. 下列说法错误的是(　　)。

A. 企业债券持有人对企业的经营状况不承担责任

B. 企业债券可以继承和转让，但是不得抵押

C. 中央企业发行企业债券，由中国人民银行会同原国家计划委员会审批

D. 地方企业发行企业债券，由中国人民银行省、自治区、直辖市、计划单列市分行会同同级计划主管部门审批

23. 下列有关证券登记结算机构的说法，错误的是(　　)。

A. 证券登记结算机构不得挪用客户的证券

B. 投资者委托证券公司进行证券交易，应当申请开立证券账户

C. 证券持有人持有的证券，在上市交易时，应当全部存管在证券交易所

D. 证券登记结算机构应当妥善保存登记、存管和结算的原始凭证及有关文件资料。保存期限不得少于20年

24. 下列说法错误的是（　　）。

A. 公开发行公司债券的发行人应将披露的信息或信息摘要刊登在至少一种中国证监会指定的报刊，供公众查阅

B. 主承销商是信息披露的第一责任人

C. 主承销商必须诚实守信、勤勉尽责，对发行人进行尽职调查

D. 中介机构对相关文件资料进行核查和验证，确保其出具的专业文件真实、准确、完整、及时

25. 下列关于证券研究报告质量控制的说法中，错误的是（　　）。

A. 证券公司、证券投资咨询机构制作证券研究报告应当坚持客观原则，避免使用夸大、诱导性的标题或者用语，不得对证券估值、投资评级作出任何形式的保证

B. 证券公司、证券投资咨询机构应提示投资者自主作出投资决策并自行承担投资风险，任何形式的分享证券投资收益或者分担证券投资损失的口头承诺无效，但书面承诺除外

C. 证券研究报告中对证券及证券相关产品提出投资评级的，应当披露所使用的投资评级分类及其含义

D. 证券公司、证券投资咨询机构应当建立发布证券研究报告工作底稿制度。工作底稿包括必要的信息资料、调研纪要、分析模型等内容，纳入发布证券研究报告相关业务档案予以保存和管理

26. 经营机构向普通投资者销售产品或者提供服务前，应当告知的信息下列错误的是（　　）。

A. 利益保证承诺

B. 因经营机构的业务或者财产状况变化，影响客户判断的重要事由

C. 限制销售对象权利行使期限或者可解除合同期限等全部限制内容

D. 投资者适当性匹配意见

27. 证券交易所、证券登记结算机构、证券服务机构，未按照有关规定保存有关文件和资料的，责令改正，给予警告，并处以（　　）的罚款。

A. 3万~30万元　　B. 4万~40万元

C. 30万~60万元　　D. 40万~60万元

28. 根据《关于加强对利用“荐股软件”从事证券投资咨询业务监管的暂行规定》，向投资者销售或者提供“荐股软件”，并直接或间接获取经济利益的，

属于（　　），应当经中国证监会许可，取得证券投资咨询业务资格。

A. 权益投资业务　　B. 股票投资业务

C. 证券投资咨询业务　　D. 证券业务

29. 按照《证券发行市场保荐业务管理办法》的规定，保荐机构、保荐业务负责人或者内核负责人在 1 个自然年度内被采取监管措施累计（　　）次以上，中国证监会可暂停保荐机构的保荐机构资格 3 个月，责令保荐机构更换保荐业务负责人、内核负责人。

A. 3　　B. 4

C. 5　　D. 6

30. 未经批准擅自设立基金管理公司或者未经核准从事公开募集基金管理业务的，由证券监督管理机构予以取缔或者责令改正，没收违法所得，并处（　　）罚款。

A. 30 万元以上 60 万元以下　　B. 3 万元以上 30 万元以下

C. 违法所得 1 倍以上 5 倍以下　　D. 违法所得 1 倍以上 10 倍以下

31. 金融机构开展资产管理业务，下列不符合要求的规定是（　　）。

A. 对资产管理产品的资金综合管理、综合建账、综合核算

B. 不得开展或者参与具有滚动发行的资金池业务

C. 金融机构应当合理确定资产管理产品所投资资产的期限，加强对期限错配的流动性风险管理

D. 资产管理产品直接或间接投资于未上市企业股权及其收益权的，应当为封闭式资产管理产品

32. 财务顾问应规范执业行为，提高其执业质量，下列说法符合要求的是（　　）。

A. 财务顾问在开始工作时可直接利用其他证券服务机构出具的专业意见，对委托人提供的资料和披露的信息进行独立判断

B. 只要进行了充分的内部核查，财务顾问就可以按照中国证监会的相关规定，对并购重组事项出具财务顾问专业意见，并作出相关承诺

C. 财务顾问应当建立健全内部报告制度，财务顾问主办人对中国证监会提出的问题进行充分的研究、论证，审慎回复。回复意见应当由财务顾问的法定代表人或去授权代表人、财务顾问主办人和项目协办人签名，并加盖上市公司单位公章

D. 结合上市公司披露的定期报告出具持续督导意见，并在前述定期报告披露后的 15 日内向上市公司所在地的中国证监会派出机构报告

33. 按照《证券业从业人员资格管理办法》的规定，参加从业资格考试的人员，违反考场规则，扰乱考场秩序的，在（　　）不得参加资格考试。

A. 6 个月内　　B. 1 年内

C. 2 年内　　D. 5 年内

34. 证券公司及其直接负责的主管人员和其他直接责任人员在承销证券过程中，以不正当竞争手段招揽承销业务，情节比较严重的，中国证监会可以采取（　　）暂不受理其证券承销业务有关文件的监管措施。

A. 1～12 个月　　B. 3～12 个月

C. 6～12 个月　　D. 12～24 个月

35. 分级私募产品应当根据所投资资产的风险程度设定分级比例，权益类产品的分级比例不得超过（　　）。

A. 1:1　　B. 2:1

C. 3:1　　D. 4:1

36. 证券公司从事证券资产管理业务时，使用客户资产进行不必要的证券交易的，责令改正，处（　　）的罚款。

A. 1 万元以上 3 万元以下　　B. 1 万元以上 5 万元以下

C. 3 万元以上 5 万元以下　　D. 1 万元以上 10 万元以下

37. 保荐代表人出现下列哪种情形，中国证监会可根据情节轻重，自确认之日起 3 个月到 12 个月内不受理相关保荐代表人具体负责的推荐；情节特别严重的，撤销其保荐代表人资格（　　）。

A. 因保荐业务或者其具体负责保荐工作的发行人在保荐期间内受到证券交易所、中国证券业协会公开谴责

B. 因突发自然灾害未能及时参与辅导工作

C. 本人及其配偶持有发行人的股份

D. 受发行人与证券服务机构的误导，参与其提供存在虚假记载、误导性陈述或者重大遗漏的文件

38. 资产支持证券应当面向合格投资者发行，发行对象不得超过（　　）人。

A. 100　　B. 200

C. 300　　D. 400

39. （　　）属于证券自营业务主要的投资对象。

A. 已经在全国中小企业股份转让系统挂牌转让的证券

B. 已经和依法可以在符合规定的区域性股权交易市场挂牌转让的私募债券

C. 已经和依法可以在境内证券交易所上市交易和转让的证券

D. 已经和依法可以在银行间市场交易的证券

40. 证券公司股东、实际控制人强令、指使、协助、接受证券公司以证券经纪客户或者证券资产管理客户的资产提供融资或者担保的，责令改正，给予警告，没收违法所得，并处以违法所得（　　）的罚款。

A. 1 倍以上 3 倍以下　　B. 1 倍以上 5 倍以下

C. 3 倍以上 5 倍以下　　D. 5 倍以上 10 倍以下

41. 境外投资者的境内证券投资，应当遵循持股比例限制：单个境外投资者通过合格投资者持有一家上市公司股票的，持股比例不得超过该公司股份总数的（　　）。

A. 5%　　B. 10%

C. 20%　　D. 30%

42. 按照《刑法》第一百八十条的规定，对犯内幕交易、泄露内幕信息罪的人员，处 5 年以下有期徒刑或者拘役，并处或者单处违法所得 1 倍或者（　　）倍以下罚金；情节特别严重的，处（　　）年以上 10 年以下有期徒刑。

A. 3；1　　B. 5；3

C. 3；2　　D. 5；5

43. 发行人将相关信息披露文件送全国银行间同业拆借中心的，通过（　　）披露。

A. 全国银行间同业拆借中心　　B. 中央国债登记结算有限责任公司

C. 中国货币网　　D. 中国债券信息网

44. 在依法从事证券业务的机构中从事证券业务的专业人员，应当按照规定取得从业资格。取得从业资格的条件中，要求参加资格考试的人员，应当年满（　　）周岁，具有（　　）以上文化程度和完全民事行为能力。

A. 16；初中　　B. 18；初中

C. 16；高中　　D. 18；高中

45. 同时符合下列条件的法人或者其他组织是第二类专业投资者：最近 1 年末净资产不低于 2 000 万元；最近 1 年末金融资产不低于 1 000 万元；具有（　　）年以上证券、基金、期货、黄金、外汇等投资经历。

A. 1　　B. 2

C. 3　　D. 5

46. 下列说法正确的是（　　）。

A. 自营业务必须以证券公司自身名义、通过专用自营席位进行，并由自营

业务部门负责自营账户的管理，包括开户、销户、使用登记等

B. 证券公司需建立健全自营账户的审核和稽核制度，严禁出借自营账户、使用非自营席位变相自营、账外自营

C. 自营业务资金的出入必须以公司名义进行，可以从自营账户中提取现金，禁止以个人名义从自营账户中调入调出资金

D. 对自营资金执行清算制度，自营清算岗位可以由经纪业务、资产管理业务及其他业务的清算岗位担任

47. 证券公司（　　）的流动性风险管理职责包括统筹公司资金来源与融资管理，协调安排公司资金需求，监控优质流动性资产状况，组织流动性风险应急计划制定、演练和评估。

A. 董事会　　B. 监事会

C. 流动性风险管理部门　　D. 经理层

48. 下列不属于变相公开发行股票、公司、企业债券的情形是（　　）。

A. 采用广告、电话、传真、信函、推介会、说明会、网络、短信等方式向社会公众非公开进行股权转让

B. 公司股东委托他人以公开方式向社会公众转让股票，累计超过 200 人

C. 向特定对象发行证券累计不超过 200 人

D. 未经中国证监会核准，向特定对象转让股票，转让后公司股东累计超过 200 人

49. 证券公司应当将子公司的风险管理纳入统一体系，子公司风险管理工作负责人应由证券公司首席风险官考核，考核权重不低于（　　）。

A. 30%　　B. 40%

C. 50%　　D. 60%

50. 按照中国证监会《信息披露违法行为行政责任认定规则》的规定，下列选项中符合从轻或者减轻处罚考虑的情形有（　　）。

A. 在获悉公司信息披露违法后，向公司有关主管人员或者公司上级主管提出质疑并采取了适当措施的

B. 在信息披露违法行为被发现后，及时主动要求公司采取纠正措施或者向证券监管机构报告的

C. 当事人在信息披露违法事实所涉及期间，由于不可抗力、失去人身自由等无法正常履行职责的

D. 在信息披露违法案件中变造、隐瞒、毁灭证据，或者提供伪证，妨碍调查的

二、多选题（共50题，每题1分，共50分。以下各选项中，至少有一项符合题目要求，不选、错选均不得分）

51. 根据《证券投资基金销售人员从业资质管理规定》，基金销售机构包括（　　）。

①商业银行　　②政策性银行

③证券公司　　④专业基金销售机构

A. ①②③　　B. ②③④

C. ①③④　　D. ①②④

52. 有下列情形之一的，对股东会该项决议投反对票的股东可以请求公司按照合理的价格收购其股权（　　）。

①公司连续3年不向股东分配利润，而公司该5年连续盈利，并且符合《公司法》规定的分配利润条件的

②公司合并、分立、转让主要财产的

③公司章程规定的营业期限届满，股东会会议通过决议修改章程使公司存续的

④公司章程规定的解散事由出现，股东会会议通过决议修改章程使公司存续的

A. ①②③④　　B. ②③④

C. ①③④　　D. ①②④

53. 下列关于证券公司与证券经纪人签订委托合同的说法正确的有（　　）。

①签订合同前，应对证券经纪人进行严格审查

②应当遵循公平、效益、诚实信用的原则

③合同内可以不明确代理期间

④合同应该明确双方的权利义务

A. ①②　　B. ②③

C. ③④　　D. ①④

54. 证券公司申请融资融券业务资格应具备的条件有（　　）。

①具有证券经纪业务资格

②公司最近3年内不存在因涉嫌违法违规正被中国证监会立案调查或者正处于整改期间的情形

③财务状况良好，最近2年各项风险控制指标持续符合规定

④公司治理健全，内部控制有效

A. ①②③　　B. ①③④

C. ①②④　　D. ①②③④

55. 证券期货经营机构及其工作人员违反《证券期货经营机构及其工作人员廉洁从业规定》，有以下（　　）情形的，中国证监会应当从重处理。

①连续或者多次违反该规定　　②违反该规定后及时报告

③涉及金额较大　　④曾为公职人员

A. ①②③　　B. ②③④

C. ①③④　　D. ①②④

56. 下列关于普通合伙企业和有限合伙企业的区别，说法正确的有（　　）。

①普通合伙企业的所有出资人均须对合伙企业的债务承担无限连带责任；而有限合伙企业的所有合伙人对企业债务承担有限责任

②普通合伙企业的投资人数为 2 人以上；而有限合伙企业的投资人数为 2 人以上 50 人以下

③普通合伙企业的合伙人对执行合伙事务享有同等的权利；而有限合伙企业的有限合伙人不得执行合伙企业中的事务

④利润分配方面，普通合伙企业的出资人不得在合伙企业中约定将全部利润分配给部分合伙人或由部分合伙人承担企业的全部亏损；而有限合伙企业根据合伙协议的约定可以将全部利润分配给部分合伙人，但不得约定企业将全部亏损由部分合伙人承担

A. ①②④　　B. ②③④

C. ①②③④　　D. ①③④

57. 下列关于客户交易结算资金三方存管制度的说法正确的有（　　）。

①明确“单独立户”要求，防止资金被混合使用

②明确“封闭运行”要求，防止资金被违规动用

③除客户取款、交易等情形外，证券公司不得动用客户资金

④在向客户收取与证券交易有关的佣金、费用或者代扣税款等特殊情形下，证券公司可以将客户资金转入自有资金账户

A. ①②③　　B. ①②④

C. ①②　　D. ①②③④

58. 下列说法正确的有（　　）。

①金融机构可以聘请具有专业资质的受金融监督管理部门监管的机构作为投资顾问

②投资顾问发出交易指令指导委托机构在特定系统和托管账户内操作

③金融监督管理部门和国家有关部门应当对各类金融机构开展资产管理业务实行平等准入、给予公平待遇

④金融监督管理部门基于风险防控考虑，确实需要对其他行业金融机构发行的资产管理产品采取限制措施的，应当充分征求相关部门意见并达成一致

A. ①②③　　　　B. ①②③④

C. ①②　　　　D. ②③④

59. 资产支持证券者享有的权利为（　　）。

①分享专项计划收益

②按照认购协议及计划说明书的约定参与分配清算后的专项计划剩余资产

③按规定或约定的时间和方式获得资产管理报告等专项计划信息披露文件，查阅或者复制专项计划相关信息资料

④依法以交易、转让或质押等方式处置资产支持证券

A. ①②④　　　　B. ①②③

C. ①②③④　　　　D. ①③④

60. 保荐机构应当针对发行人的具体情况，确定证券发行上市后持续督导的内容，督导发行人履行有关上市公司规范运作、信守承诺和信息披露等义务，审阅信息披露文件以及向中国证监会、证券交易所提交的其他文件，并承担下列工作（　　）。

①督导发行人有效执行并完善防止控股股东、实际控制人、其他关联方违规占用发行人资源的制度

②督导发行人有效执行并完善防止其董事、监事、高级管理人员利用职务之便损害发行人利益的内控制度

③督导发行人有效执行并完善保障管理交易公允性和合规性的制度，并对关联交易发表意见

④持续关注发行人募集资金的专户储蓄、投资项目的实施等承诺事项

⑤持续关注发行人为他人提供担保等事项，并发表意见

A. ①②③⑤　　　　B. ②③④⑤

C. ①②③④　　　　D. ①②③④⑤

61. 证券公司经营融资融券业务，应当以自己的名义，在商业银行分别开立（　　）。

①融券专用证券账户　　　　②客户信用交易担保证券账户

③融资专用资金账户　　　　④客户信用交易担保资金账户

A. ①②　　　　B. ①④

C. ②③　　D. ③④

62. 证券公司董事会负责审议本公司的信息技术管理目标，对信息技术管理的有效性承担责任，履行的职责包括（　　）。

①审议信息技术战略，确保与本公司的发展战略、风险管理策略、资本实力相一致

②公司章程规定的其他信息技术管理职责

③建立信息技术人力和资金保障方案

④评估年度信息技术管理工作的总体效果和效率

A. ①②③④　　B. ①②③

C. ①③④　　D. ①②④

63. 从事私募资产管理业务的子公司在私募资产管理业务产品销售推广时（　　）。

①不得违规销售资产管理计划

②不得存在不适当宣传、误导欺诈投资者以及以任何方式向投资者承诺本金不受损失或者承诺最低收益等行为

③设立结构化资产管理计划，不得违背利益共享、风险共担、风险与收益相匹配的原则

④开展私募资产管理业务，不得从事违法证券期货业务活动或者为违法证券期货业务活动提供交易便利

A. ①②③　　B. ②③④

C. ①②④　　D. ①②③④

64. 上市公司存在下列哪种情形，证券交易所可以暂停其股票上市交易（　　）。

①公司有重大违法行为

②公司股东总额、股权分布等发生变化不再具备上市条件

③公司不按照规定公开其财务情况，或者对财务会计报告作虚假记载，可能误导投资者

④公司最近两年连续亏损

A. ①②④　　B. ①②③

C. ②③④　　D. ①②③④

65. 资产管理业务的基本要求包括（　　）。

①勤勉尽责　　②客户利益至上

③审慎经营　　④业务融合

A. ①③　　B. ①②③④

C. ①②③　　D. ②③④

66. 证券公司不得为客户开立信用业务账户的情形有（　　）。

①未按照要求提供有关情况　　②缺乏风险承担能力

③从事证券交易时间不足 1 年　　④本公司的股东、关联人

A. ①②③　　B. ①③④

C. ①②④　　D. ①②③④

67. 按照《证券市场禁入规定》，（　　）违反法律、行政法规或者中国证监会有关规定，情节严重的，中国证监会可以根据情节严重的程度，采取证券市场禁入措施。

①发行人、上市公司、非上市公众公司的董事、监事、高级管理人员，其他信息披露义务人或者其他信息披露义务人的董事、监事、高级管理人员

②证券公司的董事、监事、高级管理人员

③证券公司的控股股东、实际控制人或者证券公司控股股东、实际控制人的董事、监事、高级管理人员

④购买证券的公司的董事、监事、高级管理人员

A. ①②③　　B. ②③④

C. ①③④　　D. ①②④

68. 下列选项中，属于基金合同当事人的有（　　）。

①基金监管者　　②基金托管人

③基金管理人　　④基金份额持有人

A. ①②③　　B. ②④

C. ②③④　　D. ①②③④

69. 违反法律、行政法规或者中国证监会规定，情节严重的，可以对有关注责任人员采取（　　）的证券市场禁入措施。

A. 1～3 年　　B. 3～5 年

C. 5～10 年　　D. 终身

70. 以下（　　）属于应重点监控的异常交易行为。

①在同一价位或者相近价位大量或者频繁进行回转交易

②大量或者频繁进行高买低卖交易

③进行与自身公开发布的投资分析、预测或建议相背离的证券交易

④大宗交易中进行虚假或其他扰乱市场秩序的申报

A. ①②③　　B. ①②④

C. ①②③④　　D. ②③④

71. 融资融券标的证券为股票的，应当符合的条件有（　　）。

①在交易所上市交易超过 2 个月的

②股东人数不少于 4 000 人

③股票发行公司已完成股权分置改革

④股票交易未被交易所实施风险警示

A. ①②③　　B. ①③④

C. ②③④　　D. ①②③④

72. 下列选项中，设立公开募集基金的管理公司的条件包括（　　）。

①取得基金从业资格的人员达到法定人数

②董事、监事、高级管理人员具备相应的任职条件

③注册资本不低于 5 000 万元人民币，且必须为实缴货币资本

④主要股东应当具有经营金融业务或者管理金融机构的良好业绩、良好的财务状况和社会信誉，资产规模达到国务院规定的标准，最近三年没有违法记录

A. ①②③　　B. ②③④

C. ①②④　　D. ①③④

73. 下列各项中，属于证券投资咨询业务的有（　　）。

①接受投资人或客户委托，提供证券投资咨询服务

②举办有关证券投资咨询的讲座、报告会、分析会等

③在报刊上发表证券投资咨询的文章、评论、报告，以及通过电台、电视等公众传播媒体提供证券投资咨询服务

④通过电话、传真、电脑网络等电信设备系统，提供证券投资咨询服务

A. ①②③　　B. ①③④

C. ①②④　　D. ①②③④

74. 评估普通投资者风险承受能力的主要因素有（　　）。

①财务状况　　②投资知识

③投资目标　　④投资水平

⑤风险偏好

A. ①②③④　　B. ②③④⑤

C. ①②③⑤　　D. ①③④⑤

75. 下列关于科创板证券（股票类）发行与承销信息披露的有关规定，正确的有（　　）。

①发行人申请首次公开发行股票并在科创板上市，应当按照中国证监会制定

的信息披露规则，编制并披露招股说明书

②交易所受力注册申请文件后，应将相关文件在交易所网站预先披露

③交易所审核同意后，将发行人注册申请文件报送中国证监会时，相关文件应在交易所网站和中国证监会网站公开

④中国证监会同意注册后，发行人与主承销商应当及时向上海证券交易所报备发行与承销方案。上海证券交易所 3 个工作日内无异议的，发行人与主承销商可依法刊登招股意向书，启动发行工作

A. ①②　　B. ①②③

C. ③④　　D. ①②③④

76. 交易所按照以下（　　）的原则，从满足规定的证券范围内选取和确定融资融券标的证券的名单，并向市场公布。

①从严到宽　　②从少到多

③逐步扩大　　④逐步细化

A. ①②③　　B. ①③④

C. ②③④　　D. ①②③④

77. 以下属于第一类专业投资者的有（　　）。

①私募基金管理人

②期货公司子公司

③金融机构高级管理人员

④获得职业资格认证的从事金融相关业务的注册会计师和律师

⑤QFII

⑥RQFII

A. ①②⑤⑥　　B. ①②③④

C. ①②④⑤　　D. ①②④⑥

78. 下列行为违反《中国人民银行法》的有（　　）。

①发行人未经中国人民银行核准擅自发行金融债券

②发行人超规模发行金融债券

③承销人以不正当竞争手段招揽承销业务

④托管机构挪用客户金融债券

A. ①②③④　　B. ①②③

C. ①③④　　D. ①②④

79. 证券金融公司开展转融通业务，应当以自己的名义，在证券登记结算机构分别开立（　　）。

①转融通专用证券账户　　②转融通担保证券账户
③转融通证券交收账户　　④转融通资金交收账户
A. ①②③　　B. ①③④
C. ②③④　　D. ①②③④

80. 下列职权中，属于股份有限公司股东大会的有（　　）。
①决定公司的经营方针和投资计划
②决定公司的经营计划和投资方案
③对公司合并、分立、解散、清算或者变更公司形式作出决议
④修改公司章程
⑤决定公司内部管理机构的设置
⑥对发行公司债券作出决议
⑦对公司增加或者减少注册资本作出决议
A. ①②④⑤⑥　　B. ①③④⑤⑥⑦
C. ①③④⑥⑦　　D. ①②③④⑤⑥

81. 证券公司风险控制指标无法达标，严重危害证券市场秩序、损害投资者利益的，中国证监会可以区别情形，对其采取下列措施（　　）。
①责令停业整顿　　②指定其他机构托管、接管
③撤销经营证券业务许可　　④撤销
⑤限制业务活动　　⑥认定董事、监事、高级管理人员为不适当人选
A. ①②③④　　B. ②③④⑤
C. ③④⑤⑥　　D. ①②③⑥

82. 股票质押回购式证券交易的异常情况包括但不限于（　　）。
①质押标的证券、证券账户或资金账户被司法等机关冻结或强制执行
②质押标的证券被作出终止上市决定
③集合资产管理计划提前终止
④证券公司被暂停或终止股票质押回购交易权限
A. ①②④　　B. ①③④
C. ①②③④　　D. ①②③

83. 按照《证券公司信息隔离墙制度指引》的要求，证券公司的敏感信息包括内幕信息和其他未公开信息。下列属于证券公司内幕信息的有（　　）。
①公司股权结构的重大变化
②公司债务担保的重大变化
③公司减资、合并、分立、解散及申请破产的决定

④公司实际控制人的董事发生变动

⑤公司的董监高的行为可能依法承担重大损害赔偿责任

⑥上市公司收购的有关方案

A. ①②③④⑥　　B. ②③④⑤⑥

C. ①③④⑤⑥　　D. ①②③⑤⑥

84.《证券监督管理条例》规定，当证券公司出现以下（　　）情况时，中国证监会可以对证券公司及其有关董事、监事、高级管理人员、境内外分支机构负责人予以谴责，责令公司更换董事、监事、高级管理人员或限制其权利。

①治理结构不健全　　②经营管理混乱

③账外设账　　④账外经营

A. ①②③④　　B. ①②③

C. ①③④　　D. ②③④

85. 根据业务规则等规定，主办券商是指在全国股份转让系统从事以下哪些业务的证券公司（　　）。

①推荐业务　　②经纪业务

③做市业务　　④全国股份转让系统公司规定的其他业务

A. ①②④　　B. ①③④

C. ①②③④　　D. ①②③

86. 以下关于欺诈发行股票、证券罪应承担的法律责任，理解均有错误的有（　　）。

①保荐人出具有虚假记载、误导性陈述或者重大遗漏的保荐书，或者不履行其他法定职责的，责令改正，给予警告，没收业务收入，并处以业务收入 1 倍以上 5 倍以下的罚款

②按照《证券法》第二百三十二条的规定，违反该法规定，应当承担民事赔偿责任和缴纳罚款、罚金，其财产不足以同时支付的，应当先缴纳罚款、罚金

③按照《证券法》第二百三十四条的规定，依照该法收缴的罚款和没收的违法所得，全部上缴国库

④按照《证券法》第一百八十九条的规定，发行人不符合发行条件，以欺骗手段骗取发行核准，尚未发行证券的，处以 100 万元的罚款

A. ①③　　B. ③④

C. ②④　　D. ①②

87. 以下属于证券公司投资银行类业务的有（　　）。

①承销与保荐　　②上市公司并购重组财务顾问

③公司债券受托管理　④受托投资管理

⑤非上市公司推荐　⑥资产证券化

A. ①②③④⑤　B. ②③④⑤⑥

C. ①③④⑤⑥　D. ①②③⑤⑥

88. 下列说法正确的有（　　）。

①禁止证券公司、证券投资咨询机构对服务能力和过往业绩进行虚假、不实、误导性的营销宣传

②禁止证券公司以任何方式承诺或者保证投资收益

③证券公司、证券投资咨询机构以应当提前5个工作日将广告宣传方案和时间安排向公司住所地证监局、媒体所在地证监局报备

④证券公司、证券投资咨询机构通过举办讲座、报告会、分析会等形式，进行证券投资顾问业务和客户招揽的，应当提前5个工作日向举办地证监局报备

A. ①②③　B. ①②④

C. ①③④　D. ①②③④

89. 按照《证券公司代销金融产品管理规定》，下面属于一般禁止性规定的有（　　）。

①采取夸大宣传、虚假宣传等方式误导客户购买金融产品

②采取赠送礼物的方式诱导客户购买金融产品

③客户分享投资收益、分担投资损失

④使用证券公司客户交易结算资金专用存款账户接收客户购买金融产品的资金

A. ①③　B. ①②④

C. ②③④　D. ①②③

90. 独立董事在任期内辞职或被免职的，独立董事本人和证券公司应当分别向（　　）提交书面说明。

①公司住所地中国证监会　②独立董事常住地

③股东（大）会　④董事会

A. ①③　B. ②④

C. ①④　D. ②③

91. 证券投资咨询人员违反（　　）的，由证监会派出机构单处或者并处警告、没收违法所得、1万元以上3万元以下罚款。

①同时在两个或两个以上的证券、期货投资咨询机构执业的

②未以行业公认的谨慎、诚实和勤勉尽责的态度，为投资人或者客户提供证

券投资咨询服务的

③以虚假信息、市场传言或者内幕信息为依据向投资人或者客户提供投资分析、预测或建议的

④就同一问题向不同客户提供的投资分析、预测或者建议不一致的；就同一问题向社会公众和其自营部门提供的咨询意见不一致，为自营业务获利的需要误导社会公众的

A. ①②③　　B. ①②④

C. ①③④　　D. ①②③④

92. 关于非金融机构开展基金托管业务的准入条件，《非银行金融机构开展证券投资基金托管业务暂行规定》在以下哪些方面作出了规定（　　）。

①净资产指标　　②利润指标

③系统配置　　④部门设置

⑤信息披露

A. ①②③④　　B. ①②③④⑤

C. ①②③　　D. ①③④

93. 下列关于财务顾问主办人保密与培训制度表述正确的有（　　）。

①财务顾问及其财务顾问主办人应当严格履行保密责任，不得利用职务之便买卖相关上市公司的证券或者谋取其他不当利益

②财务顾问及其财务顾问主办人应当督促委托人、委托人的董事、监事和高级管理人员及其他内幕信息知情人严格保密，不得进行内幕交易

③财务顾问应当按照证监会的要求，配合提供上市公司并购重组相关内幕信息知情人买卖、持有相关上市公司证券的文件，并向证监会报告内幕信息知情人的违法违规行为，配合证监会依法进行调查

④财务顾问主办人应当参加中国证券业协会组织的相关培训，接受后续教育

A. ①②③　　B. ①③④

C. ②③④　　D. ①②③④

94. 期货公司可以从事的业务包括（　　）。

①股票期权经纪业务

②自营业务

③做市业务

④与股票期权备兑开仓以及行权相关的证券现货经纪业务

A. ①②③④　　B. ①②③

C. ①③④　　D. ①④

95. 按照《证券公司治理准则》的要求，在一般情况下，证券公司在处理与股东关联方之间的关系时，证券公司应注意，不得有以下行为发生（　　）。

①证券公司持有股东的股权

②股东违规占用证券公司资产

③证券公司控股其他证券公司的，不得损害所控股的证券公司的利益

④证券公司股东的人员在证券公司兼职的，遵守法律法规和中国证监会的规定

⑤证券公司通过购买股东持有的证券等方式向股东输送不当利益

A. ①②③　　B. ①③④

C. ①②⑤　　D. ③④⑤

96. 规范金融机构资产管理业务主要遵循以下（　　）原则。

①坚持严控风险的底线思维

②坚持服务实体经济的根本目标

③坚持宏观审慎管理与微观审慎监管相结合、机构监管与功能监管相结合的监管理念

④坚持有的放矢的问题导向

A. ①②③　　B. ②③④

C. ①②③④　　D. ①②④

97. 金融机构应当履行（　　）管理人职责。

①依法募集资金

②办理产品份额的发售和登记事宜

③办理产品登记备案或注册手续

④按照产品合同的约定确定收益分配方案

A. ①②③　　B. ②③④

C. ①②④　　D. ①②③④

98. 证券基金经营机构使用符合某些情形之一的香港机构的证券投资咨询服务的，应当自签订协议之日起5个工作日内，将协议、香港机构签署的承诺书、香港机构符合资质的证明文件报住所地或者经营所在地中国证监会派出机构备案。这些情形包括（　　）。

①与证券基金经营机构存在控制关系或者受同一金融机构控制

②提供港股研究报告的香港机构从事发布证券研究报告业务2年以上，且有30名以上经香港证监会批准取得就证券提供意见牌照的持牌代表

③提供港股研究报告的香港机构从事发布证券研究报告业务3年以上，且有

20 名以上经香港证监会批准取得就证券提供意见牌照的持牌代表

④提供港股投资顾问服务的香港机构从事资产管理业务 5 年以上，且最近一个会计年度管理的证券资产不少于 100 亿港元或者等值货币。

A. ①②③　　B. ①②④

C. ①③④　　D. ①②③④

99. 下面有关私募类金融产品宣传推介材料，说法正确的有（　　）。

①私募基金推介材料应由私募基金股管理人制作并使用

②除私募基金管理人委托募集的基金销售机构可以使用推介材料向特定对象宣传推介外，其他任何机构不得使用推介材料

③私募基金募集机构包括向投资者销售费发行私募基金产品的私募基金管理人

④募集材料应该揭露投资风险

A. ①③　　B. ①②④

C. ②③④　　D. ①②③④

100. 下列属于证券投资咨询机构利用“荐股软件”从事证券投资咨询业务应当符合的监督要求有（　　）。

①在公司营业场所、公司网站、中国证券业协会网站公示信息

②将“荐股软件”销售（服务）协议格式、营销宣传、产品推介等材料报住所地证监局和中国证券业协会备案

③公平对待客户，不得通过诱导客户升级付费等方式，将相同产品以不同价格销售给不同客户

④遵循客户适当性原则，制定了解客户的制度和流程，对“荐股软件”产品进行分类升级，并向客户解释产品的特点及风险，将合适的产品销售给适当的客户

A. ②③④　　B. ①②③

C. ①②③④　　D. ①③④

参考答案与解析

1. 参考答案：D

考点：本题考查公司的定义。公司是指以营利为目的，由 1 个股东单独投资组建或者特定人数的股东联合投资组建，股东以其投资额为限对公司负责，公司以其全部财产对外承担民事责任的企业法人，选项 D 说法错误。

2. 参考答案：D

考点：本题考查证券自营业务的风险控制指标。自营非权益类证券及其衍生品的合计额不得超过净资本的 500%。

3. 参考答案：C

考点：本题考查证券资信评级业务人员的回避及禁止行为。

4. 参考答案：B

考点：上市公司在 1 年内担保金额超过公司资产总额 30% 的，应当由股东大会作出决议，并经出席会议的股东所持表决权的 2/3 以上通过。

5. 参考答案：A

考点：本题考查管理风险和合规风险的区别。

6. 参考答案：D

考点：本题考查《证券公司开立客户账户规范》中的具体要求。证券公司应当统一组织回访客户，对新开户客户应当在 1 个月内完成回访。

7. 参考答案：A

考点：根据相关规定，证券投资顾问、证券分析师离职，其所在证券公司、证券投资咨询机构应当在劳动合同解除之日起 10 个工作日内，通过向中国证券业执业证书管理系统提交离职备案。

8. 参考答案：C

考点：本题考查证券资信评级业务人员的回避及禁止行为。

9. 参考答案：D

考点：本题考查非公开募集基金。非公开募集基金应当向合格投资者募集，合格投资者累计不得超200人。

10. 参考答案：D

考点：本题考查证券自营业务的监管措施，证券自营业务原始凭证以及有关业务文件、资料、账册、报表和其他必要的材料应至少保存20年。

11. 参考答案：B

考点：本题考查公司虚假出资的法律责任。根据《公司法》规定，公司的发起人、股东虚假出资，未交付或者未按期交付作为出资的货币或者非货币的，由公司登记机关责令改正，处以虚假出资金额5%以上15%以下的罚款。

12. 参考答案：B

考点：从事证券经纪业务相关人员应符合下列要求：与客户权益变动相关业务的经办人员之间，应建立制衡机制；与客户权益变动直接相关的业务应当一人操作、一人复核，复核应留痕迹；涉及限制性客户资产转移、改变客户证券账户和资产账户的对应关系、客户账户资产变动记录的差错确认与调整等非常规性业务操作，应事先审批，事后复核，审批和复核均应留痕迹。

13. 参考答案：A

考点：本题考查证券（股票）发行保荐业务的一般规定。

14. 参考答案：B

考点：本题考查证券公司以自有资金参与集合资产管理计划的相关知识点。证券公司自有资金参与、退出集合资产管理计划时，应当提前5日告知客户的资产托管机构。

15. 参考答案：B

考点：本题考查证券公司大额交易和可疑交易报告制度。

16. 参考答案：C

考点：本题考查《最高人民检察院　公安部关于公安机关管辖的刑事案件立案追诉标准的规定（二）》第二十八条的规定，个人非法吸收公众存款或者变相吸收公众存款数额在20万元以上的，应予立案追诉。

17. 参考答案：B

考点：本题考查保荐代表人违反有关规定的法律责任或被采取的监管措施。

18. 参考答案：A

考点：本题考查证券公司监督管理中信息、材料的报送的有关规定。证券公司年度报告中包括财务会计报告、风险控制指标报告以及国务院证券监督管理机构规定的其他专项报告，并应当附有会计师事务所出具的内部控制评审报告。

19. 参考答案：A

考点：本题考查有限责任公司董事会的规定。有限责任公司中，执行董事是可以兼任公司经理，选项 A 错误。

20. 参考答案：D

考点：本题考查证券市场禁入措施的期限。

21. 考点：本题考查证券公司业务范围变更的申请。

参考答案：C

22. 参考答案：B

考点：企业债券发行的一般规定，企业债券可以抵押、转让和继承。

23. 参考答案：C

考点：本题考查证券登记结算机构的业务规则。证券持有人持有的证券，在上市交易时，应当全部存管在证券登记结算机构。选项 C 错误。

24. 参考答案：B

考点：本题考查企业债券发行与承销信息披露的有关规定。发行人是信息披露的第一责任人。选项 B 错误。

25. 参考答案：B

考点：本题考查证券研究报告质量控制。任何形式的分享证券投资收益或者分担证券投资损失的口头承诺和书面承诺均无效。

26. 参考答案：A

考点：本题考查经营机构向普通投资者销售产品或者提供服务前，应当告知的信息。

27. 参考答案：A

考点：上市公司、证券公司、证券交易所、证券登记结算机构、证券服务机构，未按照有关规定保存有关文件和资料的，责令改正，给予警告，并处以 3 万元以上 30 万元以下的罚款。

28. 参考答案：C

考点：根据《关于加强对利用“荐股软件”从事证券投资咨询业务监管的暂行规定》，向投资者销售或者提供“荐股软件”，并直接或间接获取经济利益的，属于证券投资咨询业务，应当经中国证监会许可，取得证券投资咨询业务资格。

29. 参考答案：C

考点：本题考查保荐代表人违反有关规定的法律责任或被采取的监管措施。

30. 参考答案：C

考点：本题考查《证券投资基金法》的规定。《证券投资基金法》第一百一十九条的规定，未经批准擅自设立基金管理公司或者未经核准从事公开募集基金管理业务的，由证券监督管理机构予以取缔或者责令改正，没收违法所得，并处违法所得1倍以上5倍以下罚款；没有违法所得或者违法所得不足100万元的，并处10万元以上100万元以下罚款。对直接负责的主管人员和其他直接责任人员给予警告，并处3万元以上30万元以下罚款。

31. 参考答案：A

考点：本题考查金融机构开展资产管理业务的相关规定。金融机构应当做到对每只资产管理产品的资金单独管理、单独建账、单独核算。

32. 参考答案：D

考点：财务顾问在开始工作时可利用其他证券服务机构出具的专业意见，但应对其进行必要的审慎核查，对委托人提供的资料和披露的信息进行独立判断。选项A错误。在进行了充分的内部核查和尽职调查基础上，财务顾问就可以按照中国证监会的相关规定，对并购重组事项出具财务顾问专业意见，并作出相关承诺，选项B错误。选项C应该加盖财务顾问单位公章。

33. 参考答案：C

考点：本题考查违反从业人员资格管理相关规定的法律责任，参加从业资格考试的人员，违反考场规则，扰乱考场秩序的，在2年内不得参加资格考试。

34. 参考答案：B

考点：本题考查违反证券发行与承销有关规定的法律责任。

35. 参考答案：A

考点：本题考查金融产品的分级要求，分级私募产品应当根据所投资资产的风险程度设定分级比例，权益类产品的分级比例不得超过1:1。

36. 参考答案：D

考点：证券公司从事证券资产管理业务时，使用客户资产进行不必要的证券交易的，责令改正，处1万元以上10万元以下的罚款。

37. 参考答案：A

考点：本题考查保荐代表人违反有关规定的法律责任或被采取的监管措施。保荐代表人出现下列情形之一的，中国证监会可根据情节轻重，自确认之日起3个月到12个月内不受理相关保荐代表人具体负责的推荐；情节特别严重的，撤销其保荐代表人资格：

（1）尽职调查工作日志缺失或者遗漏、隐瞒重要问题；

（2）未完成或者未参与辅导工作；

（3）未参加持续督导工作，或者持续督导工作未勤勉尽职；

（4）因保荐业务或者其具体负责保荐工作的发行人在保荐期间内受到证券交易所、中国证券业协会公开谴责；

（5）唆使、协助或者参与发行人干扰中国证监会及其发行审核委员会的审核工作；

（6）严重违反诚实守信、勤勉尽责义务的其他情形。

38. 参考答案：B

考点：本题考查资产支持证券的发行，资产支持证券应当面向合格投资者发行，发行对象不得超过 200 人。

39. 参考答案：C

考点：本题考查证券自营业务的投资范围。已经和依法可以在境内证券交易所上市交易和转让的证券是证券自营业务主要的投资对象。

40. 参考答案：B

考点：本题考查违反客户资产的保护规定的法律责任。证券公司股东、实际控制人强令、指使、协助、接受证券公司以证券经纪客户或者证券资产管理客户的资产提供融资或者担保的，责令改正，给予警告，没收违法所得，并处以违法所得 1 倍以上 5 倍以下的罚款。

41. 参考答案：B

考点：境外投资者的境内证券投资运作。投资者通过合格投资者持有一家上市公司股票的，持股比例不得超过该公司股份总数的 10%。

42. 参考答案：D

考点：本题考查《刑法》第一百八十条的规定。对犯内幕交易、泄露内幕信息罪的人员，处 5 年以下有期徒刑或者拘役，并处或者单处违法所得 1 倍或者 5 倍以下罚金；情节特别严重的，处 5 年以上 10 年以下有期徒刑。

43. 参考答案：C

考点：本题考查金融债券发行与承销信息披露的有关规定。发行人将相关信息披露文件分别送全国银行间同业拆借中心和中央结算公司的，同业拆借中心和中央结算公司分别通过中国货币网和中国债券信息网披露。

44. 参考答案：D

考点：本题考查专业人员从事证券业务的资格条件。

45. 参考答案：B

考点：本题考查专业投资者的范围。

46. 参考答案：B

考点：本题考查证券自营业务的具体操作要求。自营业务必须以证券公司自身名义、通过专用自营席位进行，并由非自营业务部门负责自营账户的管理，包括开户、销户、使用登记等。选项A错误。自营业务资金的出入必须以公司名义进行，禁止以个人名义从自营账户中调入调出资金，禁止从自营账户中提取现金。选项C错误。对自营资金执行独立清算制度，自营清算岗位应当与经纪业务、资产管理业务及其他业务的清算岗位分离。选项D错误。

47. 参考答案：C

考点：本题考查证券公司流动性风险管理的组织架构及职责。

48. 参考答案：C

考点：符合下列情形之一的，为公开发行证券：

（1）向不特定对象发行证券的；

（2）向特定对象发行证券累计超过200人的；

（3）法律、行政法规规定的其他发行行为。

49. 参考答案：C

考点：本题考查证券公司将子公司的风险管理纳入统一体系的要求。

50. 参考答案：A

选项B：本题考查《信息披露违法行为行政责任认定规则》第二十条的规定。在信息披露违法行为被发现前，及时主动要求公司采取纠正措施或者向证券监管机构报告的。

选项C：本题考查《信息披露违法行为行政责任认定规则》第二十一条的规定。当事人在信息披露违法事实所涉及期间，由于不可抗力、失去人身自由等无法正常履行职责的，不予行政处罚考虑。

选项D：本题考查《信息披露违法行为行政责任认定规则》第二十三条的规定。在信息披露违法案件中变造、隐瞒、毁灭证据，或者提供伪证，妨碍调查的，应当从重处罚。

51. 参考答案：C

考点：根据《证券投资基金销售人员从业资质管理规则》，基金销售机构是指办理基金销售业务的基金管理公司和经中国证监会认定的取得基金销售业务资格的其他机构，包括商业银行、证券公司、证券投资咨询机构、专业基金销售机构等。不包括政策性银行，排除选项②。

52. 参考答案：B

考点：本题考查公司回购股权的情形。公司连续5年不向股东分配利润，而公司该5年连续盈利，并且符合《公司法》规定的分配利润条件的。

53. 参考答案：D

考点：证券公司与证券经纪人签订委托合同应遵循平等、自愿、诚实信用的原则；合同应载明双方名称、代理权限和代理期间等事项。选项②③不正确。

54. 参考答案：B

考点：本题考查证监会融资融券业务资格取得的条件。公司最近2年内不存在因涉嫌违法违规正被中国证监会立案调查或者正处于整改期间的情形。

55. 参考答案：C

考点：本题考查违反《证券期货经营机构及其工作人员廉洁从业规定》的从重处理情形，违反规定能及时报告不属于从重处理情形。

56. 参考答案：C

考点：本题考查普通合伙企业和有限合伙企业的区别。在合伙人对企业债务的责任方面，普通合伙企业的所有出资人均须对合伙企业的债务承担无限连带责任；而有限合伙企业中有限合伙人对企业债务承担有限责任，普通合伙人对合伙企业的债务承担无限责任或无限连带责任。

57. 参考答案：D

考点：本题考查客户交易结算资金三方存管制度的主要内容。根据《客户交易结算资金管理办法》，客户资金三方存管制度的主要内容包括：明确“单独立户”要求，防止资金被混合使用；明确“封闭运行”要求，防止资金被违规动用；除客户取款、交易等情形外，证券公司不得动用客户资金；除向客户收取与证券交易有关的佣金、费用或者代扣税款等特定情形外，证券公司不得将客户资金转入自有资金账户。

58. 参考答案：B

考点：本题考查金融机构资产管理业务的相关规范，选项①②③④均正确。

59. 参考答案：C

考点：资产支持证券投资者的权利与义务。

60. 参考答案：D

考点：本题考查保荐机构持续督导的内容。

61. 参考答案：D

考点：本题考查证券公司在商业银行开设的信用账户。证券公司经营融资融券业务，应当以自己的名义，在商业银行分别开立融资专用资金账户客户信用交易担保资金账户。

62. 参考答案：A

考点：证券公司董事会负责审议本公司的信息技术管理目标，对信息技术管理的有效性承担责任，履行下列职责：

（1）审议信息技术战略，确保与本公司的发展战略、风险管理策略、资本实力相一致。

（2）公司章程规定的其他信息技术管理职责。

（3）建立信息技术人力和资金保障方案。

（4）评估年度信息技术管理工作的总体效果和效率。

63. 参考答案：D

考点：本题是有关私募资产管理业务的知识点。

64. 参考答案：B

考点：本题考查股票上市交易暂停的情形。上市公司有下列情形之一的，由证券交易所决定暂停其股票上市交易：

（1）公司股东总额、股权分布等发生变化不再具备上市条件；

（2）公司不按照规定公开其财务情况，或者对财务会计报告作虚假记载，可能误导投资者；

（3）公司有重大违法行为；

（4）公司最近三年连续亏损；

（5）证券交易所上市规则规定的其他情形。公司最近三年连续亏损，在其后一个年度内未能恢复盈利属于终止股票上市交易的情形。

65. 参考答案：C

考点：本题考查资产管理业务基本要求。资产管理业务的基本要求包括业务资质，审慎经营，客户利益至上、勤勉尽责，业务隔离，选项④错误。

66. 参考答案：C

考点：本题考查证券公司不得为客户开立信用业务账户的情形。从事证券交易时间不足半年的，不得为客户开立信用业务账户。

67. 参考答案：A

考点：本题考查证券市场禁入措施的实施对象，选项④中的主体不是证券公司的股东及高管。

68. 参考答案：C

考点：本题考查合同当事人概念。合同当事人包括基金份额持有人、基金管理人和基金托管人。

69. 参考答案：A

考点：本题考查证券市场禁入措施的期限。

70. 参考答案：C

考点：本题考查异常交易行为管理，上海证券交易所和深圳证券交易所对可能影响证券交易价格或者证券交易量的异常交易行为，予以重点监控，上述四项均属于异常交易行为。

71. 参考答案：C

考点：本题考查标的债券为股票需满足的条件。当标的证券是股票时，要求股票在交易所上市交易要超过 3 个月。

72. 参考答案：C

考点：本题考查公开募集基金的基金管理公司的设立条件。

设立管理公开募集基金的基金管理公司，应当具备下列条件，并经国务院证券监督管理机构批准：

（1）有符合《证券投资基金法》和《公司法》规定的章程；

（2）注册资本不低于 1 亿元人民币，且必须为实缴货币资本；

（3）主要股东应当具有经营金融业务或者管理金融机构的良好业绩、良好的财务状况和社会信誉，资产规模达到国务院规定的标准，最近三年没有违法记录；

（4）取得基金从业资格的人员达到法定人数；

（5）董事、监事、高级管理人员具备相应的任职条件；

（6）有符合要求的营业场所、安全防范设施和与基金管理业务有关的其他设施；

（7）有良好的内部治理结构、完善的内部稽核监控制度、风险控制制度；

（8）法律、行政法规规定的和经国务院批准的国务院证券监督管理机构规定的其他条件。

因此，选项③错误。

73. 参考答案：D

考点：本题考查证券投资咨询的形式。

74. 参考答案：C

考点：本题考查确定普通投资者风险承受能力的主要因素。

75. 参考答案：D

考点：中国证监会同意注册后，发行人与主承销商应当及时向上海证券交易所报备发行与承销方案。上海证券交易所 5 个工作日内无异议的，发行人与主承销商可依法刊登招股意向书，启动发行工作。

76. 参考答案：A

考点：本题考查交易所确定标的证券的原则。交易所按照从严到宽、从少到多、逐步扩大的原则，从满足规定的证券范围内选取和确定融资融券标的证券的名单，并向市场公布。

77. 参考答案：A

考点：本题考查专业投资者范围。

78. 参考答案：A

考点：本题考查违反金融债券发行与承销有关规定的法律责任，选项①②③④均正确。

79. 参考答案：A

考点：本题考查转融通业务的专用证券账户。证券金融公司开展转融通业务，应当以自己的名义，在证券登记结算机构分别开立转融通专用证券账户、转融通担保证券账户、转融通证券交收账户，转融通资金交收账户应在商业银行开立。

80. 参考答案：C

考点：本题考查股份有限公司股东大会的职权。其中，选项①③④⑥⑦属于股东大会职权，选项②⑤属于董事会职权。

81. 参考答案：A

考点：本题考查风险控制指标不符合规定标准的监管措施指标。

82. 参考答案：C

考点：本题考查股票质押回购式证券的异常情况处理。

83. 参考答案：D

考点：本题考查证券公司信息隔离墙制度中内幕信息的基本概念。公司实际控制人的董事发生变动，不会对该证券公司的市场价格产生重大影响，并且属于已经公开的信息，所以选项 C 不属于内幕信息。

84. 参考答案：A

考点：本题考查持续监管方面的内容。

85. 参考答案：C

考点：本题考查主办券商从事的业务。

86. 参考答案：C

考点：本题考查《证券法》第二百三十二条有关规定，违反该法规定，应当承担民事赔偿责任和缴纳罚款、罚金，其财产不足以同时支付的，应当先承担民事赔偿责任。

《证券法》第一百八十九条的规定，发行人不符合发行条件，以欺骗手段骗取发行核准，尚未发行证券的，处以 30 万元以上 60 万元以下的罚款。

87. 参考答案：D

考点：本题考查证券公司投资银行类业务的主要内容。受托投资管理业务不属于投资银行类业务。

88. 参考答案：D

考点：本题考查业务推广和客户招揽环节的规范要求，选项①②③④均正确。

89. 参考答案：D

考点：代销金融产品的一般禁止性规定。可以使用证券公司客户交易结算资金专用存款账户接收客户购买金融产品的资金，但不能使用除此之外的方式代委托人接收客户购买金融产品的资金。

90. 参考答案：A

考点：独立董事在任期内辞职或被免职的，独立董事本人和证券公司应当分别向公司住所地中国证监会和股东（大）会提交书面说明。

91. 参考答案：A

考点：监管部门对证券投资咨询业务的监管措施，选项④是对于证券投资咨询机构的监管措施。就同一问题向不同客户提供的投资分析、预测或者建议不一致的；就同一问题向社会公众和其自营部门提供的咨询意见不一致，为自营业务获利的需要误导社会公众的，由证监会派出机构单处或者并处警告、没收违法所得、1 万元以上 10 万元以下罚款。

92. 参考答案：D

考点：本题考查非金融机构开展基金托管业务的条件。

93. 参考答案：D

考点：本题考查财务顾问主办人保密与培训制度。

94. 参考答案：D

考点：本题考查股票期权业务相关知识。选项②③为证券公司可以从事的业务。

95. 参考答案：C

考点：股东不得违规占用公司资产。

96. 参考答案：C

考点：本题考查规范金融机构资产管理业务应遵循的规则。除选项①②③④外，还有坚持积极稳妥审慎推进。

97. 参考答案：D

考点：本题考查金融机构应当履行的管理人职责，选项①②③④均正确。

98. 参考答案：C

考点：使用香港机构证券投资咨询服务证券基金经营机构使用符合下列情形之一的香港机构的证券投资咨询服务的，应当自签订协议之日起 5 个工作日内，将协议、香港机构签署的承诺书、香港机构符合资质的证明文件报住所地或者经营所在地中国证监会派出机构备案：

（1）与证券基金经营机构存在控制关系或者受同一金融机构控制；

（2）提供港股研究报告的香港机构从事发布证券研究报告业务 3 年以上，且有 20 名以上经香港证监会批准取得就证券提供意见牌照的持牌代表；

（3）提供港股投资顾问服务的香港机构从事资产管理业务 5 年以上，且最近一个会计年度管理的证券资产不少于 100 亿港元或者等值货币。

99. 参考答案：D

考点：本题考查私募类金融产品宣传推介材料要求。

100. 参考答案：C

考点：本题考查“荐股软件”的主要监管要求，选项①②③④均正确。